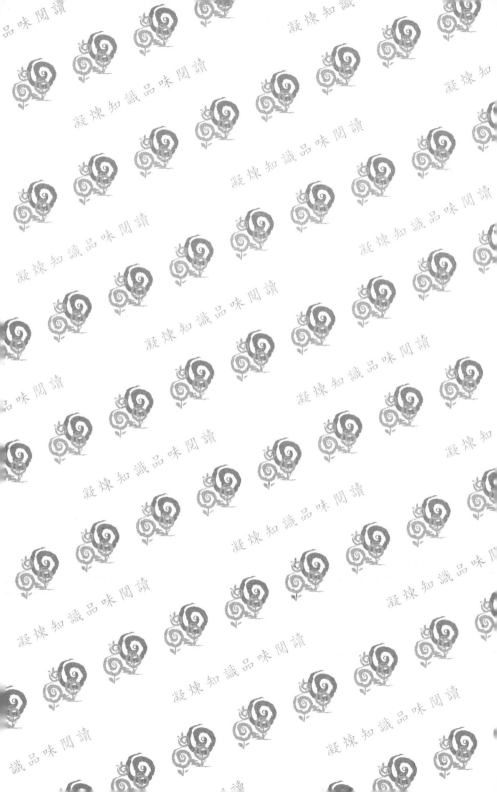

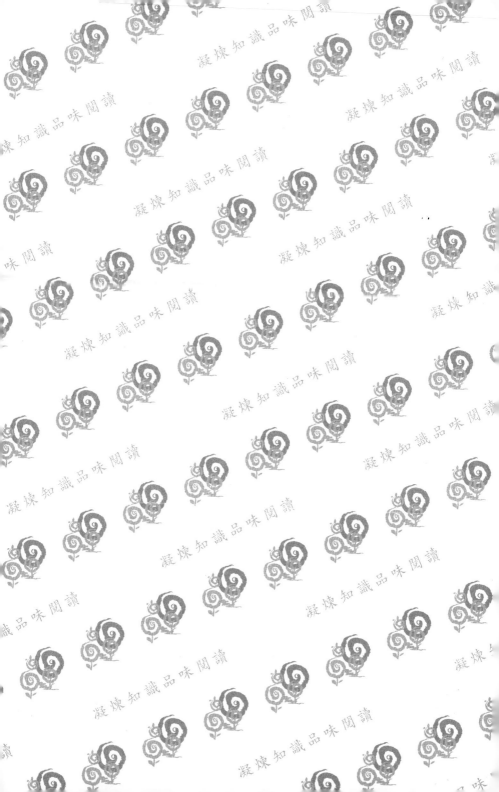

科技世代中
智慧財產權之研究

曾勝珍 | 著

五南圖書出版公司 印行

自序

　　2022年8月開始在中國醫藥大學科技法律碩士學位學程任教,本書收錄研究生們順利取得法學碩士學位的論文,經過我與伊真責編的合作,特此感謝五南圖書靜芬副總編與執編們的協助,讓本書順利出版。

　　本書由我和伊真、編輯群們花費數月的時間,仔細勘誤與校對,整個過程令我充滿感動;在此期間,雖然我花費了比自己出版論文集更多的時間與精力,但遠遠不及編輯群們的辛勞,再次致謝靜芬副總編的支持與五南圖書的付出。

　　在本校任教至今,感謝人文與科技學院陳悅生院長的提攜,學程主任牛惠之老師、洪武雄老師、周淑娟老師,在各方面對我的照顧,還有徐玲珊院秘與行政周瑋琳小姐的貼心服務。

　　許琇雅、邱琬軒、施軍丞、張景富,這本論文專書是我們師生情誼的紀念與印記,老師肯定你們在論文寫作的認真耕耘,老師祝福你們未來人生的各個面向,都能夢想成真、幸福快樂。

　　能在接近耳順之年,繼續從事我最愛的教學和指導工作,感謝我摯愛的家人們(包括狗兒子們)對我的支持與包容。

曾勝珍
謹致於中國醫藥大學
2024年5月

目錄

|第一篇|
人工智慧繪圖與著作權議題之探討

A Study of Artificial Intelligence Drawing in
Related to Copyright Issues

曾勝珍[*]、張景富[**]

[*] 中國醫藥大學科技法律碩士學位學程專任教授暨社會科學中心主任。
[**] 中國醫藥大學科技法律碩士學位學程法學碩士。

第一章　緒論

第一節　研究動機與目的

世界經濟論壇（World Economic Forum）2020年全球風險報告指出，人工智慧（Artificial Intelligence, AI）是現今科技的主要發展對象，為第四次工業革命的諸多核心之一[1]。人工智慧亦融入大眾生活中，諸如手機臉部辨識到特斯拉（Tesla）的自動駕駛汽車、企業中的資訊演算、著名的阿爾法圍棋（AlphaGo）等，為人類生活帶來相當的便利與利益。

人工智慧的拓展已不限於傳統科技產業，近年已踏足至藝術領域，2022年9月，於美國科羅拉多博覽會的年度藝術比賽上，一名遊戲公司Incarnate Games的執行長暨董事長Jason Alen以AI繪圖工具Midjourney所繪製的作品「太空歌劇院」（Théâtre d'Opéra Spatial）奪得數位藝術組的大獎，此情促使AI圖形創作進入社會大眾視野，同時帶來相對的問題，即AI的創作是否歸屬於智慧財產權並受相關法律保護[2]。

美國著作權局（US Copyright Office）於2018年已對相關案件作出判決[3]，該案中，AI演算法Creativity Machine持有者Stephen Thaler，遞交一著作人格權歸屬於Creativity Machine的著作權申請案，但以

---

[1] World Econamic Forum (WEF), *The Global Risks Report 2020*, https://www.weforum.org/reports/the-global-risks-report-2020 (last visited: 2022/11/19).

[2] LBB Editorial, Little Black Book, Sep. 28, 2022, *Who Owns AI-Generated Art*, https://www.lbbonline.com/news/who-owns-ai-generated-art (last visited: 2022/11/7).

[3] U.S. Copyright Review Board, Feb. 14, 2022, *Re: Second Request for Reconsideration for Refusal to Register A Recent Entrance to Paradise* (Correspondence Id 1-3zpc6c3; Sr # 1-7100387071).

「欠缺支持著作權宣稱所需的人類著作人（human authorship）」為由拒絕，在往後的覆議中，美國著作權局堅持著作權僅保護「人類創意心靈的智慧勞動成果」[4]，只要作品不是由人類創作即會拒絕其申請。

人工智慧在智慧財產權領域的應用屢見不鮮，世界智慧財產權組織（World Intellectual Property Organization, WIPO）2019年統計[5]，自20世紀中至今有約34萬件與人工智慧相關專利陸續被申請，過去十年，人工智慧相關專利的公開申請案成長約400%，許多公司的資訊演算系統則通過營業秘密保持競爭力。然而，透過人工智慧所創作出的作品，並非傳統智慧財產權可處理的客體。同前段所述，人工智慧製作的圖畫作品因缺乏人類著作人而無法成立著作權，相同的問題延伸至其餘智慧財產權。藉由人工智慧進行圖畫創作正蓬勃發展，該問題對現行智慧財產權各法日益加劇，各國智慧財產權機構亦在尋求適宜的解決方法。

面對人工智慧與其所創作的作品，現今智慧財產權對相關案件的常見手段，是將該人工智慧本體作為受保護對象，藉由保護人工智慧本身保護其創造物，專利為此做法之代表。但以圖畫創作為主的人工智慧則有別於傳統人工智慧，該類人工智慧即使是同一軟體，根據其學習的樣品不同，製作出的成品風格迥異，是否具有更高的經濟價值須根據市場需求判斷，且繪圖用人工智慧其創作乃藝術領域產物，根據專利特性無法對此等繪圖用人工智慧產物進行保護，尋求其他保護方式有其必要。

透過人工智慧進行圖畫創作，其功能可拓展領域極廣，不僅包含其本身在圖畫藝術上的創作，根據其使用的演算法、輸入的指令與影

4　*Id.* at 2.

5　World Intellectual Property Organization (WIPO), *WIPO Technology Trends 2019 – Artificial Intelligence*, https://www.wipo.int/publications/en/details.jsp?id=4386 (last visited: 2022/11/19).

像的不同，在特效或影像編輯上皆可有所建樹，甚至達肉眼難以辨別的狀態，因此人工智慧繪圖與其生成物具高度潛在經濟價值，若未加以規範，可預期未來實務上會產生大量利益衝突。

著作權作為保護人類思想創意之結晶，其主要保護內容可包含文字、圖畫、音樂等藝術領域之創作，其具備保護人工智慧繪圖的各個條件。然而，人工智慧繪圖於著作權上面臨許多問題，無論是人工智慧不可為著作人、人工智慧之數據庫是否符合合理使用、若人工智慧不可為著作人，該人工智慧創作物的歸屬權又是何人等，上述問題需有所解答以確立著作權保護範圍，以達到真正保護人工智慧繪圖之功效。

人工智慧繪圖現今著作權相關問題尚未解決，因此，本文主要探討目標有：
一、了解人工智慧繪圖發展與定位。
二、了解其在著作權的問題。
三、各國對相關議題之處理。
四、我國未來因應方式。

希冀能藉此文探討智慧財產權中人工智慧繪圖作為主體的法律定位及國內外的實務見解，藉此釐清人工智慧繪圖面對相關問題時的處理方式，供我國參考。

第二節　研究架構

本文架構分成五章，內容簡述如下：

第一章緒論：以人工智慧進行藝術領域創作導致的智慧財產權問題為基礎，權衡人工智慧發展與實務規範內容，延伸至本文研究動機與目的，比對繪圖用人工智慧與各智慧財產權，釐清問題並於實務上找尋思路。

第二章人工智慧繪圖發展與現況：本文將從介紹繪畫的人工智慧

的發展開始，補充該類人工智慧的簡史與核心演算法，接續各國在相關領域的規範，最後介紹並評析現今著名的案例與時事。

第三章我國相關著作權議題：本文欲探討我國著作權在面對繪圖用人工智慧時會產生之問題，並根據上述章節各國規範經驗與思考脈絡提出解答。

第四章我國實務與時事現況：本文為我國相關實務解析，從我國實務判決內容整理案件觀點與處理方式，後續比對與他國經驗的差異。

第五章結論與建議：本文為前述各章節對人工智慧繪圖與著作權的探討總結，對於我國現行處理方式與思路提出結論與建議，希冀提出具體規範建議。

第二章　人工智慧繪圖發展與現況

　　隨著現代科技創新與資訊產業發展快速，近代人工智慧已從討論階段過渡至實際使用，超級電腦、虛擬助理、手機仿生晶片、穿戴式感應器等利用人工智慧的產品早已普及於社會大眾。藉由類神經網路與深度學習的出現，現代人工智慧似乎由所謂「弱人工智慧」（weak AI）轉換至「強人工智慧」（strong AI）[1]，如今人工智慧得實現以往難以企及的大量演算，利用各種人工智慧，現代科技可觸及新的高度。

　　透過人工智慧進行圖畫創作是一新型的圖像表達方式，與傳統創作方式不同，人工智慧已能透過人類給予圖像或關鍵字進行創作，原先人類利用其思想、繪畫技巧與年復一年的經驗綜合而成的藝術表現，成為僅需利用演算法推演的機械數據，其將繪畫高度技術要求的門檻降低至輸入關鍵字與圖像，使其快速融入當代網路生活並開啟全新的商業契機[2]。同時，短期內成長快速的人工智慧繪圖帶來新的智慧財產權議題，無論是人工智慧是否符合著作權要求、其所使用的資料庫是否侵害他人著作權等問題層出不窮，許多國家有對相關案例進行判決並設立判斷標準，在尚未有專門法律管理下給予方向。本文將從人工智慧繪圖發展出發，接續各國相關的管制與事件作討論。

---

[1]　J. R. Searle, "Minds, Brains, and Programs," *Behavioral and Brain Sciences*, Vol. 3, No. 3, p. 418 (1980).

[2]　Linli，科技新報，2016年3月3日，Google辦人工智慧畫展，籌資10萬美元，http://technews.tw/2016/03/03/these-29-gorgeous-images-created-by-googles-ai-raised-almost-100000-at-auction（最後瀏覽日：2022年12月28日）。

第一節　人工智慧繪圖發展

第一項　人工智慧繪圖簡史

　　利用人工智慧進行創作的歷史普遍認為源自1970年代。1973年，一位美籍電腦科學家兼藝術家Harold Cohen與其創造的人工智慧AARON謂為彼時最具代表性之人工智慧[3]，Harold Cohen利用AARON創作出普遍認知的最初人工智慧創作，Harold Cohen與John Mccarthy共同設計AARON的第一套演算法[4]，AARON會依照Harold Cohen給予的規則進行作畫，如其中一條規則為畫一條線，AARON將以畫線的方式呈現一幅創作[5]。最初的AARON有諸多限制，其無法識別使用者給予的規則與圖像以外的事物，且AARON無法進行上色，只能創作黑白的畫作，再由Harold Cohen自行上色[6]，無現今人工智慧自我學習能力，除上開缺點之外，AARON為人工智慧在藝術領域的重要里程碑，顯見人工智慧創作層面之發展。

　　人工智慧能夠創作圖畫無法等同其可於藝術領域有所建樹，即使AARON已實現自我作畫能力，其辨識目標與作畫的能力建立於使用者加諸的規則，並不具人工智慧所追求之深度學習能力，且演算成像能力與實際效果有限，最初的ARRON對所稱抽象派畫風尚可駕馭，

---

[3] Jane Wakefield, BBC News, Sep. 18, 2015, *Intelligent Machines: AI Art is Taking on the Experts*, https://www.bbc.com/news/technology-33677271 (last visited: 2023/1/2).

[4] *Id.*

[5] Admin Staff, Nightcafe Studio, Jul. 5, 2022, *What is the First AI Art and When Was It Created?* https://nightcafe.studio/blogs/info/what-is-the-first-ai-art-and-when-was-it-created (last visited: 2023/1/1).

[6] F. A. Poltronieri & M. Hänska, "Technical Images and Visual Art in the Era of Artificial Intelligence: From GOFAI to Gans," in *Proceedings of the 9th International Conference on Digital and Interactive Arts*, pp. 1-8 (2019).

惟追求擬眞畫風仍爲空談[7]。

　　直至2014年，人工智慧在神經網路與深度學習上雖然有所突破，但在繪畫方面仍缺乏進展，主要原因爲演算法缺乏有效模擬圖形的能力，該年一位名爲Ian Goodfellow的機器學習研究者與其夥伴發布一篇論文[8]與其發明：「生成對抗網路」（Generative Adversarial Network, GAN），自此改變人工智慧對於圖形的學習能力。

　　受益於生成對抗網路的運作機制，使用者可利用其創作仿眞圖畫，諸多名人的臉像深度僞造（Deepfake），即爲利用生成對抗網路的結果[9]，其強大的圖像生成與深度學習能力，使生成對抗網路成爲2021年之前最主流的圖形創作演算法。受其所益，繪圖用人工智慧在此期間開始成長，並實際利用於藝術創作與商業領域，2018年10月，紐約佳士得拍賣行（Christie's）以43.25萬美元賣出一幅由生成對抗網路演算法爲基礎的人工智慧繪圖[10]，Nvdia等國際公司亦開始研發自己公司的生成對抗網路，如Nvdia的GauGAN[11]與Google和第三方一同研發之GAN Lab[12]，其餘同時期繪圖用人工智慧與演算法數量繁多

---

[7]　因作者Harold Cohen直至2000年後持續更新AARON之演算法，後期的AARON已經具備針對特定物品與人像進行彩色繪畫之功能，因此本文所指AARON爲1960年代剛被創造的版本。

[8]　I. Goodfellow, J. Pouget-Abadie, M. Mirza, B. Xu, D. Warde-Farley, S. Ozair, A. Courville, & Y. Bengio, "Generative Adversarial Networks," *Communications of The ACM*, Vol. 63, No. 11, pp. 139-144 (2020).

[9]　T. Shen, R. Liu, J. Bai, & Z. Li, *"Deep Fakes" Using Generative Adversarial Networks (Gan)*, p. 1 (2018).

[10]　自由時報，2018年8月23日，全球首次！AI創作肖像畫 10月佳士得拍賣，https://news.ltn.com.tw/news/world/breakingnews/2529174（最後瀏覽日：2022年12月31日）。

[11]　Isha Salian, Nvdia, Mar. 1, 2022, *What is GauGAN? How AI Turns Your Words and Pictures into Stunning Art*, https://blogs.nvidia.com/blog/2022/03/01/what-is-gaugan-ai-art-demo (last visited: 2023/1/2).

[12]　Gan Lab, https://poloclub.github.io/ganlab (last visited: 2023/1/2).

不及備載，不在此文提及。

生成對抗網路廣泛應用於繪圖領域後，人工智慧創作發展蓬勃，但尚未到達爆炸性成長階段，人工智慧的繪圖能力仍具成長空間以更貼近所謂「藝術」領域。2021年，利用擴散模型（Diffusion Model）演算法的人工智慧興起，在圖畫藝術領域引起討論；2022年，美國科羅拉多州美術展數位組的得獎作品「太空歌劇院」（Théâtre d'Opéra Spatial）[13]，為使用擴散模型演算法基礎的繪圖，用人工智慧Midjourney所創作，此事件受全球圖畫領域的爭議與討論，伴隨另一以日本動畫ACG風格為主的擴散模型人工智慧NovelAI的廣泛使用，人工智慧繪圖開始頻繁受社會關注。

擴散模型自2021年發跡至今，其強大的圖形生成能力使人工智慧繪圖走入社會大眾視野，對於相關人工智慧的使用與創作大量成長。

第二項　當今人工智慧繪圖演算法介紹

壹、生成對抗網路[14]

生成對抗網路之演算法核心為兩個人工神經網路，其一稱為生成網路（generator），另一稱為判別網路（discriminator）。生成網路旨在學習真實數據的分布，並依照真實數據與雜訊（noise）生成相似的仿冒品；而判別網路旨在正確判斷輸入數據是來自真實數據還是來自生成網路。

如圖1-2-1，A是生成網路，B是判別網路，Z是輸入生成網路的雜訊，A(Z)是生成網路產出的假樣本，X是來自真實數據的資訊，如

---

[13] 劉亭妤，關鍵評論，2022年9月2日，AI圖像生成工具打造作品獲科羅拉多州博覽會數位藝術首獎，什麼是藝術引熱議，https://www.thenewslens.com/article/172691（最後瀏覽日：2022年12月30日）。

[14] A. Creswell, T. White, V. Dumoulin, K. Arulkumaran, B. Sengupta, & A. A. Bharath, "Generative Adversarial Networks: An Overview," *IEEE Signal Processing Magazine*, Vol. 35, No. 1, pp. 53-59 (2018).

果B判斷輸入的資訊來自X，標記其爲眞的（true）並分類爲1；反之B判斷輸入的資訊來自A(Z)，標記爲假的（false）並分類爲0。B的目的是實現對數據來源的判斷成功，不受A提供的數據影響；A的目的則是對A(Z)進行處理，使其更爲接近眞實數據X並成功欺騙B，基於A與B人工神經網路特性，A與B會在循環的訓練中更加進步以達到雙方各自的目的。最終使B的判別能力達到一個峰值的同時，B仍然無法有效判別被提供的數據是否來自X或A(Z)，即可判斷A生成網路所生成的數據A(Z)在針對眞實數據X的數據分布模擬上達到幾乎相同的程度。

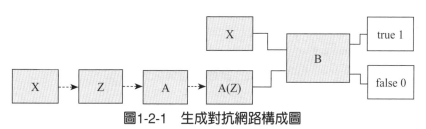

圖1-2-1　生成對抗網路構成圖

資料來源：本文自行製作。

貳、擴散模型[15]

　　擴散模型主要技術核心是利用高斯雜訊逐步混入眞實數據，產生混入程度由低至高的混合數據，再使目標神經網路嘗試逐步還原眞實數據的訓練方式。如圖1-2-2，主要目標有眞實數據A、高斯雜訊B、隨機數量混入高斯雜訊的眞實數據(AB)1至(AB)n與類神經網路X，A與B分別位於數列極端，B爲完全的噪音，A爲完全的眞實數據，而製作者將會把B分爲隨機的n個等級，從0至最高，從小至大逐步地混入A而產生n個A與B數據的混和數據(AB)1至(AB)n，此過程稱爲前向

---

[15] J. Ho, A. Jain, & P. Abbeel, "Denoising Diffusion Probabilistic Models," *Advances in Neural Information Processing Systems*, Vol. 33, p. 6841 (2020).

擴散（forward diffusion），之後再由神經網路X遵循與前向擴散相反的過程，一步步試著使神經網路X還原眞實數據A，該過程爲反轉擴散（reverse diffusion），亦是該人工智慧主要學習的途徑。

　　擴散模型內涉及函數與參數，相比生成對抗網路更爲複雜，使擴散模型所需學習週期更長，但擴散模型具有更爲精準的圖像還原能力。

圖1-2-2　擴散模型構成圖

資料來源：本文自行製作。

第三項　文字與資料探勘介紹[16]

　　在人工智慧中，需處理的資料統稱爲資料庫（database），其中經過篩選，用以訓練人工智慧的專門資料庫，稱爲訓練集（training dataset），爲構成人工智慧演算力向的主要核心。負責挑選與分類上述資料者，爲文字與資料探勘（Text and Data Mining, TDM）。

　　文字與資料探勘是將大量的結構化資料與非結構化的文字資料，以電子、機械化的工具找出資料內部所擁有之訊息、知識與它們之間的關聯性，並歸結出具有代表意義的結果的技術，爲當今許多機器學習所賴以維生之處，亦是人工智慧處理龐大資料庫的關鍵角色。以人工智慧繪圖爲例，其乃提供電腦海量圖片，藉由分類圖片中各類物

---

[16] Springer Nature, *What is TDM*, https://www.springernature.com/gp/researchers/text-and-data-mining (last visited: 2023/4/19).

品，再透過資料標記，讓電腦找出該圖片與物品的關聯性，從而理解該物品的輪廓，以有效辨識影像，故文字與資料探勘技術是許多機器學習中的關鍵性角色[17]。

第四項　人工智慧繪圖流程

　　人工智慧繪圖藉由演算法、文字與資料探勘技術與資料庫的訓練，使人工智慧具備特定的圖像生成能力，並再次透過文字與資料探勘技術，分析使用者所輸入的圖像或是文字，使人工智慧對特定關鍵字進行演算，並最終生成結果。故人工智慧繪圖流程，使用者能實際控制的部分僅限於輸入指令的階段，使用人工智慧繪圖的原創性因此遭受質疑。

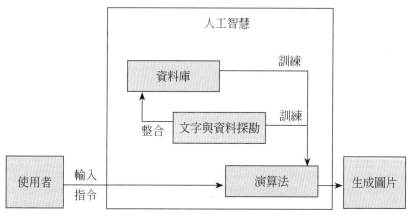

圖1-2-3　人工智慧繪圖流程圖

資料來源：本文自行製作。

---

[17] 黃于珊，網管人，2023年3月28日，ChatGPT偷了我的著作？發展AI須放寬合理使用，https://www.netadmin.com.tw/netadmin/zh-tw/viewpoint/2A956631F3724A8C9BB38A5636F4A94D（最後瀏覽日：2023年4月19日）。

第五項　常見人工智慧繪圖介紹

上述事件使人工智慧圖畫創作走入社會大眾視野，人工智慧發明者們以各種方式將其所有人工智慧供予一般民眾使用，以下是幾種目前常見繪圖用人工智慧：

壹、Midjourney

Midjourney是該階段人工智慧繪圖第一個生成快速並開放大眾申請使用的平臺[18]，其特殊之處爲其同時使用生成對抗網路與擴散模型[19]，使用時僅需輸入關鍵字便會出現四張生成的圖像，並可在平臺上直接修正不滿意之處。

貳、NovelAI

NovelAI是由美國德拉瓦州的Anlatan公司所開發，其原先只有文字生成功能，2022年10月方加入圖畫生成功能，其特色在於圖畫爲日式動漫ACG風格且成像能力極佳，在相關領域中造成轟動。

---

[18] Shun-Hsun Liang，Medium，2022年5月30日，屬於每個人的科技藝術——Midjourney簡介指南與未來發展，https://medium.com/@hanniballiang/%e5%b1%ac%e6%96%bc%e6%af%8f%e5%80%8b%e4%ba%ba%e7%9a%84%e7%a7%91%e6%8a%80%e8%97%9d%e8%a1%93-d5326e7b4e37（最後瀏覽日：2022年12月31日）。

[19] Ralph Nas, Gratis Graphics, Apr. 12, 2023, *Midjourney AI Text to Image Generator*, Pixexid Read, https://pixexid.com/read/midjourney-ai-text-to-image-generator (last visited: 2022/12/30). Robert A. Gonsalves, Medium, Nov. 10, 2022, *Digital Art Showdown: Stable Diffusion, Dall-E, and Midjourney – A Comparison of Popular AI Diffusion Models for Creating New Works from Text Prompts*, https://towardsdatascience.com/digital-art-showdown-stable-diffusion-dall-e-and-midjourney-db96d83d17cd (last visited: 2022/12/31).

參、DALL-E 2

DALL-E 2是由OpenAI公司所創作的繪圖用人工智慧，其前身爲同公司於2021年發表之DALL-E。DALL-E 2的特色爲能夠預測哪個文本最適合圖像[20]，使其在之後有能力識別不在其訓練集中的圖像。

肆、Stable Diffusion

Stable Diffusion是由慕尼黑大學的Compvis研究團體開發，爲擴散模型的變體之一，其特色在於可於任何有適配圖形處理器的電腦運行，其他著名相關軟體（如DALL-E和Midjourney）只能於雲端進行運算與服務存取。

第二節　其他國家現行法規

人工智慧繪圖在社會上被重用，同時造成著作權上的問題，各國基於其本土文化與歷史脈絡，對於該議題的討論方向與立場亦有所不同，較大的共通點在於諸多國家都未針對人工智慧繪圖直接設立專法，而是以現有法規進行管理或仍在討論階段，因以下五國的著作權有特殊規範，或曾提出對人工智慧具參考性的提案，故本文以這五個國家作爲參照。

第一項　美國

美國爲人工智慧發展的一線國家，然其著作權法並無直接對人工智慧有相關的規定，而是規定於2014年更新之著作權實務運作綱要（Compendium of US Copy Office Practices）。

---

[20] W. D. Heaven, MIT Technology Review, Jan. 5, 2021, *This Avocado Armchair Could Be The Future of AI*, https://www.technologyreview.com/2021/01/05/1015754/avocado-armchair-future-ai-openai-deep-learning-nlp-gpt3-computer-vision-common-sense (last visited: 2023/1/1).

　　美國著作權法關於作者的相關條款為該國著作權法第201條第a項「受著作權法保護之作品最初擁有者為作者，若為共同作者則同為所有人」[21]，並無其他條文對作者身分有所補述[22]，因此僅從美國著作權法無法確認其對著作人的要求。

　　2018年，著名的猴子自拍案件Naruto v. Slater[23]結案，該案爭點為猴子是否具有著作權而享有相關權利，判決內容簡述為猴子無法擁有相關權利，因只有人類可享有著作權並主張其權利，美國著作權局於此判決依據著作權實務運作綱要，第306條定義著作權僅保護人類智慧勞動的成果與心靈上的創意[24]、第313.2條對著作權法第201條第a項進行補述，凡是該法條所保護之著作，其作者必須是人類[25]，不可為自然產生、動物或植物之創造物[26]，該法條對原先缺乏條件的著作人身分進行相當詳細的規定，而關於人工智慧等電腦軟體相關之創作，

---

[21] 17. U.S.C. §201, "Copyright in a work protected under this title vests initially in the author or authors of the work. The authors of a joint work are coowners of copyright in the work."

[22] P. Samuelson, "Allocating Ownership Rights in Computer-Generated Works," *University of Pittsburgh Law Review*, Vol. 47, p. 1189 (1986).

[23] Naruto v. Slater, No. 16-15469; Case No. 16-15469d.C. No.3; 15-Cv-04324-Who, United States District Court, Northern District of California (9th Cir. 2018).

[24] U.S. Copy Office, Compendium, Section 306, "The copyright law only protects 'the fruits of intellectual labor' that 'are founded in the creative powers of the mind'."

[25] U.S. Copy Office, Compendium, Section 313.2, "As discussed in section 306, the Copyright Act protects 'original works of authorship'." 17 U.S.C. §102(a) (Emphasis Added), "To qualify as a work of 'authorship' a work must be created by a human being." See Burrow-Giles Lithographic Co., 111 U.S. at 58. "Works that do not satisfy this requirement are not copyrightable," https://www.copyright.gov/comp3/docs/compendium.pdf (last visited: 2023/1/3).

[26] *Id.* "The U.S. Copyright Office will not register works produced by nature, animals, or plants. Likewise, the Office cannot register a work purportedly created by divine or supernatural beings, although the Office may register a work where the application or the deposit copy(ies) state that the work was inspired by a divine spirit."

美國著作權局將「不會同意由機器或是透過純機械過程產生等隨機或全自動生產的作品被註冊」[27]，同時表明「關鍵問題在於該創作人類是否是作者之一（one of human authorship），機器或相似裝置只是輔助創作的工具，或作品中會構成作者的傳統元素並非由人類而是機器構思與執行的[28]」。在上述條文的規範下，人工智慧相關創作看似被禁止，惟法條中舉例比起人工智慧更相似於傳統機器[29]，使人工智慧禁止被賦予著作權的表面下仍須以實務判決作為關鍵依據。

　　2018年11月，由Stephen Thaler所帶領的團隊向美國著作權局申請幅名為「A Recent Entrance to Paradise」畫作的著作權[30]，其特點為Stephen Thaler並非以本人申請為著作權人，而是以身為該機器的擁有者（ownership of the machine），為其人工智慧Creativity Machine代為申請著作權，即Creativity Machine以作者身分申請該幅畫之著作

---

[27] *Id.* "The Office will not register works produced by a machine or mere mechanical process that operates randomly or automatically without any creative input or intervention from a human author."

[28] *Id.* "The crucial question is 'whether the "work" is basically one of human authorship, with the computer [or other device] merely being an assisting instrument, or whether the traditional elements of authorship in the work (literary, artistic, or musical expression or elements of selection, arrangement, etc.) were actually conceived and executed not by man but by a machine'."

[29] *Id.* "Examples: Reducing or enlarging the size of a preexisting work of authorship; Making changes to a preexisting work of authorship that are dictated by manufacturing or materials requirements; Converting a work from analog to digital format, such as transferring a motion picture from VHS to DVD; Declicking or reducing the noise in a preexisting sound recording or converting a sound recording from monaural to stereo sound; Transposing a song from B major to C major; Medical imaging produced by x-rays, ultrasounds, magnetic resonance imaging, or other diagnostic equipment; A claim based on a mechanical weaving process that randomly produces irregular shapes in the fabric without any discernible pattern."

[30] U.S. Copyright Review Board, Feb. 14, 2022, *Re: Second Request for Reconsideration for Refusal to Register A Recent Entrance to Paradise* (Correspondence Id 1-3zpc6c3; Sr # 1-7100387071).

權。Stephen Thaler申請時宣稱，該作品由「該機器之演算法自動生成」[31]，且「希冀註冊該電腦生成作品（Computer-Generated Works, CGWS）爲受聘完成之著作（work-for-hire），給予Creativity Machine所有人」[32]，美國著作權局以缺乏「人類身分之作者」[33]爲由拒絕。

2019年9月，Stephen Thaler對美國著作權局提出複審，認爲要求人類作者身分違憲且無法律或判決上的支持[34]，仍被當局以相同理由拒絕，並表示Stephen Thaler未提供任何人類創意的證據，當局堅定不會放棄長期以來各級法院的解釋[35]。

2020年5月，Stephen Thaler提出二次複審，要求內容與第一次大致相同，並額外提出著作權局應該登記由機器創造之作品，如此才可促進著作權法的基本目標，其包含憲法的基本原則與保護著作權之理由。Stephen Thaler表示，以往並無禁止給予電腦生成作品著作權，且在受聘用的狀況下，美國著作權法已允許非人實體成爲作者，最後他認爲，目前美國著作權局是從以淘金時代無拘束力之司法判決，來回答電腦生成著作是否可受保護[36]。

2022年2月美國著作權局給出答案，Stephen Thaler的訴求再次被駁回，當局指出，他們完全認同Stephen Thaler對於該幅畫的創作過程並無人類參與，因此當局採用著作權實務運作綱要中的第306條與第313.2條定義[37]，依照該標準，雖法條內並無直接提及人工智慧[38]，惟可知具有人類作者參與創作才能受到著作權法保護係美國著作權核心

---

[31] *Id.* at 2.

[32] *Id.* at 2.

[33] *Id.* at 2.

[34] *Id.* at 2.

[35] *Id.* at 2.

[36] *Id.* at 2.

[37] *Supra* note 25, 26.

[38] *Supra* note 29.

概念[39]，無關該人工智慧是否爲受聘，故Stephen Thaler的訴求無效。由該案件可了解，美國對於無人類參與之人工智慧創作不給予妥協空間，以人工智慧爲作者在美國不會通過著作權局申請。

　　而對於文字與資料探勘，美國因擁有獨立且相對彈性之合理使用範圍，且針對合理使用的判決多爲個案分別審理，故針對文字與資料探勘，美國多爲透過司法解釋，於個案中彈性適用合理使用，判斷文字與資料探勘使用之合法性[40]。

第二項　歐盟

　　歐盟無人工智慧相關法案或立法規定，僅以「著作人自我的智慧創作」（author's own intellectual creation）作爲保護要件[41]，著作權保護期間指令的立法說明前言僅補充「要反映著作人之個性」，對著作人資格的要求並記載於「電腦程式保護指令」第2條，明文規定除會員國另有立法外，所謂「著作人」係指「自然人或自然人之團體」[42]。

　　2016年，基於人工智慧發展快速與相關法律的欠缺，歐盟議會（European Parliament）中的法律事務委員會（Committee on Legal Affairs）提出機器人民事規則（Civil Law Rules on Robotics）的報告草案[43]，該報告建議將人工智慧或機器人歸類爲「電子人」，並賦予

---

[39] *Supra* note 30, at 6.

[40] 黃于珊，前揭註17。

[41] 歐盟之著作權保護指令、資料庫保護指令、電腦程式保護指令皆是。

[42] "The author of a computer program shall be the natural person or group of natural persons who has created the program or, where the legislation of the Member State permits, the legal person designated as the rightholder by that legislation. Where collective works are recognized by the legislation of a Member State, the person considered by the legislation of the Member State to have created the work shall be deemed to be its author."

[43] Draft Report with Recommendations to The Commission on Civil Law Rules on

所謂「電子人格」（electronic personality），使人工智慧等機器人被賦有權利與責任[44]，對其可能造成的損害或獲得的利益負責。此外，該報告提出對機器人相關創作設立「屬於自己的智慧創作品」（own intellectual creations）制度，藉此更細部規定相關標準等提案，2017年2月發布更新後的版本，保留上述要求並細部說明。

該報告發布後遭受大量反彈，一封由相關領域專家所撰寫之公開信[45]表示，該報告對於人工智慧等機器人之效能過於誇大，且即使為人工智慧，仍不應擁有如自然人與法人等法律定位，其與機器人等創造物的本質差距太大等[46]，使歐盟於2017年6月回覆，方針將改為由現有法案之上進行延伸規範，其餘課題希望凝聚更多社會觀點後再加以評估[47]。如此觀點下，人工智慧等人造物尚不會有電子人格，其創作該如何保護尚須形成共識[48]。

對於人工智慧的資料探勘，歐盟則於2019年4月公告「數位單一市場著作權指令」（Directive on Copyright in the Digital Single Market），於該法第3條第1項中提及，要求會員國應使研究組織或文化遺產機構，基於科學研究之目的，對於可合法接觸使用（lawful access）之著作或其他素材，進行文字與資料探勘之重製及資料擷取，無須另外取得著作權人之同意[49]。

Robotics, 2015/2103 (Inl), https://www.europarl.europa.eu/doceo/document/a-8-2017-0005_en.html (last visited: 2023/2/1).

[44] *Id.*

[45] Robotics Openletter, *Open Letter to The European Commission: Artificial Intelligence and Robotics*, http://www.robotics-openletter.eu (last visited: 2022/12/31).

[46] *Id.*

[47] 毛舞雲，人工智慧創作品之著作權保護——從繪畫機器人談起，交大法學評論，第5期，頁107，2019年9月。

[48] 毛舞雲，前揭註47。

[49] 原文：“Member States shall provide for an exception to the rights provided for in Article 5(a) and Article 7(1) of Directive 96/9/EC, Article 2 of Directive 2001/29/

2021年4月，歐盟發布人工智慧規則草案，又稱「人工智慧法」（Artificial Intelligence Act）草案[50]（編按：2024年3月13日通過法案），將人工智慧科技作為商品進行管制，模仿商品安全法的管理模式，針對不同等級的風險採取不同強度的管制，預計往後數年內完成。

第三項　英國

英國於1988年方有制定電腦相關創作之保護，該國「著作權、設計和專利法」（The Copyright, Designs and Patents Act）第9條指出「由電腦創作之文學、戲劇、音樂、藝術作品，其作者為對創作該作品給予必要安排之人」[51]，第178條則定義電腦相關創作是「在無自然人創作者的環境下，電腦創作之作品」[52]，上述法條內容所指定創作者為電腦（computer），而人工智慧之基礎框架乃使用電腦軟體模擬人類思維與腦神經構造[53]，理應符合電腦定義，且第178條後續定義為無自然人創作者的環境，與現今利用人工智慧進行繪畫行為相符，可視人工智慧繪圖符合該法定義之電腦創作，使該法相關法條給予人工智慧繪圖著作權之依據。

該法提供人工智慧創作的著作權歸屬辦法，即使該作品由電腦所創作，其所有權依然歸屬於自然人，然法條中權利歸屬者「給予必要安排之人」定義模糊，電腦工程師、軟體發明者、給予訓練集資

EC, and Article 15(1) of this Directive for reproductions and extractions made by research organisations and cultural heritage institutions in order to carry out, for the purposes of scientific research, text and data mining of works or other subject matter to which they have lawful access."

[50] European Commission, *Artificial Intelligence Act*, 2021, https://artificialintelligence-act.eu/the-act (last visited: 2023/1/3).

[51] UK Copyright, Designs and Patents Act, §9(3).

[52] *Id.* §178.

[53] J. R. Searle, *supra* note 1, at 418.

料者，甚至訓練集資料擁有者皆可能符合該定義，需依照個案加以判斷[54]。其立法理由乃讓機器創作的作品可符合著作權要求之人類作者，藉此使原著作權保護外的作品可被包含於該法中[55]，且該法針對電腦創作有別於自然人創作之規定，在著作權存續上，自然人著作死後可享有70年保護，若作者不明則為作品完成後70年；電腦創作則無論何種情況，縮短至作品完成後50年[56]，且獲得資格之自然人無法享有著作人格權[57]。

英國法中特殊且具討論空間之處為上文中「給予必要安排之人」之定義，即使判定第178條定義可延伸至現今人工智慧創作，惟何種操作對人工智慧創作為必要猶為未知，如今透過人工智慧進行創作僅需利用一張圖片或一段文字即可創作出無數相異的作品，是否可將其作為該作品必要之安排，仍具討論空間。

2022年6月，英國就其政府與底下創意產業、科技產業、製藥、學術界及法律界、官方智慧財產部門等領域針對人工智慧相關議題討論之結果，公布一篇以著作權與專利為主的政策報告《*Artificial Intelligence and Intellectual Property: Copyright and Patents: Government Response to Consultation*》[58]，該報告指出，人工智慧已成為英國主要發展科技核心之一，將以人類未干涉之電腦生成作品的著作權保護、

54 陳昭妤，論人工智慧創作與發明之法律保護：以著作權與專利權權利主體為中心，國立政治大學科技管理與智慧財產研究所碩士論文，頁71，2017年3月。

55 UK Copyright, Designs and Patents Act, §79(2)(c); §81(2).

56 *Id.* §12(7)(1988).

57 *Id.* §79(2)(c); §81(2).

58 UK Intellectual Property Office, Jun. 28, 2022, *Artificial Intelligence and Intellectual Property: Copyright and Patents: Government Response to Consultation*, https://www.gov.uk/government/consultations/artificial-intelligence-and-ip-copyright-and-patents/outcome/artificial-intelligence-and-intellectual-property-copyright-and-patents-government-response-to-consultation (last visited: 2023/1/2).

文字與資料探勘涉及的著作權及資料庫議題、人工智慧發明的專利保護等三個方面進行報告。

第一個議題中[59]，英國政府表明目前電腦生成作品受英國著作權法保護，人工智慧的開發人員或者用戶可透過該法相關規範保護權利，並針對電腦生成作品給予三個方向：不對法進行更改、移除對電腦生成作品的保護、利用新的框架保護電腦生成作品。英國政府最終無意更改相關法律，因目前無證據表明電腦生成作品對人類有害且人工智慧的使用仍處於早期階段，然而，英國目前尚未出現人類參與電腦生成作品的法律侵權訴訟案，因此會繼續審查與評估該決定好壞與否。

第二個議題中[60]，因當今企業對人工智慧或大數據的廣泛使用，其所利用的數據中多含有受著作權等法保護之資料，為求科技發展，非商用領域對相關資料調用無需通過授權，如同本國合理使用範圍，然要求企業將資源投入於非商用目的或停止使用具著作權之數據非實際可行之解，英國政府未來將增設著作權法的除外條款，使商業用途在合理範圍下亦可不受著作權等法規範，但新法仍保護原權利所有人，例如權利人可選擇他們提供作品的平臺，透過訂閱或單次瀏覽進行收費。

第三個議題中[61]，英國認為現階段人工智慧尚無法由自身完成發明，目前英國專利法對於發明人保護足以包含人工智慧輔助創作之發明，且在全球尚未對人工智慧發明人有共識下隨意更動相關法律，會與國際專利領域脫軌，英國單方面修改專利法為時過早，故英國政府尚無針對AI發展而更動發明人範圍等項目增修相關法律的規劃。

---

[59] *Id.*

[60] *Id.*

[61] *Id.*

第四項　日本

　　日本著作權法第2條第1項第2款中定義所謂著作乃「表達創作之思想或是感情者，屬於文藝、學術、美術或音樂範圍者」[62]，而著作人定義於同條同項第2款為「創作著作之人」[63]，著作完成時方獲得著作權與著作人格權，故需要對該創作有實際參與才具備成為著作人之權利[64]，原則上著作人由自然人擔任，在一定條件下法人亦可為著作人[65]。日本學者有指出，在未來發展中，電腦等無人為操作之創作會使著作人判定更加困難[66]。

　　保護方面，日本於1993年曾討論過關於電腦創作問題，為日本著作權審議會第九小委員會所提出之電腦創作報告書，該報告書討論內容包含電腦繪圖、自動生成程式等電腦創作物之智慧財產權問題，報告內容基於其時空背景，給出當時的電腦依然是「工具」，透過它們所創作之作品依然含有人為貢獻與創意，但未來狀況可能有影響著作權之改變，需予以關注[67]。

　　2016年，日本的智慧財產戰略總部在該年的智慧財產推動計畫中提及人工智慧創作對現今社會的影響，敘述人工智慧創作對於文化以及豐富人類社會具有相當大的潛力，然日本當時的智慧財產權法僅保護人類的思想與感情的表現形式，並無保護非人類創作內容，受到侵害時將難以尋求法律救濟，進而影響相關產業發展，日本預計以人工

62　文化廳，著作權法，第2条第1項第1款：「思想又は感情を創作的に表現したものであつて、文芸、学術、美術又は音楽の範囲に属するものをいう。」

63　文化廳，著作權法，第2条第1項第2款：「著作物を創作する者をいう。」

64　中山信弘，著作權法，有斐閣，頁34-69，2010年初版。

65　文化廳，著作權法，第6条第1項。

66　中山信弘，前揭註64，頁186-187。

67　文化廳，著作権審議会第9小委員会（コンピュータ創作物関係）報告書（1993），http://www.cric.or.jp/db/report/h5_11_2/h5_11_2_main.html（最後瀏覽日：2023年1月1日）。

智慧創造物制定新智慧財產權相關法律，於該年計畫中擬定相關法律架構[68]。

　　隔年的2017年計畫書中，進一步討論人工智慧創作物是否受著作權保護，報告指出，問題核心為人工智慧是否是人類創作的工具，還是獨立運行的創作系統：若是前者，作品仍是人類所創造，可受到保護；若是後者則相反，該創造物並非由人類創造，是新型態的創作物，無法受當前日本著作權法保障[69]；2019年計畫書針對人工智慧的數據與創作進行更深入討論，確立未來短、中、長程方向，期盼未來日本在各領域更完善相關規定[70]。

　　2018年5月，日本修正「著作權法」，該法第30條第1項第4款更改為針對資訊的解析使用（包括文字與資料探勘），或其他非為自己或他人享受著作所表達之思想或感情為目的之情形，於必要範圍內，得不限方式利用該著作。但依該著作之種類、用途及利用方式，有不當損害著作人利益者，不在此限[71]。

---

[68] 知的財產推進計画2016，知的財産戦略本部網站（2016），https://www.kan-tei.go.jp/jp/singi/titeki2/kettei/chizaikeikaku20160509.pdf（最後瀏覽日：2023年1月2日）。

[69] 知的財產推進計画2017，知的財産戦略本部網站（2017），https://www.kan-tei.go.jp/jp/singi/titeki2/kettei/chizaikeikaku20170516.pdf（最後瀏覽日：2023年1月2日）。

[70] 知的財產推進計画2019，知的財産戦略本部網站（2019），https://www.kantei.go.jp/jp/singi/titeki2/kettei/chizaikeikaku20190621.pdf（最後瀏覽日：2023/4/18）。

[71] 文化廳，著作權法，第30条第1項第4款，「著作権（第二十八条に規定する権利（翻訳以外の方法により創作された二次的著作物に係るものに限る。）を除く。以下この号において同じ。）を侵害する自動公衆送信（国外で行われる自動公衆送信であつて、国内で行われたとしたならば著作権の侵害となるべきものを含む。）を受信して行うデジタル方式の複製（録音及び録画を除く。以下この号において同じ。）（当該著作権に係る著作物のうち当該複製がされる部分の占める割合、当該部分が自動公衆送信される際の表示の精度その他の要素に照らし軽微なものを除く。以下この号

　　日本至今尚未有對人工智慧創作的直接立法，繁多的分析與評估使日本未來規範具有足夠的前瞻性。

第五項　中國

　　中國無人工智慧的特別法規，該國著作權法[72]第2條：「中國公民、法人或者非法人組織的作品，不論是否發表，依照本法享有著作權。」及第9條：「著作權人包括：作者、其他依照本法享有著作權的自然人、法人或者非法人組織。」專利法實施細則第13條，稱發明人乃對發明創造的實質性特點作出創造性貢獻的人。由上述法條內容可推敲，中國智慧財產權法似僅提供於人類且並無相關法規範。

　　透過其中部分法條的修訂，可得知中國對人工智慧著作的相關看法，2020年中國針對著作權法進行修法，與著作權人相關條款中，此次修法將第9條、第11條、第16條、第19條、第21條中的「公民」修改為「自然人」[73]，致使人工智慧等非自然人之物在中國無法取得著作權，著作權歸屬則偏向我國，需根據個案判別。修法前，2019年深圳騰訊公司訴上海盈訊公司案[74]，雖創作內容為文字，此案件仍確立以人工智慧為工具的著作具著作權，而此案著作權歸屬於使用該人工智慧之自然人、法人機構等，為中國人工智慧創作歸屬開闢先河。

　　2022年底，中國鑑於人工智慧與深度偽造技術發展快速，可達成

及び次項において『特定侵害複製』という。）を、特定侵害複製であることを知りながら行う場合（当該著作物の種類及び用途並びに当該特定侵害複製の態様に照らし著作権者の利益を不当に害しないと認められる特別な事情がある場合を除く。）」

72　中華人民共和國著作權法2020年修訂版。

73　新華社，2020年11月11日，屬於每個人的科技藝術──Midjourney簡介指南與未來發展，http://www.gov.cn/xinwen/2020-11/11/content_5560583.htm（最後瀏覽日：2023年3月19日）。

74　中國廣東省深圳市南山區人民法院，粵0305民初14010號民事判決書，裁判日期：2019年12月24日。

之效果趨近眞假難辨，容易滋生安全問題，於11月25公布「互聯網信息服務深度合成管理規定」，2023年1月10日開始實施，該法針對人工智慧與深度僞造技術進行詳細規範，並規定類似技術所爲結果需經過審核與其他必要措施。與智慧財產權相關者爲該規定第16條、第17條，技術使用者對其服務生成或編輯之訊息，應當採取技術措施添加不影響用戶使用的標識[75]；對可能導致公眾混淆或誤認者，需在生成或編輯的訊息內容的合理位置、區域進行顯著標識，提供人工智慧或深度僞造服務者，亦應提供顯著標示功能給予使用者[76]。

　　此規定並無確立人工智慧與智慧財產權的關係，而是利用後續標記與訊息記錄功能，使人工智慧創作由官方進行區別化與半透明化，尚未明確針對人工智慧相關規範的當下，此種規範或許爲可試之舉。

第六項　小結

　　目前除歐盟曾提出人工智慧法案外，其餘國家皆未實質提出相關法規。面對人工智慧案例時，多利用現有法案進行說明，惟人工智慧所使用的文字與資料探勘技術，其與合理使用的規範在他國已有詳細法規，我國至今仍未有所設立。而歐盟所提出的「電子人格」，其相當跨時代的提案，在未來可能成爲人工智慧在智慧財產權的發展依

---

[75] 「深度合成服務提供者對使用其服務生成或者編輯的信息內容，應當採取技術措施添加不影響用戶使用的標識，並依照法律、行政法規和國家有關規定保存日誌信息。」

[76] 「深度合成服務提供者提供以下深度合成服務，可能導致公眾混淆或者誤認的，應當在生成或者編輯的信息內容的合理位置、區域進行顯著標識，向公眾提示深度合成情況：（一）智能對話、智能寫作等模擬自然人進行文本的生成或者編輯服務；（二）合成人聲、仿聲等語音生成或者顯著改變個人身分特徵的編輯服務；（三）人臉生成、人臉替換、人臉操控、姿態操控等人物圖像、視頻生成或者顯著改變個人身分特徵的編輯服務；（四）沉浸式擬眞場景等生成或者編輯服務；（五）其他具有生成或者顯著改變信息內容功能的服務。深度合成服務提供者提供前款規定之外的深度合成服務的，應當提供顯著標識功能，並提示深度合成服務使用者可以進行顯著標識。」

據，中國則對人工智慧與深度偽造技術進行標記，以防他人利用相同技術進行不法行為。

上述國家的著作權法皆未允許人工智慧成為著作人，除表明著作必須有人類創意參與，便是著作權僅屬於自然人或自然人團體（法人），即使英國對非自然創作人有所規範，仍將著作權歸屬於「給予必要安排之人」，於此前提下，若想賦予人工智慧著作人資格，需如同歐盟提出「電子人格」等使人工智慧具備相同於自然人與法人的法人格規範，並規範此人格亦可擁有相關權利，才可使人工智慧具備著作人資格。反之，若不將人工智慧視為著作人，而將其視為工具，只要證明創意的投入，便可能符合大部分國家對著作權「為人類心靈與創意的展現」的規範。

第三節　案例與時事評論

當今諸多國家並無現行法進行規範，人工智慧的發明者透過申請等方式，試圖讓人工智慧的創作通過智慧財產權的門檻，或是利用相關的人工智慧來達成特定目的，以上行為造成一定程度的討論與爭議。本節選取三件國外的實務案件與三件時事進行評論，實務案例分別對應人工智慧的著作人資格與人工智慧創作的著作權；時事則有關人工智慧資料庫與合理使用的關係、人工智慧創作的假可亂真，以下就此些案件進行敘述與評論。

第一項　美國Creativity Machine案

此為前述Stephen Thaler於美國申請人工智慧著作權失敗之案例，該案件具意義之處在於，其為美國著作權局正式對人工智慧創作表現拒絕態度，美國著作權局以該國著作權法文中定義受著作權保護之創

作應由「人類」創作[77]為由，拒絕Stephen Thaler之申請。

　　此案件當事人Stephen Thaler與其團隊為挑戰人工智慧智慧財產權的常客，不僅於美國，諸如歐洲、非洲、亞洲等多數國家皆有其相關申請，我國即有其團隊申請之專利案件。該團隊擁有的熱忱與動機促使智慧財產權遭受挑戰，往後持續的觀察與追蹤，對理解他國智慧財產權觀點具有相當的幫助。

第二項　美國Kris Kashtanova案

　　2022年9月，藝術家Kris Kashtanova宣布，其藉由Midjourney完成的漫畫書《黎明的札莉雅》（*Zarya of the Dawn*）成功獲得美國著作權[78]，藉由此案例，該藝術家認為她成功證明人工智慧的創作可獲得美國著作權，然而，2023年2月美國著作權局宣告收回該著作權，並給予Kris Kashtanova複審的機會。

　　Kris Kashtanova註冊時表示，該作品由人工智慧輔助創作，而非完全由人工智慧所為，Kris Kashtanova創作漫畫中的故事情節，漫畫的圖畫則由Midjourney產生，並於漫畫封面標示Midjourney。美國著作權局則表示，他們先前未注意到Midjourney是漫畫創作者，故當時給予著作權，並再次申明美國地區所有由機器單獨完成的作品，將不受著作權保護[79]。

---

[77] U.S. Copyright Review Board, Feb. 14, 2022, *Re: Second Request for Reconsideration for Refusal to Register A Recent Entrance to Paradise* (Correspondence Id 1-3zpc6c3; Sr # 1-7100387071).

[78] Rich Johnston, Bleeding Cool, Jan. 27, 2023, *Copyright Protection on AI Comic Book Revoked by US Government?* https://bleedingcool.com/comics/copyright-protection-on-ai-comic-book-revoked-by-us-government (last visited: 2023/5/10).

[79] United States Copyright Office, Feb. 21, 2023, *Re: Zarya of the Dawn* (Registration # VAu001480196).

圖1-2-3　《黎明的札莉雅》部分內容

資料來源：Rich Johnston, Bleeding Cool, Jan. 27, 2023, *Copyright Protection on AI Comic Book Revoked by US Government?* https://bleedingcool.com/comics/copyright-protection-on-ai-comic-book-revoked-by-us-government (last visited: 2023/5/10).

　　此案件被宣告收回著作權之前，被認定是美國人工智慧相關智慧財產權的突破，雖漫畫為故事與圖畫創作的綜合載體，Kris Kashtanova確實為該漫畫故事的創作者，惟漫畫圖畫由人工智慧Midjourney所繪製，與美國著作權局所要求之著作權條件不相符合，故收回其著作權效力。

　　美國著作權局根據Kris Kashtanova申訴回復裁定，表示會保留Kris Kashtanova全書版權，包含「內文、選擇、安排、協調、書的文字與視覺部分」，惟排除人工智慧生成圖像，因Midjourney生成圖像是不可預測的輸出，代表Kris Kashtanova本人並未創作《黎明的札莉雅》書內的個別圖像，美國著作權局回函中亦指明，「Midjourney以隨機生成的雜亂訊號開始，演變成最終圖像，因此無法保證特定提示

會產生任何特定視覺輸出」，而著作權的保護取決於人類所涉及創作量的多寡。Kris Kashtanova在著作權局的回函後表示會繼續爭取人工智慧創作之著作權權利，該案尚未結束[80]。

該案件對人工智慧創作在美國的生存產生極大影響，其特殊且重要之處在於，該案並非單純的人工智慧無法獲得著作權，而是透過人工智慧所創作的作品，即使著作人身分為自然人，皆不可獲得著作權，此導致人工智慧的作品在美國屬於公開領域的創作，雖最大程度保護創作者的著作權，較為極端的判決方式亦可能對人工智慧產業產生負面影響。

第三項　日本NovelAI數據庫事件

日本著名繪圖人工智慧NovelAI的製作團隊，常於社交網站X回覆網路民眾的問題。某次問答中該團隊透露其所用以訓練人工智慧的數據庫包含自ACG圖片網站Danbooru的圖片[81]，該回覆隨即引發爭議，因Danbooru雖為公開網站，其擁有的圖片皆由其他網站搬運而來，即俗稱之盜版網站。且Danbooru有大量來自Pixiv與X的繪師原創、二創作品，大量著作在無原作者的同意下遭該網站搬運，在此前提下，NovelAI闡明其利用該網站進行人工智慧訓練，等同承認其利用未授權的著作進行人工智慧建構並以此營利。

NovelAI事件是日本對人工智慧訓練集與數據庫來源的重要議題，人工智慧演算法在長期的訓練時，必須利用足夠數量的數據達到更加精進的演算能力與演算結果，繪圖用人工智慧所使用之數據庫為各式圖畫，接觸具著作權之作品難以避免，該作品在未經過原作者

---

[80] Richard Lawler, Feb. 23, 2023, *The US Copyright Office Says You Can't Copyright Midjourney AI-Generated Images*, https://www.theverge.com/2023/2/22/23611278/midjourney-ai-copyright-office-kristina-kashtanova (last visited: 2023/4/6).

[81] Twitter，https://twitter.com/novelaiofficial/status/1573844864390791169（最後瀏覽日：2023年3月4日）。

授權下，被使用於人工智慧是否符合合理使用原則，即爲討論核心，NovelAI事件將此討論核心事件化且證明該議題實際存在並已發生。

雖然日本對此事件並無後續發展或訴訟，不過NovelAI事件使相關領域開始注意合理使用議題，無論是製作人工智慧方或圖畫創作者，應針對相關議題有所意識並採取適當措施，而後是否以此爲契機發展與英國相同方向的政策，值得持續觀察。

第四項　日本Mimic軟體事件[82]

繪圖用人工智慧興起後，諸多日本公司以此爲商業契機開發相關軟體，Mimic是日本廠商RADIUS5所開發的繪圖用人工智慧，其特點在於Mimic並非利用接收的特定名詞或圖畫進行隨意創作，而是在使用者上傳圖畫作品後，Mimic將演算出與其畫風類似的數十張繪製圖。Mimic在該公司推出時受到許多日本創作者的關注與討論，一面倒的負評與爭議在討論度上升時一併出現，使RADIUS5在推出的隔天即宣布終止Mimic的服務。

不同於NovelAI事件，Mimic的主要宣傳即爲模仿他人創作風格，依照人工智慧的學習方式，要模擬專業畫家的筆觸需有該畫家的創作供人工智慧學習，專業創作者群體對此相當反對，表示自己的創作被用以該人工智慧違反著作權，該爭議導致Mimic下架，RADIUS5表示之後會完善「未授權使用」的問題方重新上市。

此案爲繪圖用人工智慧具侵犯創作者著作權嫌疑，而遭大量反對聲浪並下架的案例，可視爲圖畫領域創作者對相關議題的高度自覺與權益實施，迫使人工智慧創作者對侵犯他人著作權有所警惕，雖該案所使用之人工智慧具高度識別性，方使社會有所行動，仍爲繪圖用人

---

[82] 傅諓婷，數位時代，2022年12月31日，AI繪圖在全球大熱，mimic卻在日本炎上！日本創作者爲何對AI特別警戒，https://www.bnext.com.tw/article/73439/after-the-release-of-the-ai-imitation-drawing-tool-mimic（最後瀏覽日：2023年4月18日）。

工智慧可能侵害著作權而不被民眾接受的標誌性案例。

第五項　中國Dreamwriter案[83]

此案爲上節中國法規所述深圳騰訊公司訴上海盈訊公司案，Dreamwriter爲中國北京騰訊公司所創作之智慧寫作輔助系統，其演算法可幫忙文案的撰寫，北京騰訊公司授權此軟體予深圳騰訊公司使用，深圳騰訊公司以此在騰訊證券網站上首次發表一篇財經報導，並於文章末尾段標註「此文章由騰訊機器人Dreamwriter自動撰寫」。被告上海盈訊公司未經過深圳騰訊公司授權便使用該文章，深圳騰訊公司即以侵害著作權和不正當競爭爲由，將上海盈訊公司訴至法院。最終，法院認爲Dreamwriter所撰寫的文章具著作權，判決上海盈訊公司敗訴。

該案首次將人工智慧生成物是否能受著作權法保護帶入中國智慧財產權界，當時中國著作權法實施條例2013年版本中，對於著作權定義的第2條爲：「著作權法所稱作品，是指文學、藝術和科學領域內具有獨創性並能以某種有形形式複製的智力成果。」如何平衡該法條與人工智慧之間的衝突爲此案件重點。中國法院針對此次的判決方式相對保守，將人工智慧作爲輔助工具，並於判決中不斷自證該論點。最後以人工智慧輔助生成爲結論，給予使用Dreamwriter的深圳騰訊公司該文章著作權。

此案爲中國著作權界利用人工智慧創作的首次判決，雖無直接觸及核心爭點，但從判決思路將路線轉往人工智慧輔助生成，與中國其他判決認定著作權僅自然人可擁有[84]等，可知中國雖無相關法規範，且在不允許人工智慧成爲智慧財產權的主體之情形下，此案爲中國人工智慧創作判決的首例。

---

[83]　前揭註74。

[84]　北京互聯網法院，京0491民初239號民事判決書，裁判日期：2019年4月25日。

第六項　倫敦索尼世界攝影大獎事件[85]

索尼世界攝影大獎（Sony World Photography Awards）是全球頗負盛名的攝影比賽，為攝影界的大型獎項，2023年4月13日，該獎項於倫敦頒獎，德國攝影藝術家Boris Eldagsen以兩位女性肖像的「電工」（Pseudomnesia: The Electrician）作品贏得創意類別優勝，然而，Boris Eldagsen在頒獎典禮上表示，其作品實際上是由人工智慧圖案生成器DALL-E2所創作，並拒絕接受獎項。

圖1-2-4　「電工」

資料來源：李國綸，前揭註85。

---

[85] 李國綸，民視新聞網，2023年4月16日，Sony世界攝影大獎「AI生成圖」奪優勝！創作者上台揭真相拒領獎，https://www.ftvnews.com.tw/news/detail/2023416W0068（最後瀏覽日：2023年5月10日）。

　　Boris Eldagsen表示，參賽目的爲促進主辦方對人工智慧生成圖像的討論，根據其得獎感言：「感謝您們選擇了我的圖片，而成就了一個歷史性的時刻，因爲這是第一張在著名國際攝影比賽中獲獎的人工智慧圖像。」「你們有多少人知道或懷疑它是人工智慧生成的？感覺有點怪怪的，對吧？[86]」可謂人工智慧的繪圖已進入更優秀的領域，已然可以模擬眞實的場景，如畫面構成、材質、光影、人體的外觀等，都達到人眼難以辨別的階段，即使世界級的攝影比賽亦是如此。

　　Boris Eldagsen的目的顯然達成，此案給予世界一個警訊，即在人工智慧繪圖可以欺騙人眼的現今，是否需針對人工智慧繪圖進行管制，抑或對其進行標記與註明，致使一般民眾不會被誤導，或是防止他人惡意使用人工智慧繪圖，皆是未來須面對的課題。

第七項　小結

　　此節中，可見他國對人工智慧創作的實務看法與社會大眾對相關議題的觀點，在現有的法規制度下，美國對人工智慧創作的判定主要爲著作權必須由人類所完成，而人工智慧並非人類，故人工智慧不可爲著作人。而利用人工智慧進行圖畫創作，因使用者無法掌控創作過程與創作成果，不符合美國著作權局對作品著作權的要求。故人工智慧生成物，即使著作人爲自然人或法人，皆不具備著作權；相反地，中國已初見給予人工智慧生成物著作權的先例，允許使用人工智慧作爲創作工具。

　　日本則使人工智慧資料庫與合理使用的關係更加明顯；索尼世界攝影大獎則警惕世人對人工智慧創作的進步與展現須有所警覺。上述事件的影響與他國實務方向可供我國參考，成爲設立相關法制的前車之鑑，本文認爲，美國實務方向過於極端，不宜產業發展，而宜參照中國等其他國家方式。

---

[86] Boris Eldagsen, Instagram, https://www.instagram.com/p/CrByacyId2z/?utm_source=ig_web_copy_link (last visited: 2023/4/18).

第三章　我國相關著作權議題

　　人工智慧圖畫創作於著作權領域的議題，主要包含人工智慧可否取得「著作人」的身分，並且人工智慧所創作的圖畫是否符合「原創性」，後續衍生之人工智慧無法取得著作權，該作品著作權歸屬等。除人工智慧創作的作品本身具有爭議，人工智慧在訓練途中需要訓練集以形成繪畫能力，而訓練集由許多圖畫組成，因此有人工智慧利用訓練集學習並產出作品的過程，是否侵害訓練集內作品著作權的質疑。

第一節　著作人身分

第一項　人工智慧

　　我國著作權法第3條第1項第2款明確表明著作人定義爲創作著作之人，第10條指出著作人於著作完成時享有著作權，單從文義判斷，著作人的身分條件必須爲人，往後的實務判決將人的定義擴展爲自然人與法人，如智慧財產法院104年度刑智上訴字第39號刑事判決所述：「第33條當時之立法理由即謂：『按修正條文第11條已明定法人得爲著作人，本條配合將法人完成之著作之著作財產權保護期間，依著作之公表與否，分別規定，以符國際立法趨勢。』可見我國著作權法乃承認法人得爲著作人。」

　　我國對於著作人身分討論的爭議亦著重於原創的三大要件[1]：獨立創作而無抄襲、人類精神上之創作，且足以表現出作者之個性進行討論，人工智慧於法上並非自然人或法人，在法條文義與擴展解釋上，人工智慧於我國都無法取得著作人身分。

---

[1] 謝銘洋，我國著作權法中「創作」概念相關判決之研究，收錄於國際比較下我國著作權法之總檢討，頁60，2014年12月。

　　若我國設立歐盟所提之「電子人格」，則需面臨其他問題，是否更改著作權的定義，使著作權可同樣歸於人工智慧所有，又或是效仿歐盟提出的「屬於自己的智慧創作品」（own intellectual creations）制度。並且，遭逢相關著作權爭議，人工智慧基於其電子人格，有義務對相關爭議進行負責，惟人工智慧的負責該如何進行難以定論；且牽扯至金錢，是否仍由人工智慧所有人負責，由此延伸，具備電子人格的人工智慧是否仍可被自然人擁有，若答案為是，則為何相同階級的法人格、自然人可擁有電子人格的所有權等。以上問題皆是電子人格等法規增設前必須完善的部分，若未完善法規前先行套用電子人格，易造成不同法條間互相牴觸，實務層面混亂。電子人格雖為人工智慧獲得著作權的快速管道，且是相當前衛的法律觀念，然其對法律整體架構的調整與概念上的轉換變化幅度巨大，非一朝一夕可達成，在我國仍有窒礙難行之處，歐盟民眾與法學界對此提案的反彈亦與此類似。欲設立相關法規，須先解決上述問題。

　　並且，實務上我國智慧財產局已發函表示其立場[2]：「AI是指由人類製造出來的機器所表現出來的智慧成果，由於AI並非自然人或法人，其創作完成之智慧成果，非屬著作權法保護的著作，原則上無法享有著作權。但若其實驗成果係由自然人或法人具有創作的參與，機器人分析僅是單純機械式的被操作，則該成果之表達的著作權由該自然人或法人享有。」此函提出單純由人工智慧所創作之著作將因無自然人或法人身分而無法獲得著作人身分，若是由人所操控而製造出的成果，可由操作人擁有。

第二項　自然人

　　如我國上述智慧財產局來函所言，在我國，利用電腦工具或是電子繪圖板等繪畫工具，將它們作為創作手段的延伸可符合我國對著

2　經濟部智慧財產局107年4月20日電子郵件字第1070420號函。

作人的要求；換言之，將人工智慧視爲工具，而非著作創作的主體即可，當今繪圖用人工智慧依舊要求人爲的提供圖片或是關鍵字促使人工智慧進行演算，若將人工智慧作爲生產工具，或稱爲輔助創作，其創作理應受著作權保護，我國函釋亦同意將人工智慧作爲工具可符合著作權保護條件，然而鑑於繪圖用人工智慧之特性，在符合上述條件下，繪圖用人工智慧對「原創性」的有無，依然持疑。

第二節　原創性

第一項　原創性與抄襲定義

　　根據不同學者與不同國家對著作權的觀點與規定，針對著作權的構成有不同的構成要件與要件敘述[3]，此些構成要件中，原創性爲其中不變之要件[4]，可見原創性之於著作權，可謂著作權的核心價值。

　　我國原創性的法源依據可見於著作權法第3條第1項第1款之規定：「著作：指屬於文學、科學、藝術或其他學術範圍之創作。」我國實務中，此條文尾段的「創作」被認定爲原創性之表示，因此著作需求原創性，亦爲原創性的法源依據。雖然原創性貴爲著作權核心要件，其定義在我國亦有所分別，主要種類有二：廣義原創性與狹義原創性[5]。

3　林怡彤，著作之核心概念──原創性之實證研究，國立交通大學科技法律研究所碩士論文，頁26-27，2012年6月。我國學者中有幾種看法，第一種：1.須具有原創性；2.須具有一定之外部表現形式；3.爲文學、科學、藝術或其他學術範圍內之著作；4.須非不得爲著作權標的之著作；第二種：1.原創性；2.客觀化之表達；3.屬於文學、科學、藝術；4.非被排除保護之著作等四要件；第三種：1.原創性；2.人類精神上之創作；3.一定之表現形式；4.足以表現作者之個性或獨特性；5.不屬於著作權法第9條排除之範圍。除上述三種外亦包含更多看法，在此僅列出部分學者見解。

4　林怡彤，前揭註3。

5　謝銘洋，前揭註1，頁27。

壹、廣義原創性

　　廣義原創性將原創性進一步分割為「原始性」與「創作性」。原始性，又稱獨立創作，乃著作人在創作中並無抄襲任何他人著作，而是藉由自身創意獨立完成著作[6]，從上述字句延伸，可得兩點含意：一是著作人從無到有，在未接觸他人著作之下完成獨立著作，即使著作內容與他人著作有所相同者，凡其具備最低限度之創作，即為獨立創作並受著作權保護；二為著作人在創作過程中，利用他人著作作為創作基礎，再延伸創作成為新的著作，只要改作部分符合創意性，與原作在客觀上具足以分辨之處，即乃「參考」他人著作而非「抄襲」，亦受著作權保護而不構成侵權。換言之，原始性乃強調著作人透過自身進行獨立創作而非抄襲，此條件下，即使與他人著作相似，亦符合原創性。

　　創作性，亦可稱為創意性，雖著作權法第10條之1規定：「依本法取得之著作權，其保護僅及於該著作之表達，而不及於其所表達之思想、程序、製程、系統、操作方法、概念、原理、發現。」然著作為表達著作人內心思想與感情者，故創意性係指著作須符合最低程度之創意或思想展現，並足以展現該著作人之個性[7]，且創作性之判斷為客觀而非主觀，實務上並不考慮著作人對該著作之創作動機等，而僅以創作性是否存在作為判斷依據。

　　我國實務上多採廣義原創性，審理過程中，首先判斷該著作是否為獨立創作，即具備原始性；而後判斷著作人對該著作是否投入足夠之創意性，兩者不應一概而論。判決上，智慧財產法院98年度刑智上易字第98號判決即利用廣義原創性作為判斷標準：「所謂創作，即具『原創性』之人類精神上創作，包含『原始性』及『創作性』之概

---

[6] 陳彥如，著作之原創性，國立臺北大學法律學系碩士論文，頁83，2013年7月。

[7] 胡芳瑜，衍生著作之原創性與合理使用，東吳大學法律學系碩士論文，頁42，2019年7月。

念。所謂原始性，係指著作人未抄襲他人著作，而獨立完成創作。創作性，則指創作至少具有少量創意，且足以表現作者之個性或獨特性」；智慧財產法院105年度民著訴字第23號民事判決則採用幾乎一致的說詞：「所謂創作，即具『原創性』之人類精神上創作，包含『原始性』及『創作性』之概念。『原始性』係指獨立創作，亦即著作人為創作時，並未抄襲他人著作，獨立完成創作。『創作性』則指創作至少具有少量創意，且足以表現作者之個性及獨特性。著作權所要求之原創性，僅須獨立創作，而非抄襲他人之著作者即屬之。」可知廣義原創性作為兼顧原始性與創意性者，受我國實務青睞。

貳、狹義原創性

　　狹義原創性之於廣義原創性，其聚焦重點僅在於「原始性」，即獨立創作之部分，並未聚焦「創意性」的展現。雖我國多數判決採廣義原創性理論，部分判決亦有利用狹義原創性作為判斷依據，如最高法院97年度台上字第3914號刑事判決：「著作權法所稱之原創性，僅係非抄襲自他人而為獨立創作即可，至所完成之著作是否具備新穎性，要非所問。」智慧財產法院97年度刑智上易字第63號判決：「而著作權保護之著作，須具有原創性，著作權所須之原創性，僅獨立創作即可，而不須具有新奇性。著作不因其與他人創作在前之著作在本質上之類似且不具備新奇性而被拒絕著作權之保護。原創性之意義，僅為著作之創作歸屬於著作人之原因，亦即著作人獨立創作，而非抄襲自他人之著作即可，因此，即使一著作與另一在前著作完全相同，但並非抄襲該前一著作，而係獨立創作之結果，亦具有原創性而受著作權之保護。換言之，此原創性為相對的、比較的觀念。」

　　而原創性之概念，最高法院曾指出[8]，著作權之原創性，不如專利法中針對各類型專利所要求之原創性（即新穎性）之要求，不須完全出自原創，即使具備與他人著作雷同之處，若無抄襲、模仿等行

8　最高法院97年度台上字第1214號民事判決。

爲，且其精神之展現達到相當程度，足以展現作者之心靈、個性，即爲具備原創性。

承上所述，若將人工智慧作爲生產工具，其創作仍爲著作權保護標的，如智慧財產法院100年度民著訴字第55號判決指出：「現代科技進步，電腦已被廣泛作爲繪圖及文字書寫之工具，一般繪圖者利用電腦繪圖系統程式，藉光筆或滑鼠等工具操作運用完成描繪、著色及書寫之行爲，仍需仰賴操作者之經驗、思考及靈感，非電腦可代爲判斷，此即爲思想或感情之表達，尚不能因使用電腦即認非創作行爲；換言之，應用電腦輸入工具及電腦軟體程式之操作繪製美術圖案者，倘若該美術圖案之設計、構形及繪製並非僅是電腦單純機械性操作的結果，或稍作比例、顏色等變更，而是灌注有操作者之精神、思想及情感，表現其個性之獨立創作，自得爲著作權法保護之美術著作。[9]」

由上述判決延伸可知，將人工智慧作爲創作工具，如傳統電子繪圖軟體、繪圖筆等，即爲展現思想與創意之延伸，應可符合著作權特性，然人工智慧並非傳統電子繪圖軟體，應在理解人工智慧繪圖的運作方式後再給予判斷，而非套用以往理論。我國雖以廣義原創性作爲實務大宗，狹義原創性仍有部分法院採用，故本文以廣義原創性爲主，狹義原創性爲輔進行討論。在接續人工智慧繪圖前，尚須理解在圖畫創作中，原創性的「抄襲」定義。

參、抄襲

抄襲之判定標準有二：第一，所侵害之標的須是著作權法所保護的「表達」而非思想或觀念本身；第二，抄襲的人必須對被抄襲的作品有「接觸」及「實質相似」之抄襲行爲。故在著作抄襲判斷上，應先判斷侵害的究竟是思想或是表達，次判斷是否實質相似，最後才討

---

[9] 智慧財產法院100年度民著訴字第55號判決。

論有無接觸[10]。

　　對於非文字類型之藝術創作判斷，我國實務上採「整體觀念及感覺測試法」[11]，意為判斷著作抄襲時，應從著作的整體觀察給人之觀感，或兩方著作給予一般民眾之意境判斷。我國判決上亦有所同意與利用：「在判斷圖形、攝影、美術、視聽等具有藝術性或美感性之著作是否抄襲時，如使用與文字相同之分析解構方法為細節比對，往往有其困難或可能失其公平。因此在質之考量時，尤應特加注意著作間之『整體觀念與感覺』。[12]」「就著作予人之意境、外觀及感覺判斷是否相似。[13]」

　　綜上所述，圖畫創作抄襲之判斷，若著作間之相似程度低，則須證明創作人確實接觸他人著作；若著作之間相似程度高，則須證明創作者有合理接觸的機會或可能；若著作之間顯然相同，則其顯然相同之事實本身即成為證明接觸之證據，無須再證明被告曾經接觸著作[14]。

第二項　人工智慧繪圖步驟

　　繪圖用人工智慧的運行步驟可簡述為：一、輸入關鍵字或任意圖像；二、人工智慧進行運算；三、人工智慧產出圖畫結果。

　　以上步驟中，未見人工智慧使用者自身精神上之創作，且依照相

---

[10] 賴忠明，法律百科，2019年5月31日，藝術家們，作品有被盜用嗎？——談藝術「抄襲」，https://www.legis-pedia.com/article/intellectual-property-rights/550（最後瀏覽日：2023年4月4日）。

[11] 余惠如，著作「實質近似」之侵權分析——以美術著作為中心，聖島智慧財產專業團體2014年度實務報導，第16卷第11期，2014年11月，https://www.saint-island.com.tw/tw/knowledge/knowledge_info.aspx?it=know_0_1&cid=452&id=1031（最後瀏覽日：2023年4月4日）。

[12] 最高法院97年度台上字第6499號刑事判決。

[13] 智慧財產法院99年度刑智上訴字第65號刑事判決。

[14] 賴忠明，前揭註10。

同關鍵字或圖像複數運算多次，每次人工智慧演算結果皆不相同，圖形的創作過程使用者無法干涉，僅將輸入關鍵字視為使用者的個性與獨特性，尚需討論，雖我國經濟部智慧財產局函釋[15]指稱「以人工智慧為工具的創作」，著作權則由該投入創意的自然人享有，然本文認為，該函僅表明視人工智慧為工具可獲得著作權，並未就原創性等人類思想創意進一步說明，如輸入一個隨機單詞是否具備原創性仍為未知，無法判斷其具原創性而是否取得著作人資格。

　　若在判斷其不具原創性，且不承認人工智慧作為著作權主體的條件下，則作品將沒有作者，從而落入公共著作領域，此對人工智慧的製造者、投資者、使用者等有利益關聯者似有不妥之處[16]。故以下將分別討論人工智慧繪圖的輸入方式，藉以探討人工智慧繪圖是否具備原創性。

壹、輸入文字

　　輸入文字乃人工智慧繪圖基本的創作方式，因人工智慧特性，使用人工智慧進行圖畫創作時，使用者無法控制人工智慧演算的過程，輸入文字為人工智慧繪圖使用者唯一可控的階段，而根據使用者當下的輸入狀態，可分為有意義輸入與無意義輸入。

一、有意義輸入

　　有意義輸入乃透過特定的文字輸入，使人工智慧辨別後根據該文字進行演算、創作，上述美國科羅拉多州美術展之得獎者，即利用特定文字使人工智慧進行演算，並成功得獎之例。常理而論，利用輸入文字進行創作，原則上應符合原創性，惟目的性過強之特定文字，如輸入的文字敘述中特指某繪畫家的特定作品，是否符合原創性尚需討論。

---

[15] 經濟部智慧財產局111年10月31日電子郵件字第1111031號函釋。

[16] 翁呈瑋，人工智慧法律主體之論爭──以人工智慧創作為例，國立政治大學法律學系碩士論文，2020年8月。

　　傳統繪畫創作中，對他人作品的使用或參考，主要分爲三種類別：描寫、臨摹與參考[17]。描寫爲直接將他人的作品，以圖像軟體（如Photoshop）等，調低其透明度，再於上面新增圖層並完整地重畫一遍；臨摹則爲描寫的進階，與描寫不同之處在於，臨摹並未參照原圖直接描邊，而是透過作畫者觀察原圖，在空白的畫布重新展現原圖的樣貌，實物素描爲接近的例子；參考則意指參考他人一個或是複數作品，嘗試學習原作者的繪圖方式、風格及技巧，透過反覆的練習使其成爲自己的繪畫技術；簡而言之，乃參考者透過學習某個畫家的繪畫方法並加上不斷練習，致使自己學有所成能夠畫出具水準、亦有某個繪師風格的作品。以上內容中，「描寫」與「臨摹」涉及原著作的重製或部分還原，在廣義原創性中對「原始性」的求證缺乏證據，並與原作品具高度相似度，應不符合原創性並有抄襲之可能。

　　而人工智慧繪圖該如何界定，因創作結果僅與輸入文字有所關聯，無法提及其中的繪畫技巧等，應根據其使用者使用之文字、敘述進行判斷。廣義原創性的定義中，於文字敘述直接且僅輸入他人圖畫著作，在多數人工智慧繪圖演算中，易產出高度相關內容，與傳統繪圖中之「描寫」與「臨摹」相似，可推測有抄襲之疑慮。並且，雖推斷方式與傳統繪畫不同，根據原創性之「原始性」描述，與使用者確實具輸入他人著作名稱之動作，即使人工智慧產出的創作與原作品相似度略低，亦可認定使用者與原著作具備相當之接觸，故僅輸入他人著作者應違反著作原創性。

　　而同時輸入他人著作名與其他文字敘述者，因人工智慧繪圖特性，演算法所計算結果不一，難以單就圖畫認定其是否抄襲，且輸入

17　一弦，獨立媒體，2018年7月31日，抄襲獵巫之前，先了解何謂抄襲，https://www.inmediahk.net/%e7%94%9f%e6%b4%bb/%e6%8a%84%e8%a5%b2%e7%8d%b5%e5%b7%ab%e4%b9%8b%e5%89%8d-%e5%85%88%e4%ba%86%e8%a7%a3%e4%bd%95%e8%ac%82%e6%8a%84%e8%a5%b2（最後瀏覽日：2023年4月4日）。

文字所展現之結果亦難以揣測，是否符合抄襲定義而不符合原始性，較難與純輸入著作名稱並論，故此種人工智慧創作物應依照個案判斷，將其一齊定論並非明智之舉。

　　若單就狹義原創性而論，單純輸入著作名者會因抄襲而不符合原創性，然而同時輸入其他文字者，因僅須符合創意性，且創意性要求較低，輸入他人著作名稱時，僅以「想探求該繪圖用人工智慧在演算該文字時的結果」作為創意發想，亦可能符合創作性而全數通過狹義原創性，本文認為，此可能高度傷害著作人權益，故本文不提倡以狹義原創性判斷人工智慧繪圖。

二、無意義輸入

　　得益於現今人工智慧的先進演算法，人工智慧繪圖接收任何資訊後皆可演算出圖片，此資訊包含任何無意義之文字敘述，由此延伸出諸多的「圖畫著作」。此等著作為人工智慧使用者輸入關鍵字時，並未有所特定思想，僅隨意地輸入內容，以極端方式比喻，如同遮住雙眼並隨意敲打鍵盤，在第三者眼中，似難以認為人工智慧使用者有所「思想或創意之展現」，然實務上與社會大眾所想有所衝突。

　　回歸原創性之根本，廣義原創性的要件乃「原始性」與「創意性」，原始性要求著作人於創作時不應抄襲他人著作，須以自身創意獨自完成著作，或在原著作上加諸足夠的個人風格與創意，使其成為新的著作，以避免「抄襲」之嫌疑；創意性則為一著作要求最低程度之創意或思想展現，並足以展現該著作人之個性，此要件要求雖不明確，但可知其要求較低。

　　對於無意義輸入的人工智慧產物，確認其是否具備原始性並不困難，乃輸入的文字無意義，無法推敲使用者具抄襲他人著作之意，若演算成品與他人著作有相似之處，亦可利用使用者對原著作並無「接觸」為由，證明該創作的原始性。創意性則有所爭議，我國對於「最低程度之創意或思想展現」並無更詳細解釋，對於此段敘述，多數由各法院在個案實務上闡述各自意見、自由心證，難以形成統一，故本文將從輸入端開始討論，以盼獲得答案。

　　根據我國著作權法第10條之1：「依本法取得之著作權，其保護僅及於該著作之表達，而不及於其所表達之思想、程序、製程、系統、操作方法、概念、原理、發現。」可推測我國著作權法僅保護「人類能感受」的表達，對於「人類能感受」，即為可以讓人類直接或間接感受到的著作[18]。此條件下，僅從文字端的亂碼似乎無法符合著作權法要求，然而，在軟體上的展現並不一樣，如電腦工程師寫的程式，人類難以理解，但應用在電腦上，會顯現出其效果，使人類能感受到其被運用的價值，該程式就會受到著作權法的保護[19]。

　　本文前段有述，歸功於演算法的進步，無意義演算圖亦可能產生美感，被社會大眾視為藝術品，成為人類可感受的圖畫，惟電腦工程師為有意完成程式碼，因此將亂碼視為程式碼，則問題轉化為「期望此段亂碼呈現某種成果」或「輸入此段亂碼時的思考」，前者因人工智慧演算法的隨機性與輸入時的無意義性，無法控制；後者則成為判斷的最主要依據。本文於此參照美國對於最低創意展現的解釋：「創作須具有最低程度之創意著作僅須具有少量之創意（at least a modicum of creativity）即符合創作性要件，其要求之創作程度甚低（exceedingly low），甚至輕微程度（slight amount）之創意亦可符合此要件。[20]」配合上述有意義輸入可能產生的創意性答辯：「想探求該繪圖用人工智慧在演算隨機文字時的結果」，有可能符合創意性。

　　然而本文認為，此種方式所灌輸的創意性，並非表現於人工智慧的結果上，相反地，是使用者將所有決定權交給人工智慧，連輸入的指令使用者都無法掌握，難謂此著作出自使用者的創意。人工智慧

---

[18] 簡啓煜，著作權法案例解析，元照出版有限公司，頁47，2020年9月五版。

[19] 簡啓煜，前揭註18。

[20] 原文：Information Infrastructure Task Force, *Intellectual Property and the National Information Infrastructure: The Report of The Working Group on Intellectual Property Rights*, p. 25 (September 1995)；節錄自 Feist Publication, Inc. v. Rural Telephone Service Co., 499 U.S. 340, 345 (1991)。

繪圖本身產出成本低，限制人工智慧繪圖著作權可能造成研發意願低下，惟保護傳統藝術領域與著作權同樣重要，完全不加以限制亦不妥當。

貳、輸入圖片

　　與輸入文字相比，輸入圖片的人工智慧繪圖方式更為簡便，僅需上傳圖片即可，故此種人工智慧繪圖方式爭議較低，常理而論，直接使用他人圖片的演算結果與原圖極為相似，且輸入圖片並無任何個人創意之展現，即使以上述要求極低之「想探求該繪圖用人工智慧在演算該圖時的結果」，希冀以該理由成為創意性展現，仍無法通過原始性的要求，且可認定其有抄襲嫌疑。故無論廣義原創性或狹義原創性，皆不應使該類型人工智慧繪圖具備原創性。

第三項　人工智慧繪圖創作性判斷

　　由前述可知，文字輸入中僅有意義輸入具備原創性資格，而原創性中除原始性外，亦包含創作性，傳統圖畫美術於創作性上的展現與判斷，主要體現於藝術家所使用的繪畫技巧與構圖等，惟人工智慧繪圖包攬作畫的全程，使用者僅可控制輸入的指令，故以輸入的指令判斷。而過度單一的指令應不符合創作性，如僅輸入「月亮」等名詞作為指令，則難以透過文字體現所謂「著作人內心思想與感情」，不可謂之具備足夠的創作性。而本文認為，雖創作性乃原創性要件之一，過度要求創作性，與著作權要求「最低程度的創意展現」背道而馳，如智慧財產法院107年度刑智上訴字第1號刑事判決所述：「又著作權法對於『創作性』的創作程度要求極低，不僅無須如專利法中對於發明、新型、設計所要求之高度原創性程度，甚至僅須有微量程度的創作，可以展現創作人個人之精神作用即可，因此，大多數的作品都可達到創作性之標準，無論其創作多簡單、明顯，只要有少量的創作星火即可。」故本文建議，在單一的名詞上，加入對畫面的要求或形容，如一形容詞搭配一名詞，像是「赤紅的月亮」，表示使用者並非

僅描述物件，而是以文字表示其欲展現的畫面內容。

第四項　改作與延伸著作

人工智慧繪圖輸入原著名稱或原著圖片者，是否可符合改作或衍生著作，先以我國對衍生著作之定義乃「就原著作改作之創作爲衍生著作，以獨立之著作保護之」[21]，由此延伸，我國衍生著作之核心在於「改作」[22]，改作定義則乃「指以翻譯、編曲、改寫、拍攝影片或其他方法就原著作另爲創作」[23]。故創作是改作的核心內容，無創作內容而僅利用原著則涉及重製權而非改作。由此延伸，改作仍需利用他人著作者給予創意，即原創性。故上述數種人工智慧創作，在文內論以無法擁有原創性者，亦不符合改作條件，並無利用改作作爲藉口之理論與理由。

第三節　合理使用原則

第一項　合理使用定義

繪圖用人工智慧所使用之訓練集爲大量經由人工智慧發明者篩選之圖形，爲追求優秀的圖形成像能力，人工智慧使用的訓練集內部圖形數目龐大，人工智慧發明者於經濟與時間上考量，難以徵求所有創作之著作人同意後方才進行人工智慧訓練，如第二章所述，知名繪圖用人工智慧NovelAI所使用之資料庫，資料來源包含動畫遊戲圖形網站Danbooru[24]，該網站所持有圖畫來自非法搬運大量創作者的原創與

---

[21] 著作權法第6條第1項。

[22] 謝銘洋，衍生著作與其相關問題研究，台灣法學雜誌，第338期，頁70-72，2018年2月。

[23] 著作權法第3條第1項第11款。

[24] Twitter，https://twitter.com/novelaiofficial/status/1573844864390791169（最後瀏覽日：2023年3月4日）。

二創圖形，換言之，NovelAI在未經過大量創作者同意，甚至未知情下使用他們的創作作為NovelAI的訓練集。

此爭議延伸出該行為是否可主張著作權中的合理使用原則，不以學術與教育為目的的合理使用，實務見解上可見三大方式[25]：一、政治或宗教上公開演說之合理使用；二、供個人或家庭為非營利目的之合理使用；三、為個人備份或使用需要之重製。

「保障著作人著作權益，調和社會公共利益，促進國家文化發展」是著作權的主要目標，「保障著作人著作權益」與「調和社會公共利益」都是達到「促進國家文化發展」目標的手段，整部著作權法在此二者間努力尋求平衡。合理使用主要起源於適度限制著作人之私權，即為對著作人「著作財產權的限制」[26]，以保障公眾言論發表、資訊取得之自由，達成「調和社會公共利益」之任務，且合理使用應標註原著出處[27]。合理使用雖是著作權中明文規定的部分內容，其實質上並非廣泛意義上之「權利」[28]，因合理使用不如其他權利可轉讓予他人，故合理使用並非可積極主張並無限擴張，僅可以免責等消極利益為目的進行主張。

法條上我國合理使用原則見於著作權法第65條第1項規定：「著作之合理使用，不構成著作財產權之侵害。」第65條第2項規定合理使用四個判斷標準為：一、利用之目的及性質；二、著作之性質；三、所利用之質量及其在整個著作所占之比例；四、使用結果對著

[25] 曾勝珍，圖解智慧財產權，五南圖書出版股份有限公司，頁90，2022年8月四版。

[26] 合理使用之性質，有「權利限制說」、「侵權阻卻說」，亦有「使用者權利說」，本文採用章忠信老師所述之權利限制說。詳見羅明通，著作權法論，頁118，2002年8月四版。

[27] 著作權法第64條。

[28] 此說乃章忠信所持之說法，亦有國內學者認為合理使用為權利，如羅明通老師，本文主要採用章忠信老師觀點。章忠信，著作權保護、科技發展與合理使用——談新著作權法關於合理使用的已然與未然，2003全國科技法律研討會，國立交通大學法律研究所，頁1-2，2003年11月20日。

作潛在市場與現在價值之影響。以上內容皆仿自美國著作權法第107條[29]，上述四點之重要性比重可見於美國1994年Campbell案[30]，美國最高法院判斷這四個因素必須獨立判別，且沒有任何一個因素是決定性因素，最後再綜合考量是否構成合理使用。

除上述四個法定因素外，該案亦首次引用著作權的合理使用「轉化性價值」（transformative value）概念，此概念由Pierre Levalm於1990年著名論文〈Toward A Fair Use〉中提出：「如果一個二次利用行為對原作添加了價值——亦即被引用之內容作為原始材料，因為新資訊、新美學、新發想或理解的產生而被轉化，即屬合理使用法理為社會文化之豐富性所欲保護之利用型態。[31]」

Campbell案延伸其概念，將其作為合理使用判別要件的標準之一[32]，法官認為被告創作的歌曲其目的為「戲謔仿作」原作之意，故針對原作的部分抄取有其必要性，且在抄襲原作部分內容之外，被告有展現高度的創作性，使該創作具備與原作截然不同的內容展現與意涵，因此該創作的目標消費群眾與原作不同，不會侵占原作所擁有潛在消費市場，甚至反過來助長原作知名度，以上述結論為由，法院判決Campbell案件被告創作具高度「轉換價值」，且「轉換價值」越高，對美國著作權法第107條所規定合理使用原則其餘內容要求則越低，包含商業與營利目的，該法院表示，若將所有具營利為目的之作品視為不符合理使用，則其餘要求幾乎被排除在外，蓋大部分有利用他人著作進行重新創作或具轉換價值之作品，多少都含有營利色彩。

---

[29] 蕭雄淋，著作權法第65條之修法芻議，智慧財產權月刊，第143期，頁6-7，2010年。

[30] Campbell v. Acuff-Rose Music, Inc., 510 U.S. 569 (1994).

[31] P. N. Leval, "Toward a Fair Use Standard," *Harvard Law Review*, Vol. 103, No. 5, p. 1111 (1990).

[32] 高嘉鴻，從Cariou v. Prince案看美國合理使用第一要素中「轉化利用」（Transformative Use）的判斷，智慧財產權，第192期，頁69，2014年12月。

轉換價值的使用隨後成為美國對合理使用判斷的重心[33]，我國亦因此重用轉化為合理使用原則之判斷，如智慧財產法院107年度民商訴字第1號民事判決，針對系爭產品之戲謔仿作為主要標的，判決內述：「利用之目的及性質：系爭商品雖為商業目的，然其已傳達諷刺揶揄之矛盾對比娛樂訊息，而具備言論、藝術自由表達之公共利益，業如前述，顯已發揮高度創作性，而應視同一般對於原著之評論或批判等合理使用，參照前揭說明，自應給予正面之評價。」可見我國已將轉化廣泛用於實務階段。

第二項　資料庫的合理使用

發明者利用他人創作訓練繪圖用人工智慧是否符合合理使用範圍，本文上述有提及文字與資料探勘，該技術與資料庫密不可分，在繪圖用人工智慧中，成為調度大量他人著作的技術與系統。

在利用之目的及性質中，人工智慧可分為付費使用制度與免費提供制度，在合理使用制度下，僅未有營利成分的利用可符合合理使用。因此在人工智慧中，付費使用者不符合此要件，免費提供者難防止第三者利用其營利，間接影響原創作者權益。欲符合者，僅學術上使用且不提供他人之人工智慧。

利用著作之性質方面，被使用圖像為其他創作者之原創創作，應給予較高保護，且根據創作的不同進行調整，此要件判斷差異大，應就個案判別。

所利用的質量及其在整個著作之中所占比例，因人工智慧繪圖特性，除特定人工智慧可指定創作者風格與針對性文字輸入外，人工智慧繪圖基本上不見數據庫內部圖形特徵，難以判斷其實際比例。

使用結果對著作潛在市場與現在價值之影響，雖人工智慧創作不具原著作特徵，其相對快速且價格低廉之特性，難以認定其無侵占原

---

[33] N. Schaumann, "Fair Use and Appropriation Art," *Cybaris Intell. Prop. L. Rev.*, Vol. 6, p. 112 (2015).

創作者潛在經濟市場可能。而轉化方面，因該創作乃人工智慧演算結果，無法肯定其具新資訊、新美學、新發想或理解。綜上所述，本文認為大部分繪圖用人工智慧不符合合理使用資格。

而合理使用另一重點，乃須標明使用出處，作為對原著作者的尊重與表示。然而，人工智慧的機制並非使用單一或數個創作，而是使用資料庫進行演算，若要進行合理使用的出處標明，有所困難與不合理，透過以上的論點，可認為現今人工智慧的資料庫與資料探勘都不符合合理使用。

然而，依照現今人工智慧之發展，就已出現的繪圖用人工智慧論述，早已建立其獨特的資料庫，資料庫內具備數十萬，甚至上百萬筆資料[34]，包含有無授權的作品數量皆難以估計。在此前提下，要求人工智慧所有者重新要求授權並不符合時間與資金成本，並導致相關創作者在此領域創作意願降低，甚至離開國內尋求發展，此並非我國科技發展所待見，故人工智慧繪圖的資料庫雖不符合合理使用，要求合理使用又會使我國在此領域發展受限，因此制定新的規定或進行特別放寬，以平衡著作權與科技發展有其必要性。

再者，著作權的合理使用原則對其他智慧財產權亦有影響，如商標法[35]與營業秘密法[36]，將繪圖人工智慧與著作權的合理使用釐清，

---

[34] 知名繪圖人工智慧Midjounry所使用的訓練集包含超過百萬筆資料；Yerain Abreu, Maker Hub, Mar. 2, 2023, *How to Create AI Art With Midjounry (Easy Mode)*, https://blogs.baruch.cuny.edu/makerhub/how-to-create-ai-art-with-midjounry (last visited: 2023/3/20)。

[35] 商標法第30條第1項第15款前半為：「商標侵害他人之著作權、專利權或其他權利，經判決確定者。」人工智慧繪圖在著作權領域於本章第一節有所提及，透過各種數據進行訓練之繪圖用人工智慧所創作的作品本身具著作權侵權嫌疑，可能侵權的前提下欲符合資格應從同條但書「但經其同意申請註冊者，不在此限。」然同時因人工智慧繪圖之特性，對有可能侵權者逐一要求同意所需時間、經歷、程序與相應獲得利益或不成正比，要求申請人確實付諸行動並非合理之舉。在以上狀況下，申請此等具有嫌疑之人工智慧創造物是否符合商標條件，需著作權侵權與人工智慧繪圖的實際關係與通說儘早的確立。

[36] 人工智慧繪圖乃利用演算法與數據庫構建獨特的圖畫創作，其中可作為營業

可同時解決上述其他智慧財產權之問題，一舉多得。

第四節　著作權歸屬

　　上節第一項至第三項主要談論人工智慧是否符合著作人條件，若人工智慧可擁有著作人資格，則著作權即歸屬於人工智慧，然現今常規實務未將人工智慧視為可賦予著作人資格之主體，以此前提下，人工智慧創作的著作權歸屬現今並無相關規範。雖部分繪圖用人工智慧的擁有者或公司有所規定，如NovelAI的使用條例即聲稱所有創作的著作權屬於當下使用者所有，不論是個人（自然人）還是公司（法人）；Midjourney的使用者條款中聲明除特定情況外，所有利用Midjourney服務所創作的作品均由當下使用者所有，與NovelAI不同之處在於，使用Midjourney營利的公司若資產額高於規定額，則須購買特定方案始能營利。排除上述對作品著作權有所規定者，其餘並無於使用條款或於他處清楚規範人工智慧創作著作權歸屬者，其歸屬權仍無明確規範。

第一項　歸屬定義

　　著作權包含著作人格權與著作財產權，前者乃著作人對其著作所

秘密的部分，包含演算法、數據庫與囊括兩者的人工智慧整體，其中數據庫內容作為他人著作的集合，理論上具侵權可能性。然而，我國營業秘密法未有相關規定，相比商標中具備不可註冊條款，營業秘密似可無視他人智慧財產權等權益，違法將他人著作納為自身營業秘密範圍，即使著作權人可透過訴訟獲得獨立的賠償，又因營業秘密特性，使著作權人無從知曉自身權益是否受損。相比傳統營業秘密，人工智慧繪圖的數據庫，其牽連圖畫著作可高達數十萬至百萬件，同一著作權人面臨複數著作同時被侵害的風險，造成的權益損失不可同日而語，如何平衡營業秘密與其內容所有人之權益，是人工智慧所面對的當務之急。

享有之人格的、精神的利益[37]；後者爲賦予著作財產權所有人就所有之著作，所以可以享受的財產上、經濟上的權利。又我國著作權採用二元制度，即著作人格權可與著作財產權分離而獨立存在[38]，故一創作的著作人格權與著作財產權可同時存在於不同主體。

我國著作權歸屬記載於我國著作權法第10條，其指出，著作人於著作完成時享有著作權，人工智慧所創作的作品目前不適用該法條規範，其餘有關著作權歸屬條文分別爲第11條第1項：「受雇人於職務上完成之著作，以該受雇人爲著作人。但契約約定以雇用人爲著作人者，從其約定。」第2項：「依前項規定，以受雇人爲著作人者，其著作財產權歸雇用人享有。但契約約定其著作財產權歸受雇人享有者，從其約定。」以上兩條文規範受僱人與僱用人取得著作權歸屬事宜，可見我國著作人格權與著作財產權之轉讓可透過僱傭關係實現。

第二項　人工智慧受僱人適格

使用人工智慧者之可否爲僱用人與受僱人狀態，尚未釐清，人工智慧已被判別無法取得著作人身分，以此條件，人工智慧可否有受僱人資格，我國受僱人定義廣泛：「係以事實上之僱傭關係爲標準。僱用人與受僱人間是否訂立書面契約或僱傭契約上是否稱爲受僱人皆非所問。凡客觀上被他人使用爲之服勞務而受其監督者，均係受僱人。[39]」僅說明僱傭關係須具有契約，然並未說明受僱人必是自然人，又智慧財產法院104年度刑智上訴字第39號刑事判決：「再按81年訂定著作權法第11條（法人與受僱人）及第12條（出資人與受聘人）著作權歸屬之規定時，亦同時訂定現行著作權法第33條，當時之立法理由即謂：『按修正條文第11條已明定法人得爲著作人，本條爰配合將法人完成之著作之著作財產權保護期間，依著作之公表與否，

---

37 智慧財產法院102年度民著上字第1號民事判決。

38 前揭註37。

39 最高法院80年度台上字第2276號民事判決。

分別規定,以符國際立法趨勢。』可見我國著作權法乃承認法人得為著作人。」可知我國成為僱傭關係者不限於自然人,人工智慧並非不可能為僱傭關係的受僱人,在人工智慧發展快速的近代,凡可證明雙方具備僱傭關係,或藉由立法擬制人工智慧與其所有人有僱傭關係,並利用僱傭關係處理人工智慧繪圖的著作權爭議,不失為一種方式,惟此種方式仍需考慮諸多問題,以下分別述之。

壹、是否為職務上完成之著作[40]

因我國著作權法對職務上與非職務上完成之著作有不同的規定[41],是否需將兩種情況分開,又分開後該如何判斷人工智慧的創作物是否為職務上或非職務上完成的著作,均需進一步釐清。

貳、僱用人身分

一、人工智慧開發者

基於人工智慧是由其開發者創造而產生,且開發者於開發期間投入大量時間、精力與金錢,因此有部分論者認為,應由人工智慧開發者擁有人工智慧創作之相關智慧財產權[42]。此論點著重於對該人工智慧的開發貢獻,然而,此說法並未提及人工智慧創作時給予的創意。換言之,此說法排除著作權中對於創作的思想貢獻與作者的思想創意,導致此說在實務層面有運作之困難。

---

40 吳欣玲、邱俊銘、李頤澤,初探人工智慧作為發明人之爭議(下)——以中國大陸、日本、韓國及我國為例,智慧財產權月刊,第265期,頁37,2021年1月。

41 專利法第7條第1項:「受僱人於職務上所完成之發明、新型或設計,其專利申請權及專利權屬於僱用人,僱用人應支付受僱人適當之報酬。但契約另有約定者,從其約定。」另同法第8條第1項:「受僱人於非職務上所完成之發明、新型或設計,其專利申請權及專利權屬於受僱人。但其發明、新型或設計係利用僱用人資源或經驗者,僱用人得於支付合理報酬後,於該事業實施其發明、新型或設計。」

42 曾更瑩、吳志光,人工智慧之相關法規國際發展趨勢與因應,國家發展委員會委託研究報告,頁20、29,2018年12月。

二、人工智慧使用者

　　由人工智慧使用者取得該人工智慧所創作的著作權，或許是較可行的做法，因使用者是給予人工智慧實際指令之人，相對於開發者僅創造人工智慧本身，由作出實際指令並促使人工智慧生成創作物的使用者更爲合適。

第三項　使用者歸屬論

　　將人工智慧創作的著作人資格轉移至使用者並非可行之舉，人工智慧亦不可擁有著作人格權與財產權，透過相關人工智慧所有公司之規定進行或有可行之處，上述NovelAI與Midjourney的擁有者對於其擁有的人工智慧所創造的作品歸屬具有詳細規定，賦予當下該人工智慧的使用者作品的著作權，與將人工智慧視爲工具相似，且無要求人工智慧的自然人身分，乃利用人工智慧公司之規範將著作權轉移至使用者，雖其與英國法規有所相似，然其並未要求所謂「必要之操作」[43]，使此條件更可被廣泛使用。此做法直觀簡單且要求相對較低，參考以上人工智慧公司規定作爲範例，以此先行建立法務上的通則與實務上處理的方式，應是可行的方向。

第四項　公共領域

　　人工智慧創作，在著作權歸屬上除人工智慧與自然人外，另有公共領域（public domain）爲第三歸屬，公共領域乃不受智慧財產權保護的思想、作品和知識總匯，包含各類型著作與發明等，任何人皆可任意取用[44]。惟人工智慧創作有其特殊之處，乃同時無著作財產權與著作人格權之創作。本文上述所提Kris Kashtanova案件中，其內部

---

[43] UK Copyright, Designs and Patents Act §9(3).

[44] 林詩梅，台灣創用CC計畫，2012年12月7日，我國著作權法下的公眾領域範圍，創用CC電子報，第80期，http://creativecommons.tw/newsletter/ep80（最後瀏覽日：2023年4月28日）。

由Midjourney所創作之圖畫皆不具備著作權，因Kris Kashtanova並非圖片的創作者，而是由Midjourney所創作[45]，此部分與我國法規範相似。部分聲稱由人工智慧自身主導的創作，且並未有人類參與者，於我國法上，可先稱其為「物」的創造「物」，其中亦無自然人或法人身分者可為著作權主體，故此等創作並無所有人，理應進入公共領域，供大眾自由使用[46]。

第五節　著作財產權存續時間

著作權作為保護創作者權利之智慧財產權，其設立目的於著作權法第1條有述：「為保障著作人著作權益，調和社會公共利益，促進國家文化發展，特制定本法。本法未規定者，適用其他法律之規定。」可知著作權法其一重點乃保障著作人權益，著作權中的著作財產權乃其所有者可營利之根本，其權利列於同法第22條，包含重製權、改作權、編輯權、出租權、散布權、公開播送權、公開傳輸權、公開口述權、公開上映權、公開演出權、公開展示權等。而著作財產權與著作人格權相比，其在我國的延續為著作財產人生存時直至死後50年，之後此著作便無限制，社會大眾可隨意取用。

然而，此著作財產權的限制僅止於人類，若由人工智慧所創作出的作品，其著作財產權可歸屬於人工智慧，因人工智慧並無死亡的定義，著作財產權將不符合死後50年的設定，進而使人工智慧擁有的著作財產權期限模糊，該著作何時可被社會大眾使用，進而促進社會進步仍未所知。我國目前非人著作權相關規範為法人的著作財產權歸

---

[45] United States Copyright Office, Feb. 21, 2023, *Re:Zarya of the Dawn* (Registration # VAu001480196).

[46] 國立政治大學，2023年4月21日，使用AI工具產出的內容也有著作權嗎？專業律師來解惑，https://www.nccu.edu.tw/p/406-1000-14022,r17.php?Lang=zh-tw&mibextid=tejx2t（最後瀏覽日：2023年4月23日）。

屬，著作權法第33條述：「法人為著作人之著作，其著作財產權存續至其著作公開發表後五十年。但著作在創作完成時起算五十年內未公開發表者，其著作財產權存續至創作完成時起五十年。」人工智慧同為非自然人，應利用相同思路進行規定，國外規範則有英國針對電腦相關著作進行法律設置，若作者為未知，電腦創作的著作財產權時效僅為該創作被完成當下後50年[47]，相比傳統的著作財產權所有者死後50年短暫，明確定義著作權存續期間，或許是可參考的典範。

---

[47] UK Copyright, Designs and Patents Act §12(7)(1988).

第四章　我國實務與時事現況

　　於上一章節，本文討論著作權與繪圖用人工智慧相關議題，此處將從我國實務案例為核心，檢視我國相關案例實際面對何種狀況，然而，現今功能完整且較多用戶之人工智慧繪圖生成工具如Midjourney、Dall-E、Stable Diffusion都是由國外公司提供服務，我國目前尚未有直接相關的判決，故此章透過少數判決與時事，深入討論我國判決思路並予以結論。

第一節　我國判決

第一項　巨匠電腦抄襲案

壹、事實

　　原告黃○文曾擔任巨匠電腦股份有限公司（下稱巨匠電腦公司）授課講師，被告為聯成電腦有限公司（下稱聯成電腦公司）及孟○慧[1]。

　　原告擁有複數著作（下稱四教案）之著作權，稱被告孟○慧故意竊盜原告著作，以重製、改作、公開傳輸、散布方式共同侵害原告之著作，並稱其為孟○慧原創（下稱系爭著作），而後授權系爭著作予被告聯成電腦公司，被告聯成電腦公司稱其為「聯成電腦軟體密技」且公布於痞客邦PIXNET「聯成電腦」部落格上。原告自得依著作權法第84條、第85條、第88條第1項、第89條、民法第184條第2項本文、第185條第1項、第188條第1項規定，請求被告孟○慧與被告聯成電腦公司連帶給付新臺幣100萬元損害賠償及排除侵害，並依著作權法第89條規定請求被告聯成電腦公司將判決書登載新聞紙，為此提起

---

[1]　智慧財產法院100年度民著訴字第55號民事判決參照。

本件訴訟[2]。

　　此案件由原告對被告聯成電腦公司之訴駁回，而被告孟○慧不得以重製、公開傳輸方法侵害原告之四教案，並給付原告新臺幣12萬元且將本件最後事實審判決書之判決法院名稱、案號、主文，以五號字體刊載於蘋果日報一日[3]。

貳、爭點

　　本案主要爭議：原告持有之四教案是否具備著作權，以及被告孟○慧持有的系爭著作是否竊盜或抄襲原告著作，且原告是否有授權被告孟○慧四教案的使用權。而被告聯成電腦公司有無故意或過失侵害原告著作權[4]。

　　原因案件所生爭議，與本文相關者，可具體析分為以下爭點：創作者使用電腦軟體等相關工具進行圖畫領域創作，其是否為單純的電腦演算結果；抑或具備作者自身之巧思或精神活動而符合創作性，進而符合著作權法第3條第1項第1款所稱之著作。

參、判決理由[5]

一、原告四教案之著作權部分，著作權法第3條第1項第1款定有明文。故除屬於著作權法第9條所列之外，凡具有原創性，能具體以文字、語言、形像或其他媒介物加以表現而屬於文學、科學、藝術或其他學術範圍之人類精神力參與的創作，均係受著作權法所保護之著作。所謂原創性，廣義解釋包括狹義之原創性及創作性，狹義之原創性係指著作人原始獨立完成之創作，非單純模仿、抄襲或剽竊他人作品而來；創作性不必達於前無古人之地

2　前揭註1，事實及理由第1項。

3　前揭註1，主文。

4　前揭註1，整理自事實及理由第1項、第2項、第3項。

5　前揭註1，事實及理由第6項，本院之判斷。

步，僅依社會通念，該著作與前已存在作品有可資區別之變化，
足以表現著作人之個性或獨特性之程度即符合。

現代科技進步，電腦已被廣泛作爲繪圖及文字書寫之工具，一般
繪圖者利用電腦繪圖系統程式，藉光筆或滑鼠等工具操作運用完
成描繪、著色及書寫之行爲，仍需仰賴操作者之經驗、思考及靈
感，非電腦可代爲判斷，此即爲思想或感情之表達，尚不能因使
用電腦即認非創作行爲。換言之，應用電腦輸入工具及電腦軟體
程式之操作繪製美術圖案者，倘若該美術圖案之設計、構形及繪
製並非僅是電腦單純機械性操作的結果，或稍作比例、顏色等變
更，而是灌注有操作者之精神、思想及情感，表現其個性之獨立
創作，自得爲著作權法保護之美術著作。

二、依我國法院於認定有無侵害著作權之事實時，應審酌一切相關
　　情狀，就認定著作權侵害的二個要件，即所謂接觸及實質相似
　　爲審愼調查審酌，其中實質相似不僅指量之相似，亦兼指質之
　　相似[6]。而接觸者，除直接實際閱讀外，亦包含依據社會通常情
　　況，被告應有合理之機會或合理之可能性閱讀或聽聞原告之著
　　作，此爲確定故意抄襲之主觀要件。接觸分爲直接接觸與間接接
　　觸兩者態樣。被告孟○慧97年6月14日參加交流會而取得原告所
　　持四教案，且被告所創之系爭著作與四教案並無明顯差異，自構
　　成實質相似[7]。

三、依被告孟○慧所提97年6月12日黃○峰所寄電子郵件內容，無法
　　證明原告同意將四教案圖案授權被告孟○慧重製或公開傳輸使
　　用，被告孟○慧復無法提出其他證據資料證明原告業已同意授
　　權，尚難認被告孟○慧係經原告同意授權使用四教案。且根據我
　　國著作權法第44條至第63條規定，合理使用應審酌一切情狀，並

6　最高法院97年度台上字第3121號刑事判決參照。

7　前揭註6。

應注意利用之目的及性質，包括係為商業目的或非營利教育目的、著作之性質、所利用之質量及其在整個著作所占之比例、利用結果對著作潛在市場與現在價值之影響等事項，被告孟○慧所創作之系爭著作，僅屬單純重製，而未有任何生產性或轉化性使用，與原告之美術著作藉此表現電腦繪圖之原始目的並無二致，無任何新生創意，尚非轉化或生產性之利用原告著作之行為，故難認定其符合合理使用[8]。

四、侵權行為之責任成立，採取過失責任主義，係以行為人具有故意或過失為必要。被告孟○慧亦自授權被告聯成電腦公司刊登上開文章時，並未告知該文章有他人之圖片，且被告聯成電腦公司收到原告通知後即撤回網站上相關文章，被告聯成電腦公司既因被告孟○慧簽署授權同意書，聲明所授權刊登之文章係其自行創作，並未侵害他人著作權，可知聯成電腦公司未知曉被告孟○慧的侵權行為，難認定被告聯成電腦公司為故意侵權[9]。

肆、本文見解

透過此案對非藉人類之手創作的作品判決，可窺探我國實務上對人工智慧創作的看法。此案相關議題中，被告針對原告的辯解主要重點為原告擁有的四教案雖是創作，但係電腦程式自動運算的結果，故缺乏創作性而不該擁有著作權。這點形容與人工智慧繪圖不謀而合，人工智慧所為之創作於主流法學判別無法獲得著作權保護的原因，除人工智慧非人之外，另一主因為人工智慧並不具備思想，故缺乏創作性而無法擁有著作人格權，自然人對人工智慧的創意給予是否足夠亦不夠明確。此判決中法院先論述透過電腦等電子設備是否可以獲得著作權，法院認定現階段電子設備具備創作功能，創作者使用同類型設備創作為合理之舉動，創作者凡是透過電腦等設備灌輸自我思想、精

8　前揭註6。

9　前揭註6。

神、代表個人特色並劃爲獨立創作,則操作設備之人可擁有作品著作權。在隨後對該辯解的判斷中加以提出相同問題下,該作品需求的是具備最低程度之創作或個性表現。

但此最低程度之創作或個性表現定義並不明確,接續法院闡述的依社會通念會因時代更迭而產生變化,於此判決中無法得知現今用於人工智慧的創意表現是否足夠,至今尙未有較爲具體的案例、法規或函釋進一步說明。然此判決仍針對電腦等電子用具作爲操作者的思想延伸擬定基礎,確立凡是視爲工具,透過電腦設備或軟體,即使是使用人工智慧,亦有可能獲得著作權保護。而後2022年的智慧財產局函釋內容更加確立此觀點,使人工智慧繪圖的著作權一大問題得以解決。

第二項　保德信金融集團案

壹、事實

此案原告爲保德信金融集團所屬公司,被告爲大都會國際人壽保險股份有限公司。原告爲求公司目的,創作出多件行銷用之美術著作、語文著作、圖形著作、編輯著作及電腦程式著作,包括行銷文宣、電腦服務申請表、壽險顧問軟體、需求分析基本資料及年度必要費用電腦分析圖表等產物。原告稱上述產物應爲編輯著作,享有著作權[10]。

原告稱被告抄襲原告上述著作而侵害原告之著作權,已違反著作權法第7條、第22條第1項、第28條之規定。原告依著作權法第88條第1項、民法第28條、第188條及公司法第23條第1項規定,請求被告負連帶損害賠償責任[11],此案原告之訴遭駁回,原告的上訴亦駁回[12]。

---

[10] 智慧財產法院98年度民著上字第16號民事判決,事實及理由第1項。

[11] 前揭註10。

[12] 前揭註10,主文。

貳、爭點

本案主要爭議：原告持有的創作物，其中部分乃輸入相關數據，並使電腦演算而成之產物，如「各類必要費用電腦分析圖表」，是否符合我國著作權法第3條第1項第1款所稱之著作，而被告是否對上述產物有所抄襲[13]。

原因案件所生爭議，與本文相關者，可具體析分為以下爭點：創作者藉由輸入相關數據或文字，透過電腦軟體的自體演算後得出之產物，其是否為單純的演算產物，不符合著作權；抑或具備作者自身之巧思或精神活動而符合創作性，進而符合著作權法第3條第1項第1款所稱之著作。

參、判決理由[14]

一、本案原告原證「各類必要費用電腦分析圖表」與被告原證「各類必要費用電腦分析圖表」的創作認定，原告主張系爭電腦分析圖表中其繪製圖形所選擇之參數源自「需求分析基本資料」，而各種費用參數之選擇與分類皆為其所獨創，被告亦有類似圖表顯然抄襲。然法院認為系爭電腦分析圖表，其分析圖之產生有賴使用人輸入相關參數後，電腦軟體依據該參數自行運算並製作出分析圖，是以上開分析圖之產生或變化，係電腦軟體依據輸入之參數運算後之結果，此種結果既係依據數學運算而得，自非「人」之創作，自難因此認為係著作權法所保護之標的。而本件被上訴人之「各類必要費用電腦分析圖表」，其內容亦非「人」之創作，自無所謂侵害「他人」著作權之問題。

二、原告所持有之產物，因不符合著作權法第3條第1項第1款所稱之著作，自無被告侵占原告著作權之道理。

---

[13] 前揭註10，整理自事實及理由第1項、第2項、第3項。

[14] 前揭註10，事實及理由第4項。

肆、本文見解

　　此案件牽扯議題為利用機器或電腦軟體並由人類輸入相關數據，是否可以獲得著作權，因著作需投入著作人本身之創意、思想與感情之表達，而已知電子用具可成為著作人創作手段的延伸，故使用繪圖板、電腦與其內部相關軟體進行著作上的創作手段，亦符合我國著作權法規定而獲得著作權。此案件則為操作者在輸入指令後，透過有運算能力之電腦軟體演算後獲得的作品，是否可被視為著作，在此以兩個層面進行討論：電腦軟體、輸入參數或指令。

一、電腦軟體

　　此案件中電腦軟體並無相關名稱，於判決中亦未見其特殊功能，於此初步判斷該電腦軟體乃單純具初步演算法，可依照其輸入內容產出相對演算結果之數據圖畫，因該案時間與使用背景的不同，判決中並無討論到相關話題，然此電腦軟體可根據人工智慧二分法，將其判別為以往對人工智慧分類中的「弱人工智慧」。若可利用該電腦軟體進行著作領域之創作，應可符合著作權條件。雖判決無著重於此部分，惟此判決在審核該「各類必要費用電腦分析圖表」是否為著作時，以其為電腦單純之演算，並係依據數學運算而獲得之結果。單以演算法與人工智慧構成本身，其與繪圖用人工智慧相似，皆為數學運算之結果，惟繪圖用人工智慧後續接續構圖替代原先的演算結果。

二、輸入參數或指令

　　而判決與本文差距較大之處在於，此判決中該演算數據分析圖之電腦軟體，與現今繪圖用人工智慧相比，該電腦軟體於操作時輸入的並非指令，僅為參數與數據，此證物爭議亦以此進行攻防，而法院最終判決原告敗訴，此電腦軟體產出之「各類必要費用電腦分析圖表」並非著作。判決主文中法院稱輸入該電腦軟體的指令為參數，為原告針對旗下服務對象之年齡與消費金額等數據，此種單純數字之參數並不具有任何創作價值，自非著作權法所保護之標的。此說法我國經濟部智慧財產局函釋亦說明：「如創作僅係該機器或系統透過自動運算

所產生的結果，並無人類之原創性及自創作性之投入，則恐非屬著作權法保護之著作。[15]」

輸入電腦軟體之參數與利用人工智慧進行著作創作之指令，於表面上具相當差異，一為無蘊含著作人思考與想法之數字或單純之命令；一為著作人為達成創作目的而輸入的創意性單字或圖畫。惟後者依照第二章得出之結論，本文認為非所有利用人工智慧進行著作創作而輸入的指令或參數均具備著作人的創作理念，雖著作權僅保護表達不保護著作人創作時的思想，然著作人創作時所投入的靈感、創意與思考等都為該著作是否符合創作性提供重要的參考點。現今繪圖用人工智慧已進入快速與高度發展階段，對其隨意輸入無意義文字亦可產生圖畫，且此類作品經過人工智慧的運算，對大部分民眾而言具美術意義，該如何判斷著作人有對其投入最低限度的創作或個性表現，有待商榷。

然此判決仍給予我國非人類之電腦軟體演算創作在法律地位的基礎框架，法院並無反駁人類利用具自體演算能力，進而使輸入內容改變成不一樣的軟體進行創作，衍生至現今的繪圖用人工智慧，惟允許我們使用軟體的同時，依然未能解決著作人所需投入之「創作性」判斷標準。

第三項　人工智慧DABUS發明人案

此判決為之前所談DABUS專利發明人申請案，該人工智慧創作團隊於全球各國皆有相關申請案，包含我國，雖繪圖用人工智慧因其演算結果為圖畫創作，與專利和發明無關，但此案為我國目前唯一利用人工智慧為主體申請智慧財產權的案例，就法院對該案的主要判決方式，可進一步了解我國實務上對人工智慧的看法。

---

[15] 經濟部智慧財產局107年6月11日智著字第10700038540號函。

壹、事實

　　該案原告Stephen Thaler，其團隊於2019年11月5日以「吸引增強注意力的裝置和方法」向被告申請發明專利，發明人則填寫Stephen Thaler的團隊所創造之人工智慧DABUS，Stephen Thaler聲稱該專利裝置為DABUS在無人類輔助下發明而成[16]。被告為我國經濟部智慧財產局，此判決為Stephen Thaler上述專利申請案被駁回而上訴。

　　在此案上訴前，Stephen Thaler團隊當初向我國申請該「吸引增強注意力的裝置和方法」專利時，輸入發明人欄位填寫「NONE, DABUS」，智慧財產局隨即回函要求Stephen Thaler補全缺少之發明人「國籍」、「中文姓名」等相關應記載事項[17]，Stephen Thaler在收到補件函僅補繳主張優先權證明文件與委任書等，並於補繳文件中表示：「本專利申請案之技術係由DABUS（中譯：達布斯）發明。DABUS係為一人工智慧系統，且為本案的唯一發明人。換言之，本案並非由人類發明人所發明。」2020年5月5日，智慧財產局再次函告原告須以「自然人」為發明人申請專利，Stephen Thaler仍維持前述答覆，於是智慧財產局以經通知補正申請書記載事項逾期仍未補正為由，最後依專利法第17條第1項為本案專利申請不予受理之處分[18]。Stephen Thaler隨後基於與申請階段同一主張提起訴願[19]，要求智慧財產局應受理本件專利申請案，亦被駁回訴願，繼而提起本件行政訴訟。此案以原告之訴駁回作結[20]。

貳、爭點

　　本案主要爭議：人工智慧DABUS在我國是否可成為專利法中

---

[16] 智慧財產局第108140133號發明專利申請案。

[17] 智慧財產局108年11月11日（108）智專一（二）15179字第10841663060號函。

[18] 智慧財產局109年6月29日（109）智專一（二）15173字第10940948310號函。

[19] 經濟部109年12月2日經訴字第10906311620號訴願決定。

[20] 智慧財產及商業法院110年度行專訴字第3號判決，主文。

所稱的專利發明人，並可否依此與自然人Stephen Thaler成為僱傭關係[21]。

　　原因案件所生爭議，與本文相關者，可具體析分為以下爭點：一、被告認為我國專利法承認「法人」可為著作人、享有著作人格權並標示姓名，則專利法實無不准非自然人作為發明人之理，在同為注重智慧與精神之展現的著作權法中，非自然人可成為著作人，專利可否以相同理由實施？二、人工智慧在上述可成為發明人之情形下，可否與自然人或法人建立僱傭關係，致使其發明所有權進行轉移？三、國外已有相關成功判例，我國是否應跟進[22]？

參、判決

一、法院論以著作權與專利權並非可相提並論之權利，二者各考量其權利之態樣不同而各有規定，在其權利主體的判別上不可依相同條件判斷。而司法審查實務上，對發明人或創作人應是自然人亦採肯定見解，人工智慧系統從何種角度觀之皆無法滿足「精神創作」之條件，自不符合發明人之定義。國外雖有南非承認人工智慧作為專利發明人，惟絕大部分國家依然認定專利發明人必須是自然人，故專利權屬於保護自然人創作展現的意義仍為目前世界之共識與規範[23]。

二、按「人之權利能力，始於出生，終於死亡。」「權利能力及行為能力，不得拋棄。」「（第1項）人格權受侵害時，得請求法院除去其侵害；有受侵害之虞時，得請求防止之。（第2項）前項情形，以法律有特別規定者為限，得請求損害賠償或慰撫金。」民法第6條、第16條、第18條分別定有明文。而人之所以可以行使權利能力及為行為能力，要透過意思表示為之，而意思表示是

指表意人將其所欲發生一定私法上效力之意思，表現於外部的行為。意思表示的要素包括內部的內心意思和外部的表示行為。就本件審判長與原告之答辯，可知DABUS非我國民法上所稱之「人」，可知本件DABUS非我國法律上之非法人及自然人，而此亦為原告訴訟代理人所自承[24]。

三、原告雖主張國外有認為AI創作應受到保護，但由其至本件言詞辯論終結前所提出法律分析及各國處分書觀之，除南非外，其他國家對於AI為發明人之案件均屬於不受理或核駁。因為專利權應保護自然人所為之精神創作，本件人工智慧DABUS在我國法律上被視為「物」，屬於權利客體，不能成為權利主體，無享受權利能力與資格，是以，本件在欠缺自然人為發明人之情況下，應認原處分所為不受理並無違法[25]。

肆、本文見解

此案乃我國首例透過人工智慧申請智慧財產權的判決，被告Stephen Thaler與其所帶領的團隊主要目標為研究並製作人工智慧，並以人工智慧的創作或發明挑戰世界各地的智慧財產局[26]。此次判決為該團隊在臺灣的首次嘗試，在判決中可見Stephen Thaler團隊嘗試在法律依據上以「我國未明文規定發明人不可為非自然人」為由進行突破，最後我國法院判決敗訴。判決中我國法院透過專利法施行細則與釋義明確提及發明人得為自然人，人工智慧並非自然人，且為我國法律定義的「物」的情況，不可符合所謂「人類之精神創作」，Stephen Thaler團隊的敗訴在此思路下成為必然。

---

[24] 前揭註20，事實及理由第5項。

[25] 前揭註20。

[26] 經濟部智慧財產局，2021年4月5日，人工智慧作為發明人之專利申請案件爭議（中國大陸、日本、韓國及我國），https://www.tipo.gov.tw/tw/cp-886-888406-73951-1.html（最後瀏覽日：2023年3月14日）。

　　我國判決的處理方式及其循序漸進的思路與大部分國家之人工智慧發明判決[27]相似，皆爲判斷國內法律是否允許非人之物成爲專利的發明人，再者判斷人工智慧是否符合國內專利法發明人條件，最後判定人工智慧不屬於人而無法成爲發明人。此判決方式主要聚焦於「專利得由自然人爲之」，亦符合前一章討論重點，爲強而有力的判決理由。

　　因利用繪圖用人工智慧創作的作品爲藝術創作，其在專利規定上不可成爲專利[28]，應以著作權等來判別，此判決雖提及著作權與專利權並非可相提並論，其權利主體的判別上不可依相同條件判斷，依照後段法院所提發明人或創作人應是自然人亦採肯定見解，且法院判決方向聚焦於人工智慧的法人格，此判決在思路上應可應用至著作權，並以此爲思考脈絡延伸至繪圖用人工智慧，可預期在審判著作權法相關案件時會有相同判決模式。

　　此判決體現我國對人工智慧與智慧財產權的法律觀點，著作權爲「人類之精神創作或思考發想的展現」[29]，故獲得著作權的前提必須爲「人」，即使法人所獲之著作亦爲人類創作，經濟部智慧財產局第1070420號函釋[30]更進一步證明此推論，並可知自2018年以來我國對智慧財產權的概念並未產生變化，亦未對人工智慧在相關領域的發明、創作的定位有所更改。惟我國並非智慧財產權最先進與具話語權之國家，鑑於歐盟對於人工智慧相關議題開始有所進展[31]，在未來有可能出現的人工智慧著作登記系統或是所謂的「電子人格」[32]，皆可

---

[27] 前揭註20。

[28] 專利法第124條第2款。

[29] 謝銘洋，我國著作權法中「創作」概念相關判決之研究，收錄於國際比較下我國著作權法之總檢討，2014年12月，頁59。

[30] 經濟部智慧財產局107年4月20日電子郵件字第1070420號函。

[31] UK Copyright, Designs and Patents Act §9(3).

[32] 毛舞雲，人工智慧創作之著作權保護──從繪畫機器人談起，交大法學評

能對世界的人工智慧規範產生莫大的影響，我國屆時考慮修正猶未晚矣。

　　而Stephen Thaler於判決最後所述希望臺灣不應自我設限云云，雖可認定其為說服法官之說詞，如展開討論，可了解我國現行狀態。我國與前段歐盟現況不同，我國因政治因素致使與他國的邦交與交流有所困境，且此困境遍布各大領域[33]，因此我國政策對於接軌國際有其需求，如我國於2002年以「臺澎金馬個別關稅領域」為名爭取加入世界貿易組織後，隨即針對智慧財產權修法以符合當時該組織公布的「與貿易有關之智慧財產權協定」（Agreement on Trade-Related Aspects of Intellectual Property Rights, TRIPS）[34]。於此背景下，我國對世界大部分認定的規範進行大量修正乃斬斷我國與世界連接之橋梁，無疑更加限縮我國以往所爭取的權利，因此在各大國尚未有動作之餘，維持現狀並持續觀察為現今之上策。

第四項　小結

　　我國人工智慧相關案例尚未大量觸及「強人工智慧」，現存判決僅歸類於「弱人工智慧」，然而，「巨匠電腦抄襲案」與「保德信金融集團案」於判決上給予具備演算法的電腦軟體可成為創作的工具一說，凡輸入電腦軟體的指令具備創作性與原創性，即可成為著作。「人工智慧DABUS發明人案」則認定，人工智慧於我國仍為「物」而非可具備權利的主體，以此類推，即使人工智慧確實有所創作或發明，亦無法成為發明人或著作人。由上述案件可知，我國將人工智慧

論，第5期，頁107，2019年9月。

[33] 周志杰，我國長期性國際參與策略之研究，國家發展委員會，頁1，2015年。

[34] 經濟部智慧財產局，2008年8月6日，與貿易有關之智慧財產權協定（Agreement on Trade-Related Aspects of Intellectual Property Rights, TRIPS），https://www.tipo.gov.tw/tw/cp-128-207126-bb3f9-1.html（最後瀏覽日：2023年3月15日）。

歸類於創作工具一類，尚未有使人工智慧具備類似歐盟所提「電子人格」的規劃。

第二節　吳淡如電腦繪圖事件

　　2023年2月12日，我國知名電視主持人吳淡如於網路社交軟體臉書（Facebook）上傳一張圖像，並表明此乃其學習並進行電腦繪圖之成果[35]，隨後再次發布多份人工智慧所創的圖畫，並附加「我想要改行畫插畫，我手繪一張圖20個小時」、「我以後決定自己畫插畫。還在研究中」等訊息[36]，在發布該貼文後，吳淡如該文章下方留言區域被大量網友糾正，主要傳達訊息為「此類型圖畫為利用人工智慧製圖能力所為，不可視為電腦繪圖」，隨後吳淡如再次發出公告表示：「以後凡是用AI電腦繪圖生成，都會加上AI兩個字。AI就是人工智慧，你現在用的所有軟體，都有人工智慧。」此事便落下帷幕。而此事件涉及人工智慧繪圖與電腦繪圖在社會大眾與法律上觀點的差異。

　　在社會大眾概念中，利用人工智慧進行圖畫創作通常為藉助人工智慧將使用者本身不足的繪畫技巧補足，藉此展現使用者的創意；電腦繪圖則為利用電子工具作為現實畫筆或創作工具的延伸，與傳統作畫差別在於工具與呈現的方式，兩者差異乃人工智慧替使用者完成作畫階段的任務，使用者僅需提供創意即可。

　　法律上以著作為主體進行判斷，完成著作的方式並非著作權法所規範，因此透過人工智慧或電腦繪圖繪製的著作皆為利用工具進行圖畫創作，此等著作僅需給予最低限度的創意，即使用者本人的思想展現，因此凡被認可為著作的人工智慧創作與傳統電腦繪圖，兩者於著

---

[35] 原文已無法查看，內容節自：聯合新聞網，2023年2月14日，吳淡如戰翻網友 內行人曝「電腦繪圖者不喜歡AI繪圖」真正原因，https://udn.com/news/story/7088/6969808（最後瀏覽日：2023年3月14日）。

[36] 前揭註35。

作權法規範上是相同的，並無相當大的差異。

　　故人工智慧繪圖與電腦繪圖在現行法規範上應具相同特性，僅創作手法不相同，惟現實並非如此，人工智慧繪圖在繪圖圈已經造成相當大的影響，諸多畫師有所抵制[37]，甚至部分民眾如同此事件不理解兩者差異而誤認，許多網路知名圖畫平臺為解決以上問題，對人工智慧創作有所限制或有所標誌[38]。中國此前亦通過相關規定，要求人工智慧繪圖應有所標示[39]，以維護非利用人工智慧創作者權益並給予觀賞者明確化的提醒。我國作為深受日韓文化影響[40]、[41]且次文化發展蓬勃的國家，在不改變人工智慧創作性質的主軸下，參考相關規定以保護其他創作者或許是可為之舉。

---

[37] 科技新報，2022年12月18日，繪師怒氣爆發，用「抵制AI繪圖」洗版抗議，https://technews.tw/2022/12/18/artstation_no-to-ai-generated-images（最後瀏覽日：2023年3月14日）。

[38] 日本著名圖畫網路平臺pixiv設立人工智慧美術專區，以區別人與人工智慧的創作，https://www.pixiv.net/info.php?id=8728&lang=zh_tw（最後瀏覽日：2023年3月15日）；外國圖畫平臺Artstation與Fur Affinity皆禁止人工智慧生成美術，Adi Robertson, Nov. 16, 2022, The Verge, *How DeviantArt is Navigating the AI Art Minefield*, https://www.theverge.com/2022/11/15/23449036/deviantart-ai-art-dreamup-training-data-controversy (last visited: 2023/3/15)。

[39] 中國互聯網信息服務深度合成管理規定第16條。

[40] 丁紹庭，日本翻譯小說大學生閱讀行為與日本次文化之研究，國立政治大學圖書資訊與檔案學研究所碩士論文，頁1，2020年7月。

[41] 郭秋雯，韓流對臺灣的影響及其因應對策，WTO研究，第18期，頁129，2011年3月。

第五章　結論與建議

在科技發展快速的現代社會中，新興科技對於著作財產權的挑戰如雨後春筍般出現，人工智慧與繪畫的結合，對於著作權法的規範即為非常重要的一環，綜觀本文前述各國對於人工智慧繪圖的相關政策，無論是以著作權法為基礎，其他法加以補充；又或是擬定特殊法對其進行管制，皆為各國對人工智慧繪圖的看法與定義的具象化，我國雖以函釋方式解釋為何人工智慧不可為發明人，惟對於人工智慧繪圖的定義仍未展開解讀，其餘相關問題亦尚未得到解答。而「他山之石，可以攻玉」，雖我國尚未有所規範，借鑑他國相關經驗與規範，並以他國實務判決或時事上的不足為鑑，有望得出相關完善的政策建議，更加鞏固我國著作權規範範圍。

第一節　結論

著作權，乃「為保障著作人著作權益，調和社會公共利益，促進國家文化發展」[1]之法，因著作權本身特性，可謂智慧財產權中涵蓋最廣之權利，因其規範範圍廣大，每逢嶄新科技出現並挑戰智慧財產權之際，著作權通常為首當其衝的角色。人工智慧繪圖的興起亦是如此，透過人類所撰寫的演算法與軟體的結合，人工智慧已然不同以往，現今已可產生人類所無法預期的產物，並被用於藝術領域的創作，此種透過人工智慧而創作出的藝術圖畫，依照其不確定性與無須透過著作人親手繪畫之特性，無法如以往的判決輕易地判定傳統著作權問題，如著作權歸屬、合理使用等，在可預期的人工智慧繪圖發展蓬勃的未來，著作權與人工智慧的衝突勢必越加顯著，凡著作權規範有所不足，將更加仰賴法院的自由心證與判斷，屆時若各判決思慮與

---

[1] 著作權法第1條。

決策有所出入，將致使民眾、創作者與各大企業感到困惑，不知如何尋求法律保護或是否符合被保護的條件，影響之層面可想而知。

我國與他國相比，尚未制定相關法規，缺乏明文上的規定。相關案件亦相當稀少，除人工智慧發明人案外，再無其餘案件。而民眾對於人工智慧繪圖的看法並不一致，對人工智慧與著作權的關係亦不清楚，因此解決上述問題爲必要之舉。

首先，著作人身分是人工智慧快速發展以來，不斷受到挑戰的議題，各國亦爭論許久，綜本文所述，可知我國著作權對於著作人之身分要求乃「著作人必須爲自然人」，無論是何種著作，凡著作人身分有所相異，我國將不給予著作人身分。然而，現階段我國函釋與實務上亦僅止於此，雖人工智慧與智慧財產權的爭議中，智慧財產權的所有人可否爲非自然人一直是討論的內容；惟此議題亦是最早解決的，無論是我國，抑或美、英、中等大部分國家現今皆不承認非自然人爲著作權的所有者，此議題確實具備討論空間，在未來不無改動的可能性，如歐盟以往所擬定的電子人格一般，成爲近年來的主流，然人工智慧與智慧財產權的爭議不止於此；雖我國人工智慧發展並未處於世界第一梯隊，將討論的重點停滯於此，等待他國經驗亦無可厚非，惟我國越早涉入其中其他議題，越可儘快跟上國際步伐。

相對歐盟所提出的「電子人格」賦予人工智慧著作人資格，與美國判決不允許人工智慧繪圖被著作權保護，我國更偏向將人工智慧視爲創作工具或創作手段，此方式相較前述歐盟與美國的兩個極端，我國選擇中庸之道，將人工智慧視爲傳統創作工具，此方法絕非完美，但鑑於我國在世界智慧財產權界的地位與相關科技的發展現況，保持中庸之道不失爲優秀的選擇。

故本文認爲，在如今確認人工智慧尚未取得著作人資格之際，應將討論重心從人工智慧的法律主體移開，轉換至將人工智慧視爲「工具」時，該如何看待透過人工智慧所創作出的著作與其性質。

就現階段而言，我國將人工智慧繪圖與利用傳統電子設備從事藝術創作視爲同一群體，在此架構下，我國著作權法的規範與人工智慧

易產生保護疏漏之疑慮。人工智慧與傳統電子創作，如電繪板、一般電腦軟體等並不相同，應從著作權的各個部分進行討論，以完善人工智慧繪圖的著作權保護範圍，諸如原創性、合理使用、著作財產權歸屬、著作權延續時間等。原創性即為人工智慧繪圖獨特之處，藉由人工智慧的創作與人工智慧的建立過程，合理使用便會受到挑戰，著作財產權歸屬與延續時間則在創作者不明朗時，給予該著作財產權確立的所有人與權利持續時間，以達到著作權本身之目的。

　　如今，人工智慧仍在快速發展，直至本文書寫當下，民眾已可透過網路與雲端服務的方式，在使用者的電腦，甚至是行動裝置上，輕易地利用人工智慧進行圖畫創作。在人人皆可低價，甚至免費使用此種技術之際，我國民眾對著作權的觀念仍未跟上時代變遷，對於使用人工智慧進行創作的著作權問題更未有深掘，更甚者不知人工智慧本身對著作權有所影響，惟民眾並不因缺乏對著作權的認知而停止使用，遑論人工智慧繪圖等操作方便，需求時長短的圖畫創作方式，鑑於此種情況，在談論法律規範之前，唯有提升我國民眾對於智慧財產權的意識與落實智慧財產權的教育，使我國民眾對智慧財產權的知識與意識提升，建立基本的全國智慧財產權知識，成為日常生活的基礎資訊，方為現今法規尚未規範完整前，有效預防著作權問題之方向。

　　故我國於法律方面，確立人工智慧不可為著作人後，應脫離人工智慧法人格方向，轉向著作權其餘基本要件，並將人工智慧視為一種新的創作手段，而非以往將人工智慧與傳統電子創作手段綁定。圍繞人工智慧擬定新的規範與審定方法，使我國法規範更加完整，將可使各大創作者與企業安心使用人工智慧繪圖。而國民方面，可見我國國民對於著作權與人工智慧繪圖上有多種看法，且因我國目前並無詳細規範，國民亦難找尋正確方向，故我國應從國民基礎教育著手，從教育層面增強我國著作權基礎，並將人工智慧視為創作的新技術與新手段，配合我國政府的宣導，建立良好的著作權環境，以填補法規的缺漏。落實著作權與人工智慧的議題與平衡，不單是政府或民眾的責任，唯有兩者同時完善，並參考國外的各種經驗，以此建置優秀完善

的法規，同時給予足夠的觀念與宣導，方能建構我國著作權與人工智慧的體系與根基。

2023年3月25日，非官方團隊「AI法律國際研究基金會」舉辦「人工智慧基本法草案（芻議）發表說明會」[2]，雖該草案內容少與著作權連結，不過顯見我國對人工智慧的重視開始萌芽，為解決人工智慧相關議題的起點，希冀我國以此為首，發展成為法制與技術並列的科技國家。

第二節　建議

著作權的構成有數要件，如合理使用、原創性等，而本文因我國已釋出函釋，表明人工智慧無法成為我國法上的著作人，本文接續將以我國所承認之「人工智慧作為創作工具」進行描述與建議。

第一項　原創性

壹、原創性判定

依照本篇第三章所述，我國多採用廣義性原創性，即使如此，在人工智慧輸入的文字中，對於原創性的審定依然有模糊之處，故本文認為，為追求著作權保護與社會、科技發展的平衡，在有意義的輸入中，除前述「僅輸入特定文字，並可直接聯想至某著作」之明顯針對特定著作有所抄襲嫌疑者，應認定不具備原創性外，「同時輸入著作與其他文字」者，依照其可能擁有的潛在原創性，應先行認定其具備原創性，若嚴苛地認定此種人工智慧繪圖作品並無原創性，或有抄襲疑慮，藉此不給予此兩種輸入方式之人工智慧作品原創性而失去著作權，則將會有極大量無著作權之作品產生，影響人工智慧創作者與製

2　立法院，2023年3月25日，人工智慧基本法草案發表說明會，https://www.ly.gov.tw/Pages/Detail.aspx?nodeid=5251&pid=227816（最後瀏覽日：2023年5月8日）。

作者的發展意願，並有高度誤判可能。故本文建議將有著作權疑慮之作品先視爲具原創性，若有所衝突，則依照本文下文進行認定程序。

貳、抄襲認定審查

　　上述原創性廣闊化乃平衡社會發展與著作權益之方向，而抄襲認定審查可補足其產生的糾紛。本文認爲我國在此方面略有不足，我國實務對於抄襲之定義爲「就著予人之意境、外觀及感覺判斷是否相似」[3]，應可採納美國的抄襲認定審查方式[4]，藉由一般大眾反應而爲判定之內部測試；與利用專家鑑定方式就藝術品、所使用之材料、某種類型之著作及環境等特別條件爲分析的外部測試，並針對人工智慧創作的模式進行審查項目的調整。致使將原創性擴大的同時，可使人工智慧繪圖的原創性與抄襲判定上更加細緻，以促進我國實務上判決更具備說服力與一致性。

第二項　合理使用

　　因文字與資料探勘和人工智慧數據庫之現況，合理使用議題與人工智慧密不可分，而繪圖用人工智慧更是可能侵犯大量的創作著作權，我國現有之著作權法難以涵蓋全面；而上述多國之文字與資料探勘相關政策，雖有所建樹，但本文認爲有過度偏袒人工智慧一方，難以保護創作者安全，從部分事件亦可鞏固此說法[5]，故本文建議如下。

---

[3] 智慧財產法院99年度刑智上訴字第65號刑事判決。

[4] 賴忠明，法律百科，2019年5月31日，藝術家們，作品有被盜用嗎？——談藝術「抄襲」，https://www.legis-pedia.com/article/intellectual-property-rights/550（最後瀏覽日：2023年4月4日）。包含「外部測試法」與「內部測試法」。

[5] Karla Ortiz、Kelly Mckernan、Sarah Anderson等三位藝術家於2023年1月23日在舊金山聯邦地方法院對Stability AI、Midjourney及DevianArt等公司提起著作權侵害等訴訟，Toggle Desk, The Daily Star, Jan. 16, 2023, *AI Art Generators Receive Copyright Lawsuit*, https://www.thedailystar.net/tech-startup/news/ai-art-generators-receive-copyright-lawsuit-3222706 (last visited: 2023/4/16)。網路圖畫

壹、文字與資料探勘規範明文化

　　樹若無幹不成枝，談及其他規範前，我國應先針對人工智慧的數據庫及文字與資料探勘進行相關規定，本文上述國家，諸如英國、歐盟、日本等皆在2020年前便有所建樹，雖可於個案中透過司法解釋，判斷該文字與資料探勘使用可否適用「合理使用」概括條款，而不構成著作權侵害，但本文認為人工智慧發展快速當下，不對現有法規進行調整與擴增，會致使司法系統過度依賴法官自身判斷與心證，對民眾、創作者與人工智慧擁有者皆非首選。

　　本文建議我國文字與資料探勘相關著作可參考上述日本著作權法之修正規範，並稍作修改，保留「規定對於為供資訊的解析使用（包括文字與資料探勘等）或其他非為自己或他人享受著作所表達之思想或感情為目的之情形，於必要範圍內，得不限方式利用該著作。但依該著作之種類、用途及利用方式，有不當損害著作人利益者，不在此限」之內涵，而本條文之但書因須視個案而定，且若每逢此情，原著著作者可能須尋求司法手段，效率不可謂之高效，故本文以下接續其他建議，以補足此條文對創作者之保護。

貳、資料庫單向透明化

　　因人工智慧訓練集內資料眾多，要求架構人工智慧者尋求授權並不符合時間成本，又要求人工智慧擁有者放棄其資料庫中未有授權作品，或透明化其資料庫，不僅限制人工智慧發展，亦降低架構人工智慧意願，且部分人工智慧之資料庫乃其營業秘密所在，以上處置皆非本文所提倡。為求雙方發展平衡，本文建議，於人工智慧與一般創作者之間建構單方查詢系統，創作者可由該系統得知自己的創作是否被

平臺Getty Images亦在倫敦高等法院對Stability AI公司提起訴訟，主張Stability AI公司侵害其著作權，James Vincent, The Verge, Jan. 17, 2023, *Getty Images is Suing the Creators of AI Art Tool Stable Diffusion for Scraping Its Content*, https://www.theverge.com/2023/1/17/23558516/ai-art-copyright-stable-diffusion-getty-images-lawsuit (last visited: 2023/4/17)。

用於該人工智慧，並且有權要求該人工智慧所有者將其創作自資料庫中刪除，以保護一般創作者之著作權；雖無查詢者代表默認對一般創作者有所損益，爲求科技發展，本文認爲此乃必要之舉，而尚未出現的著作，則由下文方式處理。

參、作品使用標記

在現行人工智慧繪圖系統中，已有諸多網站可給予創作者標記，由創作者決定此份著作是否允許人工智慧進行演算，本文認爲此乃可行且有高度作用的系統，藉由創作者對自我作品的開放或不開放，人工智慧架構者可輕鬆地使用不具法律疑慮的作品；創作者亦降低自我作品被盜用的可能性，搭配上述資料庫單向透明化，可使創作者更快地知曉自己作品是否被盜用，以訴求法律途徑的幫助。

第三項　著作權歸屬

於第三章中，提及著作權歸屬可能透過僱傭關係或將人工智慧作爲工具兩種方式解決，而相比僱傭關係可能需設立相關法條，並解決是否爲職務上完成之著作與僱用人身分（以人工智慧使用者爲宜），將人工智慧視爲工具的解決方法更爲便利且達成的效果類似。

利用人工智慧爲工具進行創作者，可能有提供創意者與輸入關鍵字者，此著作權歸屬，本文參考現有之人工智慧平臺規定，與英國著作權法之「實施必要動作之人」，最後加以著作權之「保護表現，不保護思想」的展現，認爲著作權歸屬於「對人工智慧輸入文字或圖片之人」，雖將人工智慧視爲創作工具，該創作歸屬權應屬使用者，仍有美國Kris Kashtanova案件等將創作歸屬於公共領域者，故本文於此提及此觀點，而將人工智慧創作置入公共領域，認爲其對產業發展不利，有降低人工智慧發明者繼續研發之疑慮，因此並不提倡。對人工智慧輸入文字或圖片之人，又細分單人輸入與多人輸入，以下分述之。

壹、單人輸入

若輸入指令者只為一人，依據著作權法第10條，著作權僅歸屬於此輸入者一人，著作財產權的處理權亦歸於他。若有第三人指出其為共同提出創意者，並可證實其有提供輸入指令者指令並請輸入指令者代為輸入等相關之證據，則此創作將歸於共同著作，由上述人物共享著作財產權與著作人格權。

貳、多人輸入

若輸入指令者為兩人或以上，根據著作權法第8條，著作權歸屬應平均分配予有輸入指令者，基於圖畫的不可分割性，屬於共同著作[6]，且對人工智慧輸入指令者，根據輸入內容之不同，導致貢獻比例不同，其著作財產權分配理應依照著作權法第40條，由共同著作人之間約定之。

若輸入同一人工智慧的指令，多人輸入時間不一致者，依照共同著作中的共同關係[7]，其輸入時間並不影響具合作關係之共同著作人，與同時間輸入者相同。

---

[6] 最高法院92年度台上字第514號刑事判決：「按著作權法第8條所稱之『共同著作』，係指二人以上共同完成之著作，其各人之創作，不能分離利用者而言。申言之，該項『共同著作』之成立要件有三，即一、須二人以上共同創作。二、須於創作之際有共同關係。三、須著作為單一之形態，而無法將各人之創作部分予以分割而為個別利用者，始足當之。若二人以上為共同利用之目的，將其著作互相結合，該結合之多數著作於創作之際並無共同關係，各著作間復可為獨立分離而個別利用者，應屬『結合著作』，而非『共同著作』。」

[7] 我國對共同關係未有進一步解釋，而我國共同關係條文設立參照自日本法，然日本法法條對其亦無深入說明，故本文於此採納美國案例對共同關係中的說明：「而此共同創作之意思，不必要求各自創作部分在同一時間完成，甚至著作人彼此未必是熟人，完全陌生亦可。」Edward & Marks Music Corp. v. Jerry Voge Music Co., 140 F. 2d 266 (2d Cir. 1944)。

第四項　著作財產權存續時間

　　以人工智慧為工具為前提，其著作財產權的延續理應與其他創作方式相同，然本文認為，人工智慧創作相對傳統圖畫創作方式，其對創作結果的掌控性不佳、生成快速、所需的潛在成本低，因此對利用人工智慧的創作著作財產權有額外規定必要，以保障傳統創作地位。

　　本文認為，參考我國既有著作權法第34條規定，使人工智慧創作的著作財產權僅持續作品發表後50年，藉此保護傳統創作方式。此做法並非無前車之鑑，英國對電腦創作的規定亦將人工智慧創作與傳統創作分離，單獨規定其著作權時效，故本文認為此法為有效之舉。

第五項　人工智慧創作標記

　　鑑於人工智慧創作爭議性高，並且在不斷進化的人工智慧當中，不乏有難以透過肉眼觀察的作品產生，甚至已經可生成如同現實照片之圖像，本文參考中國「互聯網信息服務深度合成管理規定」，希冀人工智慧創作者可於其創作中加以標記，使民眾不因其創作而混淆，惟本文不認為要完全如上述規範，將標記加註在創作上，可放至此創作之網站、畫廊等處，以可見、不會被輕易忽略的方式標示其乃人工智慧創作。

參考文獻

壹、中文文獻（按作者姓氏筆畫排序）

一、專書

1. 林洲富，著作權法案例式，五南圖書出版股份有限公司，2017年8月四版。
2. 陳家駿，AI人工智慧vs智慧財產權，元照出版有限公司，2022年7月二版。
3. 曾勝珍，圖解智慧財產權，五南圖書出版股份有限公司，2022年9月四版。
4. 曾勝珍，智財權先研發——財經科技新興議題，五南圖書出版股份有限公司，2019年5月初版。
5. 曾勝珍，論網路著作權之侵害，元照出版有限公司，2010年11月四版。
6. 曾勝珍，論我國經濟間諜法立法之必要性——以美國法制為中心，元照出版有限公司，2007年12月初版。
7. 曾勝珍，智慧財產權法新觀點，元照出版有限公司，2012年9月初版。
8. 羅明通，著作權法論，三民書局股份有限公司，2002年8月四版。
9. 劉孔中，國際比較下我國著作權法之總檢討（下冊），中央研究院法律學研究所，2014年12月初版。
10. 簡啓煜，著作權法案例解析，元照出版有限公司，2020年9月五版。

二、學位論文

1. 丁紹庭，日本翻譯小說大學生閱讀行為與日本次文化之研究，國立政治大學圖書資訊與檔案學研究所碩士論文，2020年7月。
2. 黃雯琪，人工智慧專利保護要件之研究，國立高雄大學財經法律學系研究所碩士論文，2020年1月。

3. 陳仕弘，我國資通安全管理法之探討——以規範對象為中心，嶺東科技大學財經法律研究所碩士論文，2019年6月。

4. 陳昭妤，論人工智慧創作與發明之法律保護——以著作權與專利權權利主體為中心，國立政治大學科技管理與智慧財產研究所碩士論文，2017年1月。

5. 翁呈瑋，人工智慧法律主體之論爭——以人工智慧創作為例，國立政治大學法律學系碩士論文，2020年8月。

三、期刊

1. 毛舞雲，人工智慧創作品之著作權保護——從繪畫機器人談起，交大法學評論，第5期，頁83-123，2019年9月。

2. 吳欣玲、邱俊銘、李頤澤，初探人工智慧作為發明人之爭議（下）——以中國大陸、日本、韓國及我國為例，智慧財產權月刊，第265期，頁24-41，2021年1月。

3. 高嘉鴻，從Cariou v. Prince案看美國合理使用第一要素中「轉化利用（Transformative Use）」的判斷，智慧財產權月刊，第192期，頁65-76，2014年12月。

4. 章忠信，著作權保護、科技發展與合理使用——談新著作權法關於合理使用的已然與未然，2003全國科技法律研討會，國立交通大學法律研究所，頁1-17，2003年11月20日。

5. 曾勝珍，資訊時代中營業秘密保障之探討，政大智慧財產評論，第7卷第1期，頁44-76，2009年4月。

6. 曾勝珍，記憶中的味道——氣味商標之研究，中原財經法學，第32期，頁1-58，2014年6月。

7. 謝國廉，論專利法對人工智慧之保護——歐美實務之觀點，高大法學論叢，第15卷第2期，頁1-38，2020年3月。

8. 謝銘洋，衍生著作與其相關問題研究，台灣法學雜誌，第338期，頁59-83，2018年2月。

9. 郭秋雯，韓流對臺灣的影響及其因應對策，WTO研究，第18期，頁127-170，2011年3月。

10. 蕭雄淋，著作權法第65條之修法芻議，智慧財產權月刊，第143期，頁5-30，2010年11月。

貳、外文文獻（按字母A-Z排序）

一、專書

1. 中山信弘，著作権法，有斐閣，2010年初版。

二、官方報告

1. 文化廳，著作権審議会第9小委員会（コンピュータ創作物関係）報告書（1993），http://www.cric.or.jp/db/report/h5_11_2/h5_11_2_main.html（最後瀏覽日：2023年1月1日）。

2. 知的財産推進計画2016，知的財産戦略本部網站（2016），http://www.kantei.go.jp/jp/singi/titeki2/kettei/chizaikeikaku20160509.pdf（最後瀏覽日：2023年1月2日）。

3. 知的財産推進計画2017，知的財産戦略本部網站（2017），http://www.kantei.go.jp/jp/singi/titeki2/kettei/chizaikeikaku20170516.pdf（最後瀏覽日：2023年1月2日）。

4. 知的財産推進計画2019，知的財産戦略本部網站（2019），https://www.kantei.go.jp/jp/singi/titeki2/kettei/chizaikeikaku20190621.pdf（最後瀏覽日：2023年4月18日）。

5. Draft Report with Recommendations to the Commission on Civil Law Rules on Robotics, 2015/2103 (Inl), http://www.europarl.europa.eu/doceo/document/a-8-2017-0005_en.html (last visited: 2023/2/1).

6. European Commission, *Artificial Intelligence Act*, 2021, http://artificialintelligenceact.eu/the-act (last visited: 2023/1/3).

7. European Commission, *Building Trust in Human-Centric Artificial Intelligence*, 2019, http://ec.europa.eu/jrc/communities/en/community/digitranscope/document/building-trust-human-centric-artificial-intelligence (last visited: 2023/1/29).

8. European Commission, *Ethics Guidelines for Trustworthy AI*, 2019,

http://www.aepd.es/sites/default/files/2019-12/ai-ethics-guidelines.pdf (last visited: 2023/3/15).

9. Robotics Openletter, Open Letter to The European Commission: Artificial Intelligence and Robotics, http://www.robotics-openletter.eu (last visited: 2022/12/31).

10. UK Intellectual Property Office, Jun. 28, 2022, *Artificial Intelligence and Intellectual Property: Copyright and Patents: Government Response to Consultation*, http://www.gov.uk/government/consultations/artificial-intelligence-and-ip-copyright-and-patents/outcome/artificial-intelligence-and-intellectual-property-copyright-and-patents-government-response-to-consultation (last visited: 2023/1/2).

11. World Economic Forum (WEF), *The Global Risks Report 2020*, http://www.weforum.org/reports/the-global-risks-report-2020 (last visited: 2022/11/19).

12. World Intellectual Property Organization (WIPO), *WIPO Technology Trends 2019 – Artificial Intelligence*, http://www.wipo.int/publications/en/details.jsp?id=4386 (last visited: 2022/11/19).

三、期刊

1. A. Creswell, T. White, V. Dumoulin, K. Arulkumaran, B. Sengupta, & A. A. Bharath, "Generative Adversarial Networks: An Overview," *IEEE Signal Processing Magazine*, Vol. 35, No. 1, pp. 53-65 (2018).

2. F. A. Poltronieri & M. Hänska, "Technical Images and Visual Art in the Era of Artificial Intelligence: From GOFAI to GANS," *Proceedings of The 9th International Conference on Digital and Interactive Arts*, pp. 1-8 (2019).

3. I. Goodfellow, J. Pouget-Abadie, M. Mirza, B. Xu, D. Warde-Farley, S. Ozair, & Y. Bengio, "Generative Adversarial Networks," *Communications of The Acm*, Vol. 63, No. 11, pp. 139-144 (2020).

4. J. Ho, A. Jain, & P. Abbeel, "Denoising Diffusion Probabilistic Mod-

els," *Advances in Neural Information Processing Systems*, Vol. 33, pp. 6840-6851 (2020).

5. J. R. Searle, "Minds, Brains, and Programs," *Behavioral and Brain Sciences*, Vol. 3, No. 3, pp. 417-424 (1980).

6. N. Schaumann, "Fair Use and Appropriation Art," *Cybaris Intell. Prop. L. Rev*, Vol. 6, pp. 112-137 (2015).

7. P. N. Leval, "Toward a Fair Use Standard," *Harvard Law Review*, Vol. 103, No. 5, pp. 1105-1136 (1990).

8. P. Samuelson, "Allocating Ownership Rights in Computer-Generated Works," *University of Pittsburgh Law Review*, Vol. 47, pp. 1185-1228 (1986).

9. T. Shen, R. Liu, J. Bai, & Z. Li, "'Deep Fakes' Using Generative Adversarial Networks (Gan)," *Noiselab, University of California, San Diego*, pp. 1-9 (2018).

四、網際網路

1. Adi Robertson, The Verge, Nov. 16, 2022, *How DeviantArt is Navigating the AI Art Minefield*, https://www.theverge.com/2022/11/15/23449036/deviantart-ai-art-dreamup-training-data-controversy (last visited: 2023/3/15).

2. Admin Staff, Nightcafe Studio, Jul. 5, 2022, *What is the First AI Art and When Was It Created*, https://nightcafe.studio/blogs/info/what-is-the-first-ai-art-and-when-was-it-created (last visited: 2023/1/1).

3. Gan Lab, http://poloclub.github.io/ganlab (last visited: 2023/1/2).

4. Isha Salian, Nvidia, Mar. 1, 2022, *What is Gaugan? How AI Turns Your Words and Pictures Into Stunning Art*, http://blogs.nvidia.com/blog/2022/03/01/what-is-gaugan-ai-art-demo (last visited: 2023/1/2).

5. James Vincent, The Verge, Jan. 17, 2023, *Getty Images is Suing the Creators of AI Art Tool Stable Diffusion for Scraping Its Content*, https://www.theverge.com/2023/1/17/23558516/ai-art-copyright-stable-diffu-

sion-getty-images-lawsuit (last visited: 2023/4/17).

6. Jane Wakefield, BBC News, Sep. 18, 2015, *Intelligent Machines: AI Art is Taking on the Experts*, http://www.bbc.com/news/technology-33677271 (last visited: 2023/1/2).

7. Kyle Wigger, VentureBeat, Sep. 24, 2019, *AI Generates Logos from Whole Cloth*, http://venturebeat.com/ai/2533341 (last visited: 2023/2/5).

8. LBB Editorial, Little Black Book, Sep. 28, 2022, *Who Owns AI-Generated Art*, https://www.lbbonline.com/news/who-owns-ai-generated-art (last visited: 2022/11/7).

9. Quinn Emanuel Trial Lawyers, *The Rising Importance of Trade Secret Protection for AI-Related Intellectual Property*, http://www.quinnemanuel.com/the-firm/publications/the-rising-importance-of-trade-secret-protection-for-ai-related-intellectual-property/#page=0&bynewstype=17096 (last visited: 2022/11/19).

10. Ralph Nas, Gratis Graphics, Apr. 12, 2023, *Midjourney AI Text to Image Generator*, Pixexid Read, http://pixexid.com/read/midjourney-ai-text-to-image-generator (last visited: 2022/12/30).

11. Reply from NovelAI, http://twitter.com/novelaiofficial/status/1573844864390791169 (last visited: 2023/2/1).

12. Rich Johnston, Bleeding Cool, Jan. 27, 2023, *Copyright Protection on AI Comic Book Revoked by US Government?* https://bleedingcool.com/comics/copyright-protection-on-ai-comic-book-revoked-by-us-government (last visited: 2023/5/10).

13. Richard Lawler, Feb. 23, 2023, *The US Copyright Office Says You Can't Copyright Midjourney AI-Generated Images*, https://www.theverge.com/2023/2/22/23611278/midjourney-ai-copyright-office-kristina-kashtanova (last visited: 2023/4/6).

14. Robert A. Gonsalves, Medium, Nov. 10, 2022, *Digital Art Showdown:*

Stable Diffusion, Dall-E, and Midjourney – A Comparison of Popular AI Diffusion Models for Creating New Works from Text Prompts, http://towardsdatascience.com/digital-art-showdown-stable-diffusion-dall-e-and-midjourney-db96d83d17cd (last visited: 2022/12/31).

15. Toggle Desk, The Daily Star, Jan. 16, 2023, *AI Art Generators Receive Copyright Lawsuit*, https://www.thedailystar.net/tech-startup/news/ai-art-generators-receive-copyright-lawsuit-3222706 (last visited: 2023/4/16).

16. W. D. Heaven, MIT Technology Review, Jan. 5, 2021, *This Avocado Armchair Could Be The Future of AI*, https://www.technologyreview.com/2021/01/05/1015754/avocado-armchair-future-ai-openai-deep-learning-nlp-gpt3-computer-vision-common-sense (last visited: 2023/1/1).

17. Yerain Abreu, Maker Hub, Mar. 2, 2023, *How to Create AI Art With Midjounry (Easy Mode)*, https://blogs.baruch.cuny.edu/makerhub/how-to-create-ai-art-with-midjounry (last visited: 2023/3/20).

第二篇

醫藥產業中營業秘密保障之探討

A Discussion of the Pharmaceutical Industry Trade Secrets Protection

曾勝珍[*]、施軍丞[**]

[*] 中國醫藥大學科技法律碩士學位學程專任教授暨社會科學中心主任。
[**] 中國醫藥大學科技法律碩士學位學程法學碩士。

第一章　緒論

　　現今生物科技產業與醫療保障、國家發展、經濟政策、商業秘密等，皆有不可分割的關聯性，各國政府雖歷經COVID-19疫情，展開諸多管制措施，然而隨著檢驗試劑、疫苗與抗病毒藥物的研發上市，民眾生活逐步回歸常態，經濟活動逐漸回歸正常。2021年我國生技醫藥產品開發與製造發展蓬勃，成長率高達10.9%，創下近十年以來之新高，營業額達6,665億元[1]。生物科技在疫情的影響下逆勢成長，而其中伴隨龐人商機的背後，並非毫無代價，政府應該針對製藥產業中訂立各項法律予以保障。其中以營業秘密為主的生物資訊安全，更是商業營利上著重保護的一環，公司內部人才的跨國流動與非法的經濟間諜，透過網路攻擊，促使營業秘密的資訊更加容易外洩，國內的公司或企業蒙受巨大的商業損失[2]。

　　自2000年以來，無形資產的價值已遠超過有形資產。根據智慧財產交易促進機構Ocean Tomo對標準普爾500強企業所調查的報告，無形資產市值超過有形資產的價值已有25年[3]；揭示無形資產的創造以及利用，即為現今各大醫藥製藥產業的競爭優勢所在，成為各國經濟能否持續成長的核心動力。

　　我國目前保障無形資產的法律，為智慧財產權相關法律，包含著作權法、專利權法、公平交易法、商標法等；綜觀整體，保護網路資訊相關的專法，即營業秘密法。營業秘密法之保護對象是有秘密性且

---

[1]　經濟部工業局，2022生技產業白皮書，緒論，2022年8月。

[2]　網管人，防範營業秘密外流 強化事務機有效防堵，https://www.netadmin.com.tw/netadmin/zh-tw/feature/49E695D8ABD5495E9592F1BEE526FE7C（最後瀏覽日：2023年2月1日）。

[3]　孚創雲端，聯合新聞網／北美智權報，2021年12月，《專利無形資產系列》讓無形資產可見、可測、可管理——以美敦力收購Mazor Robotics為例，https://udn.com/news/story/6871/5984787（最後瀏覽日：2022年11月10日）。

具有實際或潛在價值的資產，不受到非所有權人或授權以外之個人或法人進行不當利用；又因在大數據時代下，其權利範圍不侷限於某標準型態，既可填補智慧財產相關法律之不足，亦可一併保障尚未成熟的企業之潛在價值，甚至是國家未來經濟發展的關鍵競爭力。

第一節　研究動機與目的

　　因醫藥產業為高度競爭的產業，研發新藥需耗費大量資源，而一旦研發成功，所創造之利潤將會相當可觀。隨著全球化的趨勢與資訊科技的進步，盜竊公司商業機密的風險相應提高。因此，保護醫藥公司的營業秘密成為一個極為重要的課題，對於醫藥公司來說，保護其營業秘密不僅是保護自身權益的重要措施，更是維護整個行業良性發展的必要條件。因此，本文的動機在於探討我國營業秘密法對醫藥產業保障的效力，以了解現行法律的規範是否足夠，並提出相關建議。

　　然而，法規的修訂速度卻趕不上科技日新月異之變化，人與人之間的工作模式因新冠疫情不斷地改變，在宅工作、AI智慧、雲端服務等，無非是對營業秘密的新挑戰。企業對營業秘密的重視有增無減，現況卻是商業間諜案件頻傳，如2021年先進光電科技公司案[4]（已和解）、昇陽半導體案[5]、台積電前採購經理跳槽案[6]等，雖判決

---

[4]　案經大立光電公司發現提告，一審為台中地檢署檢察官指揮偵辦，發現鄭男等人攜帶大立光電公司相關電磁紀錄，進入先進光電公司作為研發參考之用。二審法院判賠15億2,247萬639元，但雙方公司於2021年3月5日和解。陳梅英，自由財經，2021年3月5日，纏訟多年 大立光、先進光營業秘密案和解，https://ec.ltn.com.tw/article/breakingnews/3457219（最後瀏覽日：2022年11月15日）。

[5]　由於宜特、李姓與劉姓員工等關係人，未經授權而重製使用該公司的營業秘密，致使研發成本及營業利益鉅額損失，因此向新竹地方法院提起刑事附帶民事訴訟，請求宜特及相關人員等賠償56.36億元。中時新聞網，2021年3月10日，控告侵害營業秘密 昇陽半向宜特求償56億，https://www.chinatimes.com/newspapers/20210310000164-260202?chdtv（最後瀏覽日：2022年11月5日）。

[6]　台積電前採購處經理薛宗智被控離職後5個月即跳槽到台積電的直接競爭對

尚未定讞，但關於公司整體的品牌形象已飽受傷害，損失難以估計。

　　而根據史丹佛大學的報告指出，由於新冠疫情大流行的影響，有將近一半的美國勞動人力為在宅工作。而隨著流行病逐漸擴散，醫藥產業關於疫苗與製藥之數據測試出現大規模成長，以上的種種證據說明存放醫藥產業資訊以及電子設備的安全性之重要程度，不亞於以往對於實體財產的保護。

　　故本文主要探討我國營業秘密法等相關法規切入醫療藥物之保障，重新檢視其營業秘密對製藥技術的面向及特質，並針對國內現行法規內容進行解析，延伸至其他相關法律的實體條文及規定，再以美加等國家的實際判決，進行深入的剖析以及探討；最終期以更精確的法理內容，提出具體的修改建議，以供社會大眾及政府部門參酌的依據。

第二節　本文結構

　　本文共分成五章，各章節內容闡述如下：

　　第一章緒論：首以說明本文研究動機以及目的；其次簡述研究方法並界定研究範圍；最終陳述本文之架構。

　　第二章醫藥產業領域：介紹傳統醫藥產業現況，並加入對專利法以及營業秘密法的對比與適用範圍，並根據美國與我國對於最前沿之科技數據作為判斷依據，並以統計資料作為判斷醫藥產業現況以及生物相似性藥品，對於產業發展的良性目的，並參照我國生技產業白皮書，來達到比較專利法以及營業秘密法之性質差異。

手、中國知名的新芯半導體公司，違反雙方簽立的「競業禁止協議」，高等法院今維持一審判決，判薛男應支付台積電競業禁止補償金和違約金共250萬元。涂志豪，自由財經，2021年4月20日，台積電前採購經理跳槽中國新芯半導體 須賠台積電250萬，https://ec.ltn.com.tw/article/breakingnews/3505611（最後瀏覽日：2022年11月16日）。

第三章醫藥產業的保障：以相關文獻探討為始，回顧我國營業秘密的沿革，藉以法制的發展來探討營業秘密的實質內涵；綜觀分析國內現況之後，將視角轉移至美國的營業秘密法與專利法相關法案，探討他國對生技企業對資訊的保護，進一步研究國際趨勢；最後回歸剖析我國營業秘密法，劃清其定義與保護要件的範圍。

第四章案例評析：營業秘密為企業所擁有的非公開、具有經濟價值的商業資訊，如技術、客戶清單、商業策略、市場分析等，對企業的發展和競爭優勢至關重要。由於營業秘密的特殊性，一旦遭到洩漏或侵害，可能會對企業造成嚴重損失。因此，如何有效保護和管理營業秘密是企業必須重視的問題。本文將從實務角度介紹營業秘密法的相關規定和保護措施，以美國法院判例進一步整理營業秘密保護的目的以及措施。

第五章結論與建議：總結前述各章之內容，提出本文淺見，希盼能為製藥產業發展與營業秘密的保障作為拋磚引玉之效。

第二章　醫藥產業領域

　　以傳統醫藥產業研發新藥的速度無法滿足現今社會需求之際，各式有別於以往的新技術則會進一步加快研發的速度，以減少動物實驗證據爲由，美國於2022年12月通過的「FDA現代化法案2.0」（FDA Modernization Act 2.0，下稱FDA2.0）[1]，爲繼2006年許可患者使用未經批准藥物的權利後，對現代科學化藥物製程的一大實驗改革，一方面擴大新藥審核階段的選擇，另一方面則可加速新型藥物的核准並提早上市。而FDA2.0正逢新冠疫情，迫切需要相關藥物的研發，容許以替代方案作爲核准藥物藥證，證明在新技術發展的同時，法律需要與時俱進地進行修訂或新增條款。而討論專利或營業秘密如何保障此新型態的技術，則以探討新技術如何改變現有的醫療產業爲基礎，並輔以專利及營業秘密作爲選擇保障的方式，相較出彼此優劣之處後，佐以後續法律案件的探討，得出現今我國關於新藥開發、新藥製程和新藥後續權利及責任的歸屬，以整理成實務上的措施如何應對，和須修訂之法律建議。

第一節　傳統生物科技

　　在生物技術相關領域中，技術如何創新和在市場上市的難易度，大大地影響投資人的創投意願。而合作開發下一代新興技術，將造成新態樣的智慧財產權風險，特別是當企業合作夥伴在未簽訂對營業秘密產權，以及企業內員工洩漏資料的行爲上[2]。

---

[1] 鄭獻仁，美國國會通過「FDA現代化法案2.0」以減少動物試驗，可利用替代方法加速藥物開發，http://nehrc.nhri.org.tw/taat/news.php?cat=news&id=432（最後瀏覽日：2023年3月10日）。

[2] 彭成翔，2022年7月20日，洩漏公司機密，營業祕密卻無法定罪？https://www.jchlaw.com.tw/article_detail/63.htm（最後瀏覽日：2023年1月11日）。

　　而新技術及其所體現的智慧財產權，特別是營業秘密，將會隨著預期的市場優勢而迅速喪失。而在法律上的智慧財產訴訟，是少數可以解決已失去的市場經濟價值的方式，而若以另一方面積極的措施，既可以阻止營業秘密在早期發生外洩的可能，亦可提高法庭勝訴的證據之蒐集[3]。

　　因生物技術企業屬於一個競爭激烈的領域[4]，同時會有多家公司相互競爭以爭取將類似的創新療法推向市場的機會，而這種競爭可能導致部分企業難以決定如何保護其營業秘密等權利。而專利是其中一種提供強有力的保障方式，免受競爭對手的侵害，但須向公眾揭露其發明細項。營業秘密則是透過保護秘密的方式來保護創新資訊，一旦營業秘密被一般社會大眾所知，則營業秘密就失去其保障客體的權益。現今製藥相關企業對其旗下的研發及產業資訊，應有一個完整的契約規劃，來評估每項創新是否歸屬於機密資訊，並決定是否透過專利或營業秘密來保障。

第一項　國際上專利與營業秘密的選擇

　　專利權是一種積極型的防禦，可阻止競爭對手在發明專利的20年期限內製造、使用或銷售專利發明，即使另一方企業或公司獨立開發出相似的產品，亦可在競爭者侵犯其專利的專利權人提起專利侵權訴訟，並以競爭者銷售其侵犯專利的產品而獲得民法上的損害賠償。

　　相比之下，營業秘密保護不需任何政府單位進行授權與認證便可涵蓋各種類型的創新——從製造特定化合物或蛋白質的方法，到用於製造生物製品的載體，再到分子結構。營業秘密的保護可以涵蓋任何類型的訊息，唯一的要求是該秘密具有潛在的經濟價值，並且企業已對資訊進行合理保密措施，此包括教育員工哪部分資訊需保密、限制對秘密資訊的分級接觸資格，或要求員工和其他可接觸機密資訊人簽

3　智慧財產及商業法院106年度民營上更（一）字第2號判決。

4　經濟部，生技產業白皮書，序言，2022年8月。

署保密協議（Confidentiality/ Non-Disclosure Agreement, NDA）。

而企業在製造藥物的過程通常開發週期較長[5]，且投入的人力及研發成本十分高昂，尤其是關於複雜生物分子（如病毒抗體）的製造上。與專利不同，如果競爭者透過逆向工程或獨立發現其營業秘密，單純以營業秘密作為保護方式則無法提供任何保障[6]。假設營業秘密資訊被相關產業以不正當的方式取得，雖然營業秘密持有者可提損害賠償訴訟，並可尋求法律上禁止使用不正當獲得的資訊。但公司在保護其營業秘密時沒有遵守三要件的情況下，在法庭上對於營業秘密的攻防則會難以保障，讓其企業價值遭受損害。

由於專利要求向公眾公開發明，而營業秘密則要求發明須保密，因此兩者通常不能同時保護同一發明資訊，儘管如此，企業仍可以透過多種形式來保護複雜創新的技術或產品。例如，一家開發新藥產品的公司可能會用專利保護產品的化學結構，且一併使用營業秘密保護商業化生產該產品而研發的生產線。

第二項 以最終製品選擇保密方式

商業製造技術通常很難研發，尤其是擴大複雜生物分子（如抗體）的製造。對於已經開發出複雜製造技術，並較其他相關競爭企業更具優勢的公司，營業秘密則是最佳的保護措施。

即使可以在製造過程中獲得專利，此類型的專利仍難以保障其智慧財產的權益[7]。假設只檢測最終產品，亦難以分辨競爭對手是否使

---

[5] 林秀英，FINDIT，2022年2月22日，焦點推動藥物發現與臨床試驗創新的數位／智慧尖兵，正掀起投資熱潮，https://findit.org.tw/researchPageV2.aspx?pageId=1926（最後瀏覽日：2023年2月1日）。

[6] Gabrielle Giombetti, Sep. 7, 2021, *Protecting Against the Risk of Trade Secret Exposure Arising from Biotech Industry Collaboration*, https://www.fisherphillips.com/news-insights/trade-secret-exposure-arising-biotech-industry-collaboration.html (last visited: 2023/2/19).

[7] 曾勝珍，圖解智慧財產權，五南圖書出版股份有限公司，頁118，2022年9月。

用其專利技術，即使專利權人確定競爭對手正在使用其技術，亦難以獲得競爭對手侵權的直接證據，最終雖能在訴訟中和解或賠償部分損失，但法庭攻防所資昂貴且耗時。大型且連鎖企業的競爭者，甚至會選擇沒有營業秘密法相關條文之國家生產相關產品[8]，然此無法有效遏止營業秘密被侵害所造成的損失。

相反來說，製造技術通常可以作為商業秘密得到有效保護，這在不易從最終銷售的產品中辨別出其生產過程的情況下效果最好。如果確定生產過程具有原創性，那麼就能將製造技術保密並無限期地享受營業秘密的保護。而透過專利保護產品資訊（例如產品配方或結構）通常會更有保障[9]，因產品或配方的成分可以透過對產品本身的化學分析來認定。因此，將配方用營業秘密的方式保護無法保障公司的利益，因為一旦產品出售給社會大眾，機密資訊就會暴露，使用專利來保護更適合這類發明。

第三項　研發中的契約──營業秘密保護、許可和限制

根據契約自由原則，持有商業機密的生技公司可簽署下述協議，來劃分機密資訊和營業秘密所有者對其秘密保密的法律責任。在美墨加貿易協定下的司法管轄區，將此協議稱為能輔助管理營業秘密的法律文件。

壹、保密協議

保密協議（NDA）是一種商業常用契約[10]，其中各方承諾保護在

---

[8] Mbauer, Bill of Health, *The Risk of Pervasive Trade Secret Practices Within the Life Sciences*, https://blog.petrieflom.law.harvard.edu/2022/02/18/the-risk-of-pervasive-trade-secret-practices-within-the-life-sciences (last visited: 2023/2/19).

[9] 林杜，美國判例法下均等論在化學領域的適用，專利師，第48期，頁97，2021年11月。

[10] 李依玲，2020年8月17日，淺談保密合約NDA，http://www.giant-group.com.tw/law-detail-953.html（最後瀏覽日：2023年1月13日）。

僱傭期間或在合作研發期間披露的秘密資訊，使營業秘密的所有人在進行商業合作後失去其原有的經濟價值。不論是外部或內部研究人員，合約雙方在研究中心能接觸到機密資訊的全體工作人員，皆須簽署並承諾對收到的資訊保密。而防止未經授權的人探詢營業秘密是NDA的重點，應隨企業所研發和生產的技術不同，限縮或擴張合約的保密範圍。

　　NDA可作為一種營業秘密許可證，用於授予認證的企業夥伴。與其他專利權利相同，營業秘密契約可被起草為具排他性或非排他性的使用目的，但在沒有良好的保密措施下，極易增加未經授權或意外披露的風險[11]。因此，在NDA的條款中增加一項保密條款，以劃分適用於保護營業資訊的保護時間及範圍，以確保契約終止時將包含機密資訊的文件歸還給其所有人，則即使之後發生法律上的糾紛，仍可透過NDA上的條款進行證據的追溯。

貳、競業禁止契約

　　競業禁止契約（Post-Contractual Non-Compete Agreement, NCA），旨在限制各方在終止僱傭關係或完成研發後與企業／大學／原公司競爭。本契約適用於根據僱傭合約或其他方式為合作研發作出貢獻的研究人員或員工，而最長的時限以不超過兩年為主，並且可提供競業禁止期間對原受僱員工的補償金。所有類型的資訊，包含生物材料、研發中技術、研發成果等，皆可被NCA中的原僱傭方視為商業機密。而競業禁止的時間，須由雇主依不同職務、職級的員工作不同的規範與處理，而臺灣認為兩年以內是合理的期限；美國法院則傾向更短的時間限制，通常是六個月至一年內[12]。

---

[11] Sinan Erkan, *Protection and Commercialization of Trade Secrets in R&D Collaboration Agreements: Biotechnology Industry*, https://herdem.av.tr/protection-and-commercialization-of-trade-secrets-in-rd-collaboration-agreements-biotechnology-industry (last visited: 2023/1/13).

[12] 李依玲，2020年8月28日，淺談美國實務見解對non-compete條款之判定，http://

參、禁止招攬條款

禁止招攬條款（Non-Solicitation Clause, NSC），旨在規範離職後原受僱人或原合作夥伴不得招攬自身公司之員工、客戶或其他既存的商業利益，而目前與外國公司合作簽署的契約比國內公司合作簽署的其他合約來得常見[13]，但在國內的企業合作間較少簽署NSC來作為保障公司資源不被他人所利用之手段。

肆、外部風險和結論

企業公司、研究型大學的機密技術應透過各式的契約作為其核心價值，才可提升自身的競爭力，跨領域的多元技術合作對於營業秘密的保護是現今的一大挑戰，在產業升值的同時，研究型大學和企業公司應只向合作對象披露必要的資訊，並將合作研究的設施與常規研究小組分級管理。因此對營業秘密接觸的相關系統調查和記錄，以及網絡空間內的適當數據管理是管理營業秘密的重點，乃預防未來研發合作契約引起的任何法律上爭議。

對營業秘密持有者來說，考慮對專有資訊保密與尋求註冊IP保護是成本與機會之間的考量，以營業秘密作為唯一的保護手段並不能完全地含括所有商業機密上的漏洞。為在研發合作之後還能制定強有力的智慧產權保障，需對相關行業的商業、技術和監管環境有相當的認知。

第四項　使用營業秘密的考量

壹、逆向工程的風險

這項發明是否可以在不洩漏其秘密給競爭對手的情況下使用？對於容易逆向工程的產品，申請專利保護將更合適；而較易保密的生產

---

www.giant-group.com.tw/law-detail-955.html（最後瀏覽日：2023年1月13日）。

[13] 李依玲，2020年8月19日，淺談non-solicitation條款，http://www.giant-group.com.tw/law-detail-954.html（最後瀏覽日：2023年1月14日）。

研發技術，以營業秘密作爲保障較爲符合公司潛在利益的成長。

貳、適用專利的價值

專利的營利通常對於公司籌集資金或被收購至關重要，關鍵在於獲得專利權後，是否須向投資者或企業夥伴展示公司的無形資產價值或商業優勢？假設對公司的發明進行保密會減少其獲得資金或業務合作夥伴的潛力，則使用專利進行保護是更好的選擇。營業秘密的申請則爲相反，假設能以其他自然人無法輕易研發，或在專利有效性期限內的方式申請發明，那麼使用營業秘密作爲保護會更加適合。

參、企業是否有合理的保密措施

企業內部經營是否準備採取合理措施對發明保密？因維護營業秘密的成本在人力與物力上所費不貲，例如，擁有營業秘密的企業應教育員工什麼資訊是營業秘密，並限制對營業秘密的接觸，同時要求能接觸的員工簽署保密協議。假設需找回已洩漏公司機密的員工與營業秘密，其所花費的資源將遠大於預防機密的成本，則申請專利將較適合無法長期進行合理保密措施的企業。

肆、企業的法律資源

假設企業發現旗下產業遭洩密，是否可以輕鬆發現和證明其侵權行爲？公司是否有強力的法律資源，對任何侵權者捍衛其權利？現今醫藥產業中的訴訟既費時又費力，假設以營業秘密作爲企業機密資訊的保障，如未有熟知相關行業的法律資源來進行法庭上的抗辯，則損害賠償的訴訟案效果不彰，在以往的案例判決中難以使受侵害的企業利益全數追回[14]。假設一家公司無法識別侵權或在侵權時具備足夠的法律資源來捍衛其權益，則較適合使用專利進行商業機密資訊的保護。

---

[14] 臺灣臺南地方法院107年度智訴字第3號判決、臺灣臺中地方法院108年度智訴字第6號判決。

第二節　新式生物製藥研發與製程

第一項　醫藥研發週期

生物製藥的研發過程可以概括為以下幾個步驟：

一、**發現研究**（Discovery Research）：含括基礎研究的階段，旨在發現新的治療方式、疾病機制和生物學作用機制等。該階段可能涉及大量的基礎研究，包括基因組學、蛋白質組學、細胞生物學、動物模型等。

二、**預臨床試驗**（Pre-clinical Studies）：這是在進入臨床試驗前進行的一系列試驗，旨在評估新藥物的毒性、藥效、劑型等特性。該階段包括體外實驗和動物實驗等。

三、**臨床試驗**（Clinical Trials）：這是在人體中評估新藥物的安全性和有效性的關鍵階段。臨床試驗分為三個階段：第一階段試驗，在小規模人群中進行，主要評估新藥物的安全性和耐受性；第二階段試驗，在較大的人群中進行，主要評估新藥物的療效和最佳劑量；第三階段試驗，在大規模人群中進行，主要確認新藥物的療效和安全性，並將結果提交給美國FDA進行審批。

四、**審批和上市**（Approval and Launch）：當新藥物經過臨床試驗證實安全有效後，生產商可以向美國FDA提交申請進行審批。如果FDA批准，新藥物將獲得上市許可，並開始在市場上銷售。因生物製藥的研發過程須經過多個步驟，從發現研究、預臨床試驗到臨床試驗和審批上市等。此步驟雖須耗費大量的時間和資源，但能夠確保新藥物的安全性和有效性。

第二項　生物仿藥與微球

生物仿藥（Biosimilar）技術[15]係指製造仿製生物製劑的技術。仿

---

[15] U.S. FOOD & DRUG, *Biosimilars*, https://www.fda.gov/drugs/therapeutic-biologics-applications-bla/biosimilars (last visited: 2023/2/28).

制生物製劑是與已經在市場上使用的生物製劑相似但不完全相同的產品，其核心成分是由活體細胞或微生物生產的蛋白質。雖傳統的生物製劑在治療許多疾病方面已經取得療效認證，但往往非常昂貴，因此企業研發出一種更經濟實惠的方法，來取代傳統藥物的使用成本。

仿制生物製劑是透過分析原始生物製劑的化學和物理性質，以及其在人體中的藥效和安全性，來確定其成分和質量，須經過廣泛的實驗室論證和臨床試驗，以確保它們具有與原始製劑相同的質量、安全性和療效，來達到對同樣的疾病產生相似的療效。

生物仿藥技術雖爲一個相對較新的領域，但已經有部分成功的案例，例如歐洲Medicines Agency[16]批准的多種仿制生物製劑，如：英夫利西單株抗體（Infliximab）[17]用於治療多種自身免疫性疾病的嵌合式單株抗體；紅血球生成素（Epoetin）[18]或稱促紅血球生成素，是一種醣蛋白激素，可控制紅血球新生。生物仿藥技術的應用正在迅速擴大，未來可能成爲生物製劑生產商業化的目標。

微球（Microsphere）技術[19]是一種用於製備微米級粒子的技術，此微粒可以在多種應用中使用，例如藥物傳遞、分離、分析和診斷等。

這種技術基於聚合物化學或物理學的原理，透過在溶液中形成聚

---

[16] European Medicines Agency, *Biosimilar Medicines: Marketing Authorization*, https://www.ema.europa.eu/en/human-regulatory/marketing-authorisation/biosimilar-medicines-marketing-authorisation (last visited: 2023/2/27).

[17] 魏正宗，中華民國僵直性脊椎炎關懷協會，抗腫瘤壞死因子製劑〈Anti-TNF〉，https://www.ascare.org.tw/home/%E9%86%AB%E7%99%82%E8%B3%87%E8%A8%8A_sub/247-anti-tnf.html（最後瀏覽日：2023年2月27日）。

[18] 蔡宗憲，MPNicare，2021年12月3日，淺談紅血球生成素，https://www.mpnicare.org/post/%E6%B7%BA%E8%AB%87%E7%B4%85%E8%A1%80%E7%90%83%E7%94%9F%E6%88%90%E7%B4%A0（最後瀏覽日：2023年2月27日）。

[19] Kyekyoon Kevin Kim & Daniel W. Pack, *Microspheres for Drug Delivery*, https://www.ncbi.nlm.nih.gov/pmc/articles/PMC7122341 (last visited: 2023/5/30).

合物或凝膠小球，然後使用化學或物理方法將它們固定在載體上。製備微球的方法包括：溶劑揮發法、凝膠聚合法、聚合物化學和微流控制法等。在此特定方法中，可以透過控制反應條件和材料的選擇來調節微球的大小、形狀和結構。

微球技術在藥物傳遞中的應用非常廣泛，可以透過調節微球的大小和表面性質，來實現藥物釋放的控制和針對性。另外，微球還可以被用來分離和分析混合物中的分子，例如蛋白質、核酸等，以及用於診斷，如生物傳感器、免疫層析等。微球技術在各種科學和工業應用中具有潛在的應用價值，可以透過控制粒子的大小、形狀、表面性質等，來實現多種功能，從而推動各種領域的發展。

第三項　智慧醫療產業技術

智慧醫療近年在全球大力發展，例如美國推動精準醫療新態樣的技術，世界衛生組織（WHO）定義eHealth為「資通訊技術（ICT）在醫療和健康領域的應用，包括醫療照護、疾病管理、公共衛生監測、教育和研究」[20]，其中包含醫藥產業的智慧醫療技術，目的為將人工智慧專業技術用於基礎醫療端之方向。

智慧醫療技術基礎架構分為數據層、感知層、技術層、應用層，數據層[21]為將病患的基礎資訊進行數位化儲存，包含電子病歷、個人健康資料、醫療叮囑等；感知層為第一線蒐集病患個人生命體徵的技術，包含生理訊號、穿戴裝置、病患狀態等；技術層可分為軟體與硬體，軟體包含使用深度學習的運算或演算法，近一步提升對病患客製化之最優的醫療方法，包含使用大數據進行人工智慧模型的推算演練，提升影像辨別病灶的正確率。而硬體設施為具體的運算設備，使

---

[20] World Health Organization, *eHealth*, https://www.emro.who.int/health-topics/ehealth (last visited: 2023/3/1).

[21] 薛力豪、鍾佩昕、黃昱綸，智慧醫療專利技術分析，智慧財產權月刊，第258期，頁64-65，2020年6月。

用新一代的硬體來進行演算法的運算，例如Google推出的TPU晶片為專門使用於人工智慧演算法的運算，進一步加強醫學影像的判斷、藥物研發、遠端醫療等領域的研究速度。

即使整合人工智慧作為開發方向，藥物開發仍然是漫長、昂貴、困難且低效的過程，目前開發一種新藥的成本約為25億美元。涉及機器人、感測器和分析軟體的人工智慧在高通量篩選（HTS）[22]中特別有價值，因人工智慧可節省在高通量篩選實驗中分析、識別藥物分子量的次數，達到減少成本與時間的目的。據藥物研發公司Pharmaron的數據統計[23]，人工智慧於高通量篩選中使原先預估開發成本降低約原先的千分之一。

第三節　新技術的保障措施

第一項　申請新藥如何保持市場價值

因申請新藥的過程需花費數十年和數十億美元的投資，因此新藥的市場價值是很重要的。以下幾種方法可用於保持新藥的市場價值：

一、**擴大藥品適應症**：在經過初步的臨床試驗後，可以尋求擴大藥品適應症的批准，這可以擴大藥品的應用範圍，增加藥品的市場規模和價值，並推出新的劑型，例如口服、注射、貼片等，擴大藥品的應用場景，提高藥品的便利性和適用性。

二、**進行後續臨床試驗**：例如比較試驗、相關試驗等，可以進一步證實新藥的療效和安全性，增加醫生和患者對該藥品的信任度和使用率。

---

22 中央研究院基因體研究中心，超高速藥物篩選系統，https://uhts.genomics.si-nica.edu.tw/web_test/TW/technology.php（最後瀏覽日：2023年3月2日）。

23 黃則普，AI法律評論網，2020年3月25日，資料驅動醫藥研究新趨勢深度分析報告（上），https://www.aili.com.tw/message2_detail/66.htm（最後瀏覽日：2023年3月2日）。

三、**提高藥品品質**：例如生產工藝、檢驗方法等，可以增加藥品的穩定性和一致性，提高藥品的信任度和使用率。

因保持新藥的市場價值需不斷地投資和努力，從各個方面提高藥品的品質和價值，讓醫生和患者認識和信任新藥，從而促進其市場價值的提高。

第二項　專利布局

專利在新藥上市後的布局為不可或缺的手段，因專利可確保新藥在一定期間內獲得獨家市場權利，從而保護其市場地位和利益。我國因應COVID-19疫情後的產業發展需求，在2022年生物科技白皮書中提出以政府跨部門資源整合為中心，並透過導入人工智慧、物聯網（IoT）、5G等數位科技，以及數位預測／預防／診斷的產業發展[24]，用以支持醫藥產業持續的進步，以實現2030年台灣全齡健康願景。然而，生物技術相較其他領域具有高度不確定性，例如基因黏併性、蛋白質結構多變性等；此外，新興生物製藥多利用細胞工程，以生物體製造重組蛋白或單株抗體，其特點在於同一生物製劑間具有異質性，是故專利用於醫藥製藥端的保障則更加重要。

根據美國生物製藥開發公司IQVIA分析調查指出，預估2026年全球前三大治療用藥分別為癌症用藥、免疫抑制劑及降血糖用藥，其中癌症隨著創新療法的進步，預估將以9%至12%的複合年成長率增加[25]，市場於2026年預估達成3,060億美元的銷售額。依據國際藥廠公布的年報資料，可統計出2021年除COVID-19相關藥品與疫苗拿下全球銷售額的榜首外，AbbVie公司藥品阿達木單抗（Humira）因受到生物相似性藥品的競爭，使其銷售額不如預期而位居第二[26]。因此，

---

[24] 2022生技產業白皮書，摘要，2022年8月。

[25] IQVIA, *The Global Medicine Spending and Usage Trends: Outlook to 2026*, p. 10 (2021).

[26] U.S. Copy Office, Compendium, Section 313.2, at 11.

有關生物近似藥物的專利問題對於醫藥產業影響甚鉅，專利申請人若僅在說明書揭露特定核苷酸序列、抗體結構後請求該等較狹窄的申請專利範圍，則在該抗體發明經專利揭露後，市場上競爭廠商即可針對該發明申請專利範圍的技術特徵進行迴避設計，製造出與該技術特徵有實質差異，但治療效果相同的生技產品。

而美國專利連結制度中，當專利申請案被核准後，其後續的專利申請案可以與原有的專利申請案進行連結，形成同一專利家族。優點在於後續的專利申請案可以避免與原有專利申請案重複或矛盾，可在法律規定的有效期內向公眾披露更多的技術細節，進一步保護自己的專利權益。美國專利法中，專利連結制度可以透過提交「分割申請書」（Divisional Application）、「持續專利申請書」（Continuation Application）、「補充申請書」（Continuation-in-Part Application）等文件，向美國專利局提交後續的專利申請案。如果後續的專利申請案被核准，那麼它就可以被連結到原有的專利申請案中。而專利連結制度的申請和審核皆有嚴格的要求，申請人必須確保後續的專利申請案符合美國專利法的各項要求，例如專利申請書必須包含清晰的描述、具體的要求等，且專利局會對後續的專利申請案進行詳細的審核，以確保其符合美國專利法的要求。以下是關於新藥上市藉由專利的布局策略：

一、**提前申請專利**：在新藥上市之前，可以提前申請新型專利以保護藥物的獨特性和創新性，從而確保在市場上獲得獨家地位。在申請專利時，應該考慮到所有可能的應用和變體，以保障最大的專利範圍。

二、**申請多種專利**：不僅僅申請一個專利，而可以申請多種相關的專利，如藥物組成、藥物製劑、藥物配方等，如此可以擴大專利範圍，保護藥物的多個方面。例如：設計獨特的藥物製劑，如新的控制系統或特殊的結晶型態等，可以為藥物申請專利，從而保護其市場地位。

三、**保護副作用和治療用途**：如果新藥具有明顯的治療效果或特定的

副作用，可以考慮申請專利以保護其治療用途或副作用，從而確保藥物在市場上的獨特性和價值。例如：威而鋼，其特殊的副作用並非原先治療之主要目的，但其副作用所帶來的商業價值，遠比治療心血管疾病來得具有市場價值。

第三項　營業秘密布局

營業秘密係指企業內部具有商業價值且未公開的技術或商業資訊。而新藥上市後，營業秘密可用來保護特定商業資訊，例如藥物製造過程、生產設備、品質控制等，以確保新藥的市場地位和經濟價值。2017年由Baker McKenzie法律事務所進行的年度調查報告中指出，在404位公司高層主管的意見中，有半數的受訪者認為營業秘密比專利還重要[27]。而我國自2014年至2018年的統計數據報告指出，以刑事告訴或告發的案件只有約26%經檢察官起訴，且起訴後法院以無罪為判決結果占比約為26%；判決結果為有罪則為約20%[28]。由前述統計可知，營業秘密訴訟案件複雜度較高，在法理上如未有完整的證據可作為提告之基礎，則案件容易以敗訴作為審判結果。為保護新藥的營業秘密，製藥企業可以採取多種技術措施。以下將從技術措施的角度來介紹如何保護新藥的營業秘密。

壹、資訊加密

資訊加密是保護新藥營業秘密的一種有效技術手段。製藥企業可以透過加密技術對新藥相關的資訊進行加密處理，以防止資訊被未

---

[27] Baker McKenzie, *The Board Ultimatum: Protect and Preserve: The Rising Importance of Safeguarding Trade Secrets 2017*, p. 3, https://www.bakermckenzie.com/-/media/files/insight/publications/2017/trade-secrets (last visited: 2023/3/1).

[28] 法務部，違反營業秘密法案件統計分析，頁3，http://www.stat.org.tw/data/asoctopic/%E9%81%95%E5%8F%8D%E7%87%9F%E6%A5%AD%E7%A7%98%E5%AF%86%E6%B3%95%E6%A1%88%E4%BB%B6%E7%B5%B1%E8%A8%88%E5%88%86%E6%9E%90.pdf（最後瀏覽日：2023年3月2日）。

經授權的人員訪問和竊取。企業可以透過建立完善的資訊安全體系，確保新藥相關資訊在傳輸、存儲等過程中得到有效保護，從而防止未經授權的人員訪問和洩漏新藥營業秘密，如使用資訊安全管理系統（ISMS），確保新藥相關的技術資料和研發報告等資訊安全，防止未經授權的人員訪問和洩漏。

貳、物理防護

指透過建造實體設施來保護新藥營業秘密，例如建造安全的研發實驗室、儲存設施和生產廠房等，以保護新藥的製備方法、藥物成分等技術資料。同時，製藥企業得採取控制出入口、使用閉路監控等方式來提高物理防護的效果，如生物實驗室於管控生物檢體或生物實驗過程，應分別設置具有探訪權限之關卡，避免未經必要實驗人員接觸實驗檢體、實驗紀錄、檢體儲藏處等。而實驗人員於器材作業中的書面資料或其他具體資料進行密碼標籤，以防止未經授權的人員訪問、移動和拷貝。

參、保密協議或保密契約

對於實驗室內的員工、合作夥伴或客戶簽訂保密協議或保密契約，可以強制對方尊重和保護其營業秘密，並在違反協議或契約時向法院提起訴訟，要求賠償損失和停止侵害行為。一套完整的營業秘密管理制度，應該包括營業秘密的分類和保密等級、人員訓練、文件管理、存儲和銷毀等方面的細節，且需由專人負責管理和執行。

參考葛蘭素史克（GlaxoSmithKline）跨國製藥公司的做法[29]，首先，葛蘭素史克對營業秘密的分類和保密等級進行明確的規定。根據其公司內部規定，營業秘密分為三類：高度機密、內部機密和商業機

---

[29] Angus Liu, Fierce, *GlaxoSmithKline Trade Secret Theft Case Strikes Down Swiss Scientist, Its 5th Target, in Conviction*, https://www.fiercepharma.com/pharma/glaxosmithkline-trade-secret-theft-case-strikes-down-swiss-scientist-its-5th-target (last visited: 2023/4/2).

密。高度機密是指對公司核心技術、專利和商業策略等具有極高機密性的資訊，只有特定人員可以訪問；內部機密是指對公司內部運營和管理具有機密性的資訊，只有公司內部員工可以訪問；商業機密是指對公司商業關係和合作夥伴具有機密性的資訊，只有與該資訊有關的員工可以訪問。根據資訊的不同級別，葛蘭素史克對其進行不同程度的保密措施。

其次，葛蘭素史克對員工進行專業的訓練，使其了解營業秘密的重要性和保密措施。新進員工在入職時，必須參加公司的營業秘密保護培訓課程，並簽署保密協議。此外，公司還定期組織員工參加營業秘密保護培訓課程，以提高其保密意識和技能。且葛蘭素史克對營業秘密的文件管控嚴謹，其建立專門的文件管理系統，對營業秘密文件進行嚴格的管控。在文件存儲和傳輸過程中，必須經過授權的人員審核和確認才能進行。例如，該公司對其電子郵件系統和文件管理系統進行加密和密碼保護、使用數字水印技術來追蹤其機密文件的使用和分發情況。此外，亦建立一個自動化的系統，對其機密文件的使用情況進行監控和記錄。

而另一家美商默沙東（Merck Sharp & Dohme Corp., MSD）[30]，致力於研發、製造和推廣多種領先的生物製劑、藥品和疫苗。該公司為其員工提供營業秘密保護方面的培訓和指導，並要求員工簽署保密協議。此培訓主要包括以下內容：營業秘密的定義範圍、營業秘密的分類和保密等級、營業秘密的保護措施以及違反營業秘密的後果和法律責任。此外，默沙東亦定期向員工發送警示通知，提醒他們注意潛在的營業秘密威脅和風險，以及如何避免和應對此風險，以確保員工對營業秘密的保密能力。

---

[30] Juan R. Sánchez, C. J., Casetext, Jun. 28, 2021, *Merck Sharp & Dohme Corp. v. Pfizer Inc.*, https://casetext.com/case/merck-sharp-dohme-corp-v-pfizer-inc (last visited: 2023/4/3).

第四節　小結

　　隨著醫療技術的不斷發展和全球化的加速，逐漸突顯保護製藥技術的重要性。美國和臺灣作爲世界製藥業的主要國家之一，皆積極採取措施保障製藥技術的安全和保密。美國主要保護措施有專利法、營業秘密法。專利法爲保護發明人的專利權，以防止他人在專利期間製造、使用或銷售其專利技術；營業秘密法則可保護未被公開的商業資訊，包括製藥技術的保密性。同時，美國還通過「健康保險可負擔性法案」（Affordable Care Act）[31]，增強對製藥技術的保護，鼓勵創新並提高藥品的可負擔性。

　　在臺灣，保護製藥技術的主要法律是營業秘密法、專利法和藥事法。其中，營業秘密法和專利法與美國類似，但藥事法則是臺灣特有的法律，主要是規範藥品的生產、製造、進口、出口、銷售和監管等。該法律要求所有藥品皆必須通過專業評估機構的審核和批准，以確保藥品的安全性和有效性。對於美國和臺灣的製藥技術企業而言，保障措施的實施是至關重要的，因措施將直接影響企業的研發和創新能力。在確保智慧財產權得到適當的保護後，才能鼓勵企業進行更多的技術創新，並進一步提高產業水準和國際競爭力。此外，美國和臺灣製藥技術的合作將受益於部分保障措施。在確保智慧財產權的情況下，雙方可以更加放心地進行技術交流和合作，共同推動製藥技術的發展和進步。例如，美國和臺灣之間有多項合作協議，包含美國食品藥品監督管理局和臺灣衛生福利部的合作協議，旨在提高臺灣的食品

---

[31] 美國健康保險可負擔性法案是美國歷史上最重要的醫療改革之一，目的在於實現廣泛的醫療保險，將醫療保健變得更加負擔得起和普及。該法案的核心是要求美國公民或合法居民購買醫療保險，並將罰款或稅收歸爲政府收入，以補貼部分無法負擔醫療保健費用的人。此外，該法案還設立醫療保健市場，以便個人和小型企業購買醫療保險，同時還爲低收入人群提供補貼，https://www.hhs.gov/healthcare/about-the-aca/index.html（最後瀏覽日：2023年5月10日）。

藥品監管水準，包括在審核藥品上的技術和專業知識；美國國家癌症研究所（NCI）[32]和臺灣國家衛生研究院（NHRI）之間的合作，旨在推動癌症領域的研究和治療，促進雙方在藥品研發和生產等方面的合作，並有助於促進雙方製藥技術的進步和發展。

---

[32] National Cancer Institue, *Computed Tomography (CT) Scans and Cancer*, https://www.cancer.gov/about-cancer/diagnosis-staging/ct-scans-fact-sheet (last visited: 2023/5/11).

第三章　醫藥產業的保障

　　醫藥產業是國內重要的產業之一，其營業秘密及專利保障問題日益突顯。營業秘密包括商業資訊、技術及策略等，倘若遭侵害或洩漏，將對企業造成嚴重損失；專利則是企業技術創新成果的保護，同樣對醫藥產業的經營極為重要。

　　為保障醫藥公司的營業秘密，企業可透過設置保密管理制度及簽署保密協議等方式予以保護。保密管理制度應明確規範企業的保密範圍、保密人員及其保密責任等，並設置保密管理機構負責執行相關措施[1]。另外，簽署保密協議是保障企業營業秘密的重要手段，企業應與相關合作夥伴簽署保密協議，規定對方不得洩漏企業的商業資訊及技術；專利保護則是醫藥產業保障技術創新及商業競爭優勢的主要方式，企業透過專利申請及專利維護等手段，保障自身的技術成果。此外，政府亦提供專利保護的相關法律制度，如專利法、商標法等，以協助企業維護自身智慧財產權。

　　總體而言，營業秘密及專利保障是醫藥產業中不可或缺的一環。企業需具備完善的保密管理制度及簽署保密協議，同時積極申請及維護專利權益，以確保自身商業資訊及技術的安全與競爭優勢。政府亦需持續完善相關法律及監管措施，以確保企業的營業秘密及智慧財產權得到充分保障，推動醫藥產業的可持續發展。而藥品審批和管理應是醫藥產業法律保障的重要體現，藥品的研發、生產、銷售須通過嚴格的審批和管理程序，以確保藥品的安全性、有效性和合法性。強化法律保障醫藥產業，對推動醫藥技術的發展、保障患者的權益、促進產業競爭力的提高等方面都發揮舉足輕重的作用。醫藥產業需透過不

---

[1] 經濟部智慧財產局，2005年10月27日，營業秘密法整體法制之研究，https://topic.tipo.gov.tw/copyright-tw/dl-251614-e196349c539947b09ecff9386e9d92c2.html（最後瀏覽日：2023年2月28日）。

斷提升自身的技術水準和管理能力，來實現更好的發展和進步，並以法律保障，係指各國政府和法律體系爲保障醫藥產業的健康發展而制定的相關法律規範。

第一節　國際規範

營業秘密爲無形的有價資產，與其他資訊類或是無形資產相較之下，營業秘密有不可公開的個人或法人的財產法益、使企業間良性成長的社會法益，以及國家之間公平競爭的公共法益。其獨特的多面向法益使得營業秘密一旦被侵害，所造成的損失會依時間指數性成長。而以下將以國際公約、美國相關法案進行探討。

何謂營業秘密？以我國目前相關法條規範來看其用語，並未取得一致的解釋。除營業秘密法所稱之方法、製程、技術、配方以外，其餘涵蓋範圍極廣。新穎性、價值性與秘密性三個難以界定的要件，使得法庭上的攻防偏向不探究新穎性與價值性，而偏重於是否有合理之保護措施來進行判決要件，實屬秘密性與價值性判斷要件過於模糊，致使現行法院難以就新穎性與價值性作爲判案基準。鑑於國內營業秘密相關法規多數參考自美國法，故參酌美國相關立法例作爲判斷要件。

第一項　世界貿易組織「與貿易有關之智慧財產權協定」[2]

「與貿易有關之智慧財產權協定」（Agreement on Trade-Related Aspects of Intellectual Property Rights，下稱TRIPS）旨在促進智慧財產權保護和貿易自由化，要求各成員國在自己的國內法律中制定、保

---

[2] Word Trade Organization, *Intellectual Property: Protection and Enforcement*, https://www.wto.org/english/thewto_e/whatis_e/tif_e/agrm7_e.htm (last visited: 2023/5/11).

護和執行智慧財產權的相關法律措施。此法律措施包括專利、商標、著作權等方面的保護。對於我國而言，TRIPS為智慧財產權保護和對外貿易的重要參考。

根據TRIPS，各成員國應當在其國內法律中對智慧財產權作出適當的保護。其中，專利保護是TRIPS中的重要內容之一。專利是一種獨特的智慧財產權，透過專利保護，創新者可以保護其創新成果，並獲得相應的經濟利益。TRIPS要求各成員國在其國內法律中對專利作出適當的保護，並要求成員國在符合TRIPS要求的條件下，允許他國專利的合法使用。

第二項　美國營業秘密防衛法[3]

美國營業秘密防衛法（Defend Trade Secrets Act, DTSA）的制定，增加美國營業秘密保護的手段和力道，對企業的營業秘密提供更全面、更有效的保護，可以有效減少營業秘密的洩漏和侵害，提高企業的安全性和競爭力。其對營業秘密的定義為包括具有經濟價值的機密以及受保護的資訊，具體定義為「符合該資訊之所有人已採取合理措施，保護其機密性，以及該資訊非公眾所知，並且非透過適當手段，讓因該資訊之揭露或使用取得經濟價值之人得以輕易地知悉，因而衍生具有獨立經濟價值之所有形式與類型的財務、商業、科學、技術、經濟或工程的資訊……等」。

然而，營業秘密的不當取得或使用，並不包括透過「逆向工程、獨立衍生或其他合法手段」取得之資訊。因此，如果某競爭對手獨立開發出類似營業秘密之技術，不屬於營業秘密的不當使用。因此，企業應該多方考量，制定縝密的策略，以完善管理其企業營業秘密。

3　李維心，營業秘密之證據保全——借鏡美國2016年營業秘密防衛法，智慧財產權月刊，第245期，頁47，2019年5月。

第二節　專利法

　　據專利法第1條規定：「為鼓勵、保護、利用發明、新型及設計之創作，以促進產業發展，特制定本法。」可知專利法的根本目的，即為保護發明人對其發明物的排他權。其中專利又可分為發明、新型以及設計專利，分別保護著不同要件的發明權利，在醫藥領域，發明專利通常用於保護新藥分子化學結構、製備方法和醫療器械等方面的發明，而新型專利通常用於保護傳統之醫療器械或工具。

　　因應時代變遷與科技發展等因素，專利法相關法令歷經多次修正，自我國專利法公布以來，共經歷15次全文或部分修訂，而其中最新修正法案即為2022年增訂第60條之1[4]；關於學名藥取得藥證是否侵害既有的專利權，應依藥事法第48條之9第4款所判斷之專利權撤銷，否則將侵害新藥的專利權。此條文修正之目的，因專利法第60條規定：「發明專利權之效力，不及於以取得藥事法所定藥物查驗登記許可或國外藥物上市許可為目的，而從事之研究、試驗及其必要行為。」並未將學名藥視為專利侵權之行為。而專利法第58條所規定的專利侵權行為，係指販賣之邀約、販賣、使用或為上述目的而進口，皆不涉及藥品申請許可證的範圍[5]。故新增修訂專利法第60條之1來保障以往學名藥與新藥的專利訴訟中，新藥權益被侵害的模糊地帶，使專利權人可依此條獲得專利訴訟的請求權基礎，讓專利法在醫藥產業得到更進一步的保障目的。

　　以下以國際間對專利法發展的國際公約作為討論專利法的基礎，

4　蔡毓貞、李鈺婷，臺灣專利法增訂第60條之1以完善「專利連結」制度，https://www.leetsai.com/%E5%B0%88%E5%88%A9/addition-of-article-60-1-to-the-patent-law-of-taiwan-to-improve-the-patent-linkage-system?lang=zh-hant（最後瀏覽日：2023年3月26日）。

5　陳秉訓，2022年7月27日，專利連結制度之最後一哩路：專利法第60條之1，北美智權報，第313期，http://www.naipo.com/Portals/1/web_tw/Knowledge_Center/Laws/IPNC_220727_0202.htm（最後瀏覽日：2023年2月28日）。

繼而對醫藥產業相關的法規作進一步的整理。

第一項　巴黎公約[6]

巴黎公約是一個由成員國協定的國際條約，旨在保護專利的國際註冊和使用。該公約成立於1883年，迄今已經有超過100個締約國。

而其公約的主要目的為促進專利在國際間的保護和註冊，使得專利的註冊程序更加簡單和有效；根據巴黎公約，專利註冊人可以通過在其中一個締約國註冊專利，並獲得在其他締約國的專利權保障。

公約規定專利註冊的相關程序、法律權利範圍和保護期限等內容。根據公約規定，專利必須經過註冊程序始能獲得保護，並在註冊後得到一定期限的保護。

第二項　WIPO公約[7]

WIPO公約指的是「世界智慧財產權組織公約」（Convention Establishing the World Intellectual Property Organization，下稱WIPO公約）。這是世界智慧財產權組織（WIPO）的創建文件，旨在促進智慧財產權的國際保護和合作，而簽訂此公約之締約國需遵守WIPO的規定和程序，同時必須尊重其他締約國的智慧財產權。

WIPO公約包括數則重要的規定和原則，如：一、保障智慧財產權：本公約確保智慧財產權於國際間的保護，包括專利、商標、著作權、工業設計和地理標誌等，皆屬於WIPO的保護客體；二、智慧財產權的國際合作：WIPO為一個重要的國際機構，旨在協調和推進各國的智慧財產權保護和發展，並與締約會員國之間提供專利技術的權益保障；三、技術創新和轉移：本公約鼓勵技術創新和智慧財產權的轉移，為各國的無形財產保障及後續的經濟發展作出穩定的貢獻，同

6　World Intellectual Property Organization (WIPO) TRT/PARIS/001, https://www. wipo.int/wipolex/en/text/287556 (last visited: 2023/5/11).

7　WIPO Academy, https://www.wipo.int/academy/en (last visited: 2023/5/11).

時推動智慧財產權的制度以及既有專利權的保護，落實國際法律對知識最基礎的保障。

第三項　TRIPS

　　TRIPS係指「與貿易有關之智慧財產權協定」，是WTO旗下的一個國際協定，旨在全球範圍內保護智慧財產權並促進貿易自由化。根據TRIPS的要求，締約國必須制定或修改其國內法律以保護各種智慧財產權，包括專利、商標、著作權、工業設計和地理標誌等[8]。因此，我國為符合TRIPS的規定，制定相關的法律法規，其中之一即為專利法。

　　我國專利法的制定和修改皆與TRIPS有著密切的關聯。例如，TRIPS對專利的要求包括專利申請、專利審查、專利權的保護期限等方面，此要求皆反映在我國專利法的相應條文中，TRIPS亦同時規定部分專利限制和例外的條款，如公共利益、健康和環境等因素，於我國專利法中均有所體現。

第四項　美國專利法

　　美國專利法（United States Patent Law）是美國聯邦政府制定的專利制度法律，旨在鼓勵創新，保護發明人的權益，並促進技術進步。主要目標是為發明人提供專利保護，以便發明權利人可將其發明投入市場，以及保護他們的專有權益，避免他人在未經許可的情況下使用或出售其發明。

　　因美國為全球最大的醫藥市場，對於藥品專利保護的法制框架相當的完善。專利制度被視為促進技術創新的一種工具，而醫藥產業的發展與藥品專利制度密不可分，不僅包括藥物本身的化學結構，亦涵蓋藥物的製備方法、用途等。這種廣泛的保護範圍，使得醫藥公司能

---

[8]　林洲富，智慧財產權法——案例式，五南圖書出版股份有限公司，頁72，2021年12月。

夠在專利權期內獲得高額的利潤，並且有足夠的資金投入研發新的藥物。

此外，美國的藥品專利制度還設有專利調節機構，即為美國專利商標局（USPTO）。USPTO的主要任務是審核和授權專利申請，同時能夠監督專利的執行和保護。對於被控侵害專利權的公司，USPTO可進行相關調查和審核，以確定其是否有違法行為。除專利調節機構外，美國還設有專利法院，專門處理專利相關的爭議和訴訟案件。智慧財產法院亦具專利法律人員，能夠針對複雜的專利案件更為審理，確保專利權的有效保護。

美國的藥品專利制度被設計為鼓勵藥品創新。專利制度保護藥品公司的投資，使其有足夠的時間和資源進行研究和開發，從而創造新的醫療技術和治療方法，但部分藥品公司利用專利制度來延長其對市場的控制權，從而對消費者產生不良影響。例如，美國公司Turing Pharmaceuticals於2015年收購一種治療愛滋病和癌症的藥物Daraprim之專利，卻於收購後將藥物從每瓶13.50美元大幅提高到750美元[9]，而後其他藥廠開始推出類似Daraprim的藥物，然而Turing Pharmaceuticals卻聲稱其已經修改藥物配方，使得其他公司無法生產相同的藥物，進而保持其對市場的控制權，而且價格仍舊高昂。這種行為不僅剝奪消費者的選擇權，而且還導致藥品價格上漲。

美國政府已開始採取部分措施來改變現狀，如美國聯邦貿易委員會（FTC）即已開始就特定藥品公司濫用專利制度的行為進行調查。像是研發適用於治療多發性硬化症的藥物Copaxone，其專利原於2014年到期，但製藥公司Teva曾多次申請專利延長。在2015年，Teva改變Copaxone的劑量和給藥方式，並獲得新的專利，以此來防止其失去市場份額。由於此顯為繼續控制市場而將藥物重新包

9　Kayue，關鍵評論網，2015年9月22日，新藥廠購抗弓形蟲藥專利 加價55倍惹批評，https://www.thenewslens.com/article/25124（最後瀏覽日：2023年3月29日）。

裝，並沒有真正的創新，因此FTC對此進行調查並控告Teva濫用專利權，並在2015年與Teva達成和解。根據和解條款，Teva同意向競爭對手授權Copaxone的專利，從而提高市場競爭性，並且不會於未來的專利申請中採取類似的行動。美國國會於2022年關注藥品專利制度濫用的問題，而美國參議院亦提出藥品定價法案（Drug Pricing Legislation）[10]，旨在防止藥品公司濫用專利制度和違反反托拉斯法，以此保護消費者的權益和促進市場競爭。

我國專利法參酌較多關於美國專利法相關制度，但對專利的申請人以及專利持有人須遵守的條款與法律法規並非完全一致，應於了解相關醫藥業界對專利制度的適用度，來對應申請專利項目的保護範圍，才能達到保障自身權利的目的。

第三節　營業秘密法

依據我國營業秘密法第2條規定，所稱營業秘密，係指方法、技術、製程、配方、程式、設計或其他可用於生產、銷售或經營之資訊，而符合下列要件者：一、非一般涉及該類資訊之人所知者（秘密性）；二、因其秘密性而具有實際或潛在之經濟價值者（經濟價值）；三、所有人已採取合理之保密措施者（保密措施）。

自營業秘密法於1996年公布後，雖歷經兩次修法，其中第13條之1與第13條之2，分別針對以往保護不足的罰則增設對於域內及域外的刑事懲罰，而第13條之4將法人納入責任歸屬的範圍。自修正通過之後有助於現行資訊流動迅速的社會，而修正條文是以刑法作為修法的

---

[10] Christopher Newman, Biopharma Dive, Aug. 8, 2022, *Senate Passage of Drug Pricing Bill Brings Major Defeat Closer for Pharma Industry: The Legislation Would Allow Medicare to Negotiate Prices on Dozens of Drugs by 2029 – Authority That Pharma Has Long Resisted*, https://www.biopharmadive.com/news/senate-passage-of-drug-pricing-bill-brings-major-defeat-closer-for-pharma-i/629096 (last visited: 2023/3/31).

方向，究竟事後追責的刑罰是否能對時效性相當重要之營業秘密作到防微杜漸的保護？如要針對營業秘密於資訊上的保障，可以分成幾個面向作為討論重點，以下分述之。

第一項　契約法理論

　　如以契約法理論作為營業秘密之法理基礎，係指營業秘密應予保護之原因，來源為營業秘密所有人與使用人，有因契約所生的保密義務。例如：僱傭契約、委任契約、授權契約、加工契約、代工契約，或共同研發契約中的保密約款或競業禁止約款等，雙方存在具體或事實上之契約關係，藉由保護營業秘密的約定，避免營業秘密遭受外洩[11]。以營業秘密為例，最符合契約理論者為「不公開或保密契約」以及「競業禁止條款」[12]。

　　契約法雖能解釋具有契約條件下的營業秘密之保障，但對非契約內的違法行為則難以追究其責任歸屬，即營業秘密的持有者無法追究行為人的責任，僅能轉成契約後債務不履行，以及其他民事責任尋求合法的救濟，不但對營業秘密持有者不利，最終亦將難以追回已損失的商業潛在利益。

第二項　侵權行為法理論

　　以侵權行為法理論作為營業秘密之法理，以釐清不法侵害的因果責任，來探究侵權行為是否成立，使被害人獲得實質的補償。侵權行為法理論乃私法上個人利益本位之表現，即為不需強調當事人間的契約關係或契約義務，亦不禁止他人合法取得營業秘密，甚至可以保

---

[11] Mark A. Lemley, "The Surprising Virtues of Treating Trade Secrets as IP Rights," *Stan. L. Rov.*, Vol. 61, p. 311 (Jun. 1, 2008), https://papers.ssrn.com/sol3/papers.cfm?abstract_id=1155167 (last visited: 2022/11/19).

[12] 顏惠妙，我國營業秘密法最新修法探討，嶺東科技大學財經法律研究所碩士論文，頁10，2014年4月。

護不屬於營業秘密之資訊，換言之，以侵權行為法理論解釋營業秘密法，其適用範圍相當廣泛。

雖然侵權行為法理論相較於契約法理論發展較晚，但美國的侵權行為法，自1939年創設以來，其中第759條對營業秘密法即有相關規定[13]；以不正當方法取得他人營業資訊者，取得該資訊者應負起責任，其適用範圍較契約法理論更廣，不論故意或過失皆可彌補受害者，旨在讓不法侵害的損害賠償得以伸張。

第三項　不公平競爭理論

不公平競爭理論是以社會利益之角度，認為營業秘密即為競爭優勢，與社會大眾不特定人之可得利益有關，因此不應該被他人以不當方法取得、使用或洩漏機密資訊。不公平競爭理論在契約法理論之上，更加強受僱人之忠實義務[14]，有助於企業上保障營業秘密不受侵害。

惟不公平競爭理論並非保障營業秘密本身，而是構築在不應有不公平競爭之行為，以維護社會上之產業競爭的公平性，而從這方面可以得出營業秘密具有財產權的獨特性質，另一方面，亦防止不該受營業秘密保護的資訊受到過度的保護，反而會阻礙資訊之使用與社會經濟之發展[15]。

第四項　財產權理論

財產權理論起源自19世紀，乃美國營業秘密的主流理論[16]，美

---

[13] 經濟部智慧財產局，營業秘密法整體法制之研究，頁18，2005年10月。

[14] 徐瑞婕，營業秘密境外侵害與屬地法效：以美國營業秘密相關法制為借鏡，國立政治大學法律科際整合研究所碩士學位論文，頁88，2022年10月。

[15] 張靜，營業秘密法及相關智權問題，經濟部智慧財產局，頁10，2009年1月。

[16] 曾勝珍、嚴惠妙，我國營業秘密法法制探討（上），全國律師，第19卷第7期，頁76，2015年7月。

國最高法院於Ruckelshaus v. Monsanto Co. 467 U.S. 986 (1984)一案中表示，營業秘密可被視為「財產」（property）而受到美國憲法保護[17]，蓋因其有許多財產權本質，不同於動產或不動產之「有形財產」，營業秘密的財產權是「無形財產」。

　　基於鼓勵發明與創造之目的，營業秘密法將權利賦予營業秘密所有人，透過法律賦予所有權人專屬的排他權利，鼓勵新資訊之研究與發展，但營業秘密之排他權並非絕對，因營業秘密所有人不得對以逆向工程研發出相似或相同營業秘密之人主張其權利，美國實例認為，以逆向工程取得營業秘密乃合法且適當之手段，例如最高法院於Kewanee Oil Co. v. Bicron Corp. 416 U.S. 470 (1974)一案中表示，以公正且誠實的手段（fair and honest means）取得營業秘密，不受營業秘密法規範[18]，如生物技術等逆向工程。

第五項　美國營業秘密法

　　美國關於營業秘密保護是商業競爭中，著墨較重的法律領域，對於醫藥產業來說更是如此。美國營業秘密保護的主要法律依據是統一營業秘密法（Uniform Trade Secrets Act，下稱UTSA）和經濟間諜法（Economic Espionage Act，下稱EEA）。UTSA將營業秘密定義為「具有經濟價值的、未公開的商業資訊，由於措施的合理保密而具有商業實用性」。透過此法律，持有營業秘密的企業可以要求法院發布禁制令，禁止競爭對手透露或使用營業秘密。

　　EEA則是在UTSA之上，為營業秘密侵權行為加入刑事處罰。該法律明確記述營業秘密的定義和保護範圍，並規定盜用營業秘密的行為構成罪行。在醫藥產業中，持有營業秘密的企業可以透過此法律保護自己的技術和研發成果。因此，美國專利法為醫藥產業的營業秘

---

[17] Ruckelshaus v. Monsanto Co., 467 U.S. 986 (1984).

[18] Samuel J. LaRoque, "Reverse Engineering and Trade Secrets in the Post-Alice World," *Kan. L. R.*, Vol. 66, No. 2, p. 437 (2017).

密保護提供法律保障、為研發出的新技術和新產品提供保護，讓持有專利權的企業在一定期限內獨享其利益，同時可防止營業秘密被洩漏。美國營業秘密法主要透過兩種方式來保障企業的營業秘密，第一種方式是透過在企業內部建立保密制度，並且強制要求員工、供應商和其他關係人員對企業的營業秘密保密。特定保密制度通常包括保密協議、保密培訓和保密警示等內容，此措施有助於防止企業營業秘密外洩；第二種方式為透過法律手段來保障企業的營業秘密。美國營業秘密法規定，只有當企業採取合理的保密措施，並將其營業秘密視為保密時，才能夠透過法律手段來保護營業秘密。這種保護方式通常包括對洩漏營業秘密的人提起訴訟，以及要求特定人對損失進行民事賠償。

製藥產業通常採取多種方式來保護其營業秘密。例如，企業可以在其內部建立保密制度，包括保密協議、保密培訓和保密警示等措施，並將其納入員工和供應商的契約中，或採用技術措施，如加密和密碼保護等方式來保護其營業秘密。透過UTSA和EEA的保護，企業可以輕鬆地保護其營業秘密，同時在專利法的保障下保護其技術和產品。因此，法律制度的保障，可確保醫藥產業的長期發展和競爭優勢。

第四節　我國其他相關規範

第一項　國家安全法

國家安全法的實施旨在維護國家安全和社會穩定，防範和打擊國家安全違法犯罪活動。其中，涉及到營業秘密的保護。

根據國家安全法的相關規定，對於從事重點領域和關鍵基礎設施的企業，要求其加強對營業秘密的保護。在重點領域和關鍵基礎設施方面，包括國防、外交、情報、國民經濟、文化、科技、社會治理等多個領域，對於此企業，需加強對營業秘密的管理和保護，防止營業

秘密洩漏對國家安全和經濟利益造成損失。

　　此外，國家安全法還要求企業在涉及國家安全的商業活動中，對其營業秘密進行保護。這包括在技術研發、國際合作、企業收購等活動中，對營業秘密進行保護和管理，防止營業秘密洩漏對國家安全造成損害。而以下則為2022年修正後與營業秘密相關的法條：

一、依國家安全法第2條規定，任何人不得為外國、大陸地區、香港、澳門、境外敵對勢力或其所設立或實質控制之各類組織、機構、團體或其派遣之人為下列行為：（一）發起、資助、主持、操縱、指揮或發展組織；（二）洩漏、交付或傳遞關於公務上應秘密之文書、圖畫、影像、消息、物品或電磁紀錄；（三）刺探或蒐集關於公務上應秘密之文書、圖畫、影像、消息、物品或電磁紀錄[19]。

二、依國家安全法第3條，任何人不得為外國、大陸地區、香港、澳門、境外敵對勢力或其所設立或實質控制之各類組織、機構、團體或其派遣之人，為下列行為：（一）以竊取、侵占、詐術、脅迫、擅自重製或其他不正方法而取得國家核心關鍵技術之營業秘密，或取得後進而使用、洩漏；（二）知悉或持有國家核心關鍵技術之營業秘密，未經授權或逾越授權範圍而重製、使用或洩漏該營業秘密；（三）持有國家核心關鍵技術之營業秘密，經營業秘密所有人告知應刪除、銷毀後，不為刪除、銷毀或隱匿該營業秘密；（四）明知他人知悉或持有之國家核心關鍵技術之營業秘密有前三款所定情形，而取得、使用或洩漏。任何人不得意圖在外國、大陸地區、香港或澳門使用國家核心關鍵技術之營業秘密，而為前項各款行為之[20]。

三、依國家安全法第9條，營業秘密法第14條之1至第14條之3有關偵查保密令之規定，於檢察官偵辦第8條之案件時適用之。犯第8條

---

[19]　參照國家安全法2022年5月20日修正條文第2條修正理由。

[20]　參照國家安全法2022年5月20日修正條文第3條修正理由。

之罪之案件，爲智慧財產案件審理法第1條前段所定之智慧財產案件[21]。

四、依國家安全法第10條，違反第9條第1項偵查保密令者，處五年以下有期徒刑、拘役或科或併科新臺幣100萬元以下罰金。於外國、大陸地區、香港或澳門違反偵查保密令者，不問犯罪地之法律有無處罰規定，亦適用前項規定[22]。

　　以上法規透露出我國對營業秘密保護的必要性正在不斷地提高，從第3條強化對於「國家核心關鍵技術之營業秘密」之保護目的，可看出對營業秘密除既有的營業秘密法第13條之1及第13條之2所稱的一般侵害營業秘密以及域外條款外，多出「外國等侵害國家核心關鍵技術營業秘密罪」以及「國家核心關鍵技術的營業秘密域外使用罪」，可使以往較爲薄弱之法律漏洞消弭。對於如何定義國家核心關鍵技術，係由國家科學及技術委員會進行審查，但目前以何種標準進行審查仍在草案階段，故本文在後行章節會進行解析與進一步建議。

第二項　藥事法

　　美國於2022年12月23日通過FDA2.0，其中除改善關於藥物批准的審查程序，達成大幅減少動物實驗的需求外，亦對生物相似性藥物開放相同的審查條件。相較於以往FDA對於藥物須進行大量動物實驗的需求，以包含體外（in vitro）試驗[23]、微生理系統（Microphysiological System, MPS）[24]／器官晶片（Organ-on-Chip）[25]與電腦建模

21 參照國家安全法2022年5月20日修正條文第9條修正理由。

22 參照國家安全法2022年5月20日修正條文第10條修正理由。

23 Medical News Today, *What is the Difference between in Vivo and in Vitro?* https://www.medicalnewstoday.com/articles/in-vivo-vs-in-vitro (last visited: 2023/3/19).

24 Matthew Ishahak, Modular Microphysiological System for Modeling of Biologic Barrier Function, *Frontiers*, p. 1 (2020).

25 Qirui Wu, Jinfeng Liu, Xiaohong Wang, Lingyan Feng, Jinbo Wu, Xiaoli Zhu,

（in silico modeling）等方法進行臨床前試驗。

　　因早年毒理實驗大量需求動物研究作爲研究人體試藥前無害的證據，故儘管動物實驗非常繁瑣，卻是研究新藥不可避免的一環。而近幾年因科技的進步，以及COVID-19的藥物與疫苗測試期間[26]，大量使用關於器官晶片和微生物系統於免疫實驗上，模擬眞實人體內會發生的免疫反應，並可進一步統計體外毒性數據以及設計體外實驗。正因爲使用特定新態樣的替代實驗方案，能得到跟以往動物實驗相似的實驗證據，故藥廠得以在減少動物實驗的成本下，以類人體內器官或功能的實驗方式取得藥證。未來更展望跨領域至基因型不同的人體實驗中測試遺傳相關疾病的藥效，但以目前的技術以及成本考量[27]，只限於替代部分動物實驗的量化數據。

　　依我國藥事法第40條之1第1項規定，中央衛生主管機關爲維護公益之目的，於必要時，得公開所持有及保管藥商申請製造或輸入藥物所檢附之藥物成分、仿單等相關資料。但對於藥商申請新藥查驗登記屬於營業秘密之資料，應保密之。

　　依我國專利法第60條之1第1項規定，藥品許可證申請人就新藥藥品許可證所有人已核准新藥所登載之專利權，依藥事法第48條之9第4款規定爲聲明者，專利權人於接獲通知後，得依第96條第1項規定，請求除去或防止侵害。我國藥事法將藥品的發明專利設爲20年，並由申請日起計算。專利持有人可以在這段時間內對專利所保護的藥品進

Weijia Wen, & Xiuqing Gong, Organ-on-a-Chip: Recent Breakthroughs and Future Prospects, *BioMedical Engineering OnLine*, p. 5 (2020).

[26] Robert Aspbury, MedCity News, *By Eliminating Requirement for Animal Testing, FDA Modernization Act Allows Faster, More Cost-effective Drug Development*, https://medcitynews.com/2022/12/by-eliminating-requirement-for-animal-testing-fda-modernization-act-allows-faster-more-cost-effective-drug-development (last visited: 2023/3/19).

[27] Jason J. Han, FDA Modernization Act 2.0 Allows for Alternatives to Animal Testing, *Wiley* (2023/2).

行獨家製造、使用和銷售。其中關於藥品權利的保障，是據美國FDA的最新準則作爲參考依據，最新修訂之藥品許可證，爲完善我國加入跨太平洋夥伴全面進步協定（Comprehensive and Progressive Agreement for Trans-Pacific Partnership, CPTPP）[28]之條件，其中智慧財產權相關的專利連結制度，給予新藥專利權人可於學名藥審查程序中提起訴訟，若原專利權人未起訴，學名藥藥證申請人亦可提起申訴，以釐清學名藥與新藥有無侵權爭議。

藥事法對醫藥產業的保護作用不容小覷，透過對藥品的許可、註冊、標示、廣告和銷售等環節進行嚴格監管，確保藥品的品質、安全性和有效性符合國際標準，保障公眾健康。同時，該法透過對新藥的專利保護和獨占市場等措施，促進醫藥創新。藥事法還對仿製藥的生產和上市進行規範，確保仿製藥的品質和效力與原研藥相當，爲公眾提供更多的藥物選擇。此外，該法還維護產業的公平競爭環境，防止不正當競爭和商業詐騙等行爲的發生，提高企業的整體素質。

第三項　醫療器材管理法

因藥事法無法以藥品作爲醫療器材的管理分類，我國於2020年頒布實施醫療器材管理法，該法從許可證制度、標準管理、醫療器材的分類、廣告宣傳等多個方面進行規範，爲醫療器材的安全使用提供有力保障。由於醫療器材種類繁多、技術含量高，因此須不斷完善相關法律法規，以保障人民健康和安全。醫療器材管理法乃對於醫療器材的進口、製造、販售、使用等方面的管理，以確保醫療器材的品質和安全。進口者、製造者、販售者和使用者皆必須取得相應的許可證或註冊，且須遵守法律法規所規定的標準和要求。

此外，醫療器材管理法還規定對於醫療器材的廣告宣傳和產品說

---

[28] Comprehensive and Progressive Agreement for Trans-Pacific Partnership, Feb. 2, 2019, https://www.dfat.gov.au/trade/agreements/in-force/cptpp/outcomes-documents/Pages/cptpp-intellectual-property (last visited: 2023/3/20).

明資料，以防止誤導和虛假宣傳。廣告宣傳必須符合相關法律法規的要求，並且不得涉及假象、誇大宣傳等行為；產品說明資料必須真實、全面、客觀，不得隱瞞或歪曲事實。

第四項　我國專利法

藥品專利制度，為專利法著重保護醫藥產業的法規，其法源基礎主要在於專利法。根據該法，對於符合專利法相關規定的藥品發明，可以申請專利權，以獲得對該藥品的排他性權利。在專利期間內，他人不得在未經專利權人同意下製造、使用、販售、進口或提供該藥品相關產品。為鼓勵創新研發，我國的專利制度提供相關的專利保護措施。例如，針對藥品發明，我國的專利制度採用「補充保護證書」的方式，讓專利期間可以在特定情況下延長至最長14年，以保護藥品發明的獨特性。

在實務上，我國的藥品專利制度仍然面臨部分問題與爭議。其中一個問題是專利權的濫用，特定藥品專利權人可能利用專利權來阻礙其他競爭對手進入市場，從而對市場造成不公平競爭。為解決這個問題，臺灣的專利法中有反壟斷的相關規定，以防止專利權被濫用。

專利保護對於醫藥產業的重要性還體現於新興治療方法和療法上。例如，基因治療和細胞治療是近年來備受關注的新興治療方法，此方法的發展和應用對於醫學領域的進步具有重要意義。由於技術較為尖端，相關的研究開發成本十分高昂，而專利保護可為此新興治療方法和療法帶來商業上的保障，使投資人更有信心投入相應的資金和資源。在專利保護下，開發新興治療方法和療法的企業可以享有一定的獨占市場地位，從而提高其研發投入的回報率，進一步激發其研發創新的熱情。

然而，在專利保護的背後仍存在發展問題與挑戰。專利保護雖然可以為企業帶來商業上的保障，但卻可能成為阻礙市場競爭和科技創新的因素。例如，如果專利權的擁有者濫用其權利，將專利權作為壟斷市場的工具，那麼將會影響其他企業的進入，進而阻礙市場競爭和

產業創新。

　　我國於2023年3月通過專利法部分條文修正草案[29]，其中簡化專利申請人專利布局，以保護創作權益，鬆綁發明專利及設計專利於不予審定書送達後二個月內；新型專利申請人於不予審定書送達後一個月內，可進一步申請分割。而為避免救濟制度過於複雜及裁判歧異，對專利權有爭執者，應由舉發人或專利權人為原告及被告，提起「專利爭議訴訟」，由現行行政訴訟改採準用民事訴訟程序；對於核駁複審案、更正案等複審案審議決定有不服，則提起「專利複審訴訟」。雖草案中保護藥品專利權的排他性質，其他競爭對手可能會違反專利權人的專利權，但對於生物仿藥的保障範圍並不在此限。因此，專利保護還需與其他法律制度相互配合，才能形成完整的法律體系，進而保障醫藥產業中新技術的持續發展。例如，在保護藥品專利的同時，須保護生物仿藥的營業秘密等智慧財產權，從而維護市場競爭的公平性和企業之間的商業關係。

第五項　我國營業秘密法

　　根據我國營業秘密法歸納統整，可以分為下列四種保障條件：

壹、非一般人所知之資訊

　　非一般人可接觸的資訊，不僅是一般公眾所不知者，更是相關專業領域人員所不熟知之資訊，此舉是為保障營業秘密持有人在新研發技術之後，著重於資訊保持機密，使相關領域人員保持技術上的優勢，此更具有限縮營業秘密範圍的涵義，即不保障已在社會中廣泛流通之資訊。

---

[29] 行政院，總說明及修正條文對照表，https://www.ey.gov.tw/Page/AE106A22 FAE592FD/359dca54-661b-4363-b4b1-99d708c34f55（最後瀏覽日：2023年5月12日）。

貳、秘密性與價值性

依營業秘密法第2條之規定所示：「本法所稱營業秘密，係指方法、技術、製程、配方、程式、設計或其他可用於生產、銷售或經營之資訊，而符合左列要件者：……二、因其秘密性而具有實際或潛在之經濟價者。……」參照法條文義，在判斷是否成立營業秘密時，須以機密資訊具有秘密性為前提，再者判斷是否具有價值或潛在經濟價值，若兩者皆符合，則判斷具有營業秘密之秘密性與價值性，反之則不為營業秘密中的保護客體範圍。

參、合理保護措施

所謂合理保護措施，應視營業秘密保障的種類、實際侵害的範圍而定，目前並無統一標準。而合理的保密措施，必須要有營業秘密所有人主觀保護意願，以及客觀上對資料保密的積極作為，並且要將資訊以不易被任何接觸的方式，予以分級、分層控管。綜上所述，普遍性的資訊以及不具備秘密性的資訊，皆無法以法律保護的方式，保護其營業秘密的權益。在前項限縮的條件內，具有相當措施以保護其資料，才可稱作營業秘密所保護的客體。

肆、無形財產的特性

法律上將財產分為有形財產與無形財產，有形財產為動產及不動產；再者是無形的財產，包含專利權、商標權、著作權，以及營業秘密。然營業秘密與其他無形財產中的專利權相比，並無明確地標示出權利的範圍與時效性，故難以明定有獨占或排他的權利。在通說上，營業秘密被認為是財產利益而非權利，無須申請註冊及登記，但不能以此認定他人不得研發或使用類似的資訊。與專利權上的保障不同，營業秘密因不能公開始得法律保護，且永久受到法律保護，導致法律上對營業秘密的保護，需證明具有侵權之犯意或事實，才可進行定罪的裁判考量。

第五節　小結

　　我國醫藥產業受到相關法律規範的制定與實施，其中最重要的法律為藥事法，該法律是臺灣醫藥產業最基本的法律依據，主要負責藥品的許可、輸入、製造、販售等相關規範。此外，還有醫療器材管理法、健康食品管理法、化粧品衛生安全管理法等相關法律，對醫藥產業的發展起到重要的作用。未來的法律展望需關注醫藥科技的發展。例如，近年來基因療法、幹細胞療法、人工智慧等新興技術的出現，將對醫藥產業的發展帶來新的機遇和挑戰，因此，新興技術的發展與法律保障息息相關。而在醫藥產業中，智慧財產權為首要保護的對象，因為藥品的研發需大量的資金投入，而智慧財產權的保護可以保障企業的研發成果得到充分的回報，進而促進醫藥產業的發展。因此，未來的法律展望需關注智慧財產權的保護，加強對侵權行為的打擊，保障企業的智慧財產權得到充分的保護。

　　醫藥產業的發展需注重國際合作。隨著全球化的進程，醫藥產業已經成為全球性的產業，因此，國際間的合作以及智慧財產相關法規的銜接，應為我國後續發展的首要目標，以共同推進醫藥產業的發展，促進全球醫藥產業的可持續發展。

第四章　案例評析

第一節　Oakwood Laboratories LLC上訴案（2020）[1]

第一項　案件事實

原案例爲Oakwood Laboratories LLC（下稱奧克伍德）對Aurobindo Pharma Ltd.（下稱奧羅賓多），於美國紐澤西州地方法院的上訴案件[2]。其案件源於2017年始，奧克伍德起訴奧羅賓多前產品開發副總裁Bagavathikanun Thanoo博士以及Thanoo博士的現任雇主奧羅賓多Pharma副總裁，主張其實驗室之營業秘密被盜用，違反其簽署的NDA契約，而侵權內容含括生物仿藥以及涉及微球的小分子注射藥物。

被告Thanoo博士於1997年加入奧克伍德，除直接設計出微球工藝技術外，並廣泛地將此技術用於研發後續肽化合物等相關產品上，而奧克伍德則以此作爲藥物研發的設計基礎，並於此微球項目中投資超過1.3億美元，於2013年開發出三種以此技術的產品並準備上市。其中研發的Leuprolide Products，由於開發和製造此類醫藥產品的難度很高，當時美國並無類似的藥物通過FDA的審查。而2014年Thanoo博士卻於奧羅賓多副總裁的招攬下，跳槽至奧羅賓多進行開發微球技術的注射產品，並在2015年宣布正在研究四種新式的微球醫藥產品。因此，奧克伍德宣稱如果沒有Thanoo博士的協助和使用奧克伍德微球技術相關的營業秘密，是無法在如此短期的時間內於奧羅賓多製造出相關醫藥產品。

---

[1]　Oakwood Labs. LLC v. Thanoo, 999 F.3d 892 (2021).

[2]　Steven Gordon, JDSUPRA, May. 20, 2022, *Third Circuit Illuminates Several Issues in Trade Secret Litigation*, https://www.jdsupra.com/legalnews/third-circuit-illuminates-several-1035716 (last visitsd: 2023/3/29).

壹、第一次起訴

奧克伍德單純指控奧羅賓多使用其營業秘密資訊，包含Leupro-lide Products相關的近似產品，並指控若無Thanoo博士協助和使用其熟知的微球技術，該競爭產品無法在二年內開發完成。

法院則以奧克伍德並未提出具體識別或列舉出Thanoo博士在奧羅賓多工作期間所使用到與奧克伍德所簽署NDA須保密的技術，因奧克伍德提到使用的技術並未有證據使用在奧羅賓多的任何產品中，因此法院認為奧克伍德主張侵害的範圍，並無顯要證據，因此不構成侵害其營業秘密的罪名。

貳、第二次起訴

奧克伍德於第二次修訂起訴中，進一步詳細描述其營業秘密的價值，並附上八件高度機密的試驗品，以支援其對微球營業秘密的描述依據，而每件試驗品皆為早於2014年前開發出的微球產品。但法院依然以奧克伍德的起訴書內，並未表明被告Thanoo博士或奧羅賓多是否以及如何使用營業秘密的證據，其駁回原因與第一次起訴駁回原因相同，並以奧克伍德並未提出因其營業秘密被盜用導致損失的財產利益，以「無法辨別任何違約或侵權」作為第二次駁回的依據。

參、第三次起訴

奧克伍德於最後一次告訴狀中提到，成熟的微球技術不應為在一年至四年內可複製的技術，而奧羅賓多在無使用奧克伍德營業秘密之情形下，以六個月600萬美元的金額，開發出四種微球產品；相較於奧克伍德花費近20年和1.3億美元的對比來看，顯為不可信之事。而法院卻以起訴狀中，原告無法充分解釋被告是否在知悉其機密性的情況下，獲取和盜用任何營業秘密為由，再次將奧克伍德的起訴狀駁回。因此，奧克伍德決定上訴至美國聯邦法院。

第二項　法院見解

　　雖奧克伍德被地方法院駁回起訴三次，但駁回內容僅限於營業秘密的盜用，關於涉及合約違約或侵權之起訴並未駁回。因此，巡迴法院判斷奧克伍德關於違約和侵權違約的主張，只能於其盜用索賠持續存在的情況下才能繼續生效。

　　而根據第二次起訴書之結論，奧克伍德已充分證明其營業秘密存在之事實，但未釐清本案具體涉及之營業秘密範圍，為被告奧羅賓多所異議的爭點，乃強調奧克伍德辨別其現有營業秘密，與奧克伍德辨別被盜用之營業秘密之間存在差異。法院將兩者先進行範圍的劃分，以利於後續爭點的整理。

壹、辨別營業秘密範圍

　　根據Pellerin v. Honeywell Intern.案[3]中對於營業秘密辨別的討論，係指闡明實體法，而不僅僅是法律程序或過程，因涉及何種條件構成營業秘密索賠要素之一的合理抗辯。雖於營業秘密盜用案中，保護原告的利益與被告所被起訴之競爭行為有所衝突，但於第三次起訴書中提到包含奧克伍德聲稱其營業秘密，為開發用於藥物輸送的微球系統（包括基於肽的藥物）相關的設計、研發、測試方法和結果、製造工藝、品質保證、行銷策略等等細項，而上述證據顯足以辨別為具爭議的營業秘密。

貳、原告起訴之基礎

　　再者，奧克伍德於一項非常精確的舉例中指出，亮丙瑞林（即微球項目）備忘錄為根據保密協定向奧羅賓多披露的文件，並宣稱該文件的內容包含奧克伍德之商業秘密，詳細說明奧克伍德指控被告採取和使用微球計畫的相關秘密；且被告知其為有爭議的營業秘密資訊。因此，巡迴法院判斷地方法院要求在訴狀中進一步精確說明的理由則

---

[3]　Pellerin v. Honeywell Intern., Inc., 877 F. Supp. 2d 983, 988 (2012).

爲不合理之要求，因發現證據才能準確揭露被告的意圖，忽略持有營業秘密的原告通常面臨的挑戰[4]。

參、use與replication之差異

　　雖地方法院表示，奧克伍德需證明微球專案是被競爭對手所複製，即爲指控奧羅賓多持續研究的微球技術是利用奧克伍德的營業秘密所開發。但巡迴法院明確指出「use」與「replication」於地方法院駁回之原因中判斷錯誤，即將營業秘密的「使用」與產品開發的「複製」混淆[5]，因美國營業秘密防衛法沒有定義「使用」。當在營業秘密被盜用的背景下解釋時，術語「使用」被廣義認爲是「任何可能對營業秘密所有人造成損害或被告收穫不當利益的營業秘密利用」。因此，巡迴法院判斷不論在製造或生產中使用傳統秘密、依靠營業秘密來協助或加速研究或開發、透過營業秘密的資訊來吸引客戶等手段皆構成「使用」的範圍。而於Attia v. Google LLC[6]案中提到，對營業秘密資訊用於製造、生產、研發、行銷體現營業秘密的商品，或利用貿易招攬客戶的行爲秘密資訊，皆構成「使用」範圍。被告奧羅賓多於本案中所侵害的權益不止於複製原告的專利成果，還包括使用未經授權之營業秘密並以此營利。

---

[4] 如果商業秘密原告被迫於不知其中部分秘密被挪用的情況下，確定有爭議的商業秘密，則於不知被告正在侵害的情況下滿足詳細披露營業秘密的要求則可能非常困難。DeRubeis v. Witten Techs., Inc., 244 F.R.D.at 680 (2007)。

[5] "When ...... judicial interpretations have settled the meaning of an existing statutory provision, repetition of the same language in a new statute indicates, as a general matter, the intent to incorporate its ...... judicial interpretations as well." Bragdon v. Abbott, 524 U.S. 624, 645 (1998).

[6] "Internal experimentation with trade secret information can constitute use. ...... Employing the confidential information in manufacturing, production, research or development, marketing goods that embody the trade secret, or soliciting customers through the use of trade secret information, all constitute use." Attia v. Google LLC, 983 F.3d 420, 425 (2020).

肆、結論

　　基於原告對於微球產品開發複雜性的事實有所依據，且被告於營業秘密記載之備忘錄中獲得奧克伍德的商業機密資訊，巡迴法院合理推斷被告奧羅賓多透過與其合作之Thanoo博士，獲得對奧克伍德的微球計畫在內的醫療研發相關機密。根據奧克伍德與奧羅賓多和Thanoo博士之間簽署的多項保密協定附件，含括同意對奧克伍德的營業秘密資訊保密，並且僅在奧克伍德同意的情況下，將此類資訊用於奧克伍德的利益下，證明被告如不使用奧克伍德的營業秘密，則難以如此迅速地開發出微球相關產品。最終判定奧克伍德指控侵害其營業秘密具有充分證據，其根據美國營業秘密防衛法所提出的訴訟，以及其違約和侵權干涉索賠不應被駁回，並發回地方法院更審作結。

第三項　本文見解

　　本案雖以醫藥產業中的微球計畫進行侵害事實的認定，惟仍可從其地方法院至巡迴法院的判決脈絡中，找出對於營業秘密保護的合理範圍，並引用過去著名的判例作為判斷營業秘密侵害事實的依據。營業秘密於我國需先具備秘密性、經濟價值性及合理保密措施，才符合營業秘密保護的範疇，此案爭點中所提到關於秘密性與價值判斷，為奧克伍德經Thanoo博士研究出之微球技術，是歷經20年，並以1.3億美元所開發而成，且市面上暫無相關競爭產品，因此具備秘密性及價值性。

　　再者，奧克伍德對Thanoo博士簽署之NDA協定中提到，Thanoo博士所開發的微球相關計畫實驗，包含後續產品研發、製程、銷售的內容，皆為須保密的商業機密，而後續於奧羅賓多的短短二年中，宣稱以600萬美元研發出的微球相關產品，間接提供Thanoo博士侵害微球計畫內容歸屬於奧克伍德財產權之證據，連帶奧羅賓多須對原告失去營業秘密之財產權進行賠償。雖被告尚未提出實際的競爭產品，然並非代表原告失去其營業秘密的獨占使用權益。營業秘密一旦被披露，或者允許他人使用此非公開之機密數據，則營業秘密持有人即失

去其財產權益。而地方法院於前三次起訴中所駁回的告訴理由，皆為不恰當地將案件理解為無法證明侵害的營業秘密範圍，故美國巡迴法院判決發回更審，將案件重回地方法院更為審理（截至目前收稿日期仍未有新的判決書）。

第二節　CareDx, Inc. v. Natera, Inc.上訴案（2022）[7]

第一項　案件事實

　　美國的醫療技術公司CareDx，以其專利「器官移植患者移植排斥的非侵入性診斷」控告Natera侵害其專利權，該專利主要技術為藉由偵測血液中捐贈者的donor's cell-free DNA（cfDNA）[8]濃度，來診斷或預測器官移植的狀態。Natera主張系爭專利缺乏適格性，並援引美國專利法第101條支持其主張。

　　地方法院在審理過程中，判斷系爭專利申請為針對自然現象的檢測，特別是檢測移植接受者體內是否存在捐贈者的cfDNA，以及捐贈者的cfDNA與移植排斥反應之間是否具有相關性。尤其是接受移植者體內存在屬於捐贈者cfDNA此現象，以及捐贈者cfDNA與移植排斥反應之間具相關性此點，故地方法院裁定系爭專利缺乏適格性。針對地方法院之判決，CareDx主張，系爭專利申請技術中使用數位化核酸定量、次世代定序（NGS）識別及針對捐贈者特異性SNP之檢測等，為具進步性的突破。

---

[7] CareDx, Inc. V. Natera, Inc. (2022).

[8] 當器官移植後，患者的免疫系統會識別到新器官中存在的異種抗原，進而產生排斥反應。排斥反應可分為細胞排斥反應及體液排斥反應兩種，其中細胞排斥反應主要是由T細胞介導，會引發損傷移植器官的細胞。當來自捐贈者的細胞受到攻擊而受損時，釋放的cfDNA可以被檢測出來，成為診斷移植排斥反應的重要指標之一。而現今的檢測技術，如數位化核酸定量和次世代定序等，可有效地測定cfDNA的濃度及特定序列，以協助診斷和監測移植後的排斥反應情況。顏上詠，異種移植之人體實驗相關規範與倫理爭議初探，應用倫理評論，第46期，頁127-128，2009年4月。

另一方面，Natera則認同地方法院上述見解，即接受移植者血液中有屬於器官捐贈者的cfDNA存在，以及該cfDNA濃度升高與器官移植排斥反應之間的相關性均為自然現象，系爭專利申請只是單純檢測自然現象。Natera主張，專利說明書的內文已載明請求項所述用以執行此檢測之蒐集及測量技術皆為常規手段，並且進一步顯示可以使用現有的技術執行此檢測而無須進一步修改，整體而言，系爭專利歸屬於診斷法，即不符合美國專利法中對專利申請的標的。

第二項 法院見解

CareDx擁有的三項專利中具有相似的保護範圍，其中以「器官移植患者移植排斥反應的非侵入性診斷」為主。此專利揭露使用方法來診斷或預測器官移植狀態，以去除體內的cfDNA[9]。當器官移植被排斥時，接受器官者透過其自然免疫反應破壞受試者之體細胞，從而將受贈器官的死亡細胞中之cfDNA重新釋放於血液中。此增加於體內的cfDNA濃度，皆隨器官狀況惡化而自然發生，應可進行檢測，並用於診斷器官移植排斥的依據。

依美國專利法第35條第101款規定中[10]，對自然現象的衍生概念，為不可申請專利之例外，因假使自然現象申請為專利，則科學基礎概念將被專利權人壟斷，不利於專利法中對創新的社會期許。在此案中Natera指出，CareDx聲稱的主張是檢測自然現象，包含移植者血液中存在器官釋放之cfDNA，以及該cfDNA濃度升高與器官移植排斥之間的相關性。

巡迴上訴法院重新提取CareDx的專家證詞後[11]，判斷與專利說明

---

[9] Qian Chen, Zi-Han Zhang, Shu Wang, & Jing-He Lang, Dec. 2019, *Circulating Cell-Free DNA or Circulating Tumor DNA in the Management of Ovarian and Endometrial Cancer*, https://www.ncbi.nlm.nih.gov/pmc/articles/PMC6938177 (last visited: 2023/5/28).

[10] 孫寶成，簡介美國專利法101條，智慧財產權月刊，第57期，頁70，2003年9月。

[11] Qian Chen, Zi-Han Zhang, Shu Wang, & Jing-He Lang, Dec. 2019, *Circulating*

書中的敘述相悖。而CareDx所主張的測量技術是否來自自然現象，參考Mayo, 566 U.S. at 82中，對檢測懷孕女性之血液中，是否存在父系細胞（cffDNA）之診斷方法。因cffDNA的存在為自然現象，以PCR複製cffDNA僅為診斷自然現象的方式，不存在創造性而判決專利失效。此案中，CareDx所宣稱之檢測cfDNA之技術，一併使用PCR以及NGS作為準確判斷自然現象的依據，先前主張的專利僅為眾所周知的技術檢測，即將舊有之技術檢測天然的cfDNA。因此，巡迴法院維持原本地方法院的判決，廢止CareDx對cfDNA專利權利。

第三項　本文見解

　　法院裁定細胞診斷方法涉及的步驟，即為自然現象的應用，因此不符合專利法創新的標準。該診斷方法透過檢測血液中的代謝物來判斷患者是否對某種藥物有反應，並不符合專利法對創新性的要求。綜上案例所述，美國專利法在自然現象的保護上有著相對嚴格的標準，且須專利申請人具備創新的要素，才能符合專利法的保護要求。在細胞診斷領域，如一項技術無法達到專利法所要求的創新門檻，即使能準確並有效率地檢測出特定疾病，仍無法獲得專利保護。對於醫療企業而言，需在技術開發上花費更多時間和資源，以達到專利法的創新要求，始得獲得專利保護。

　　隨著專利保護受限，營業秘密法成為另一種可供技術保護的手段，如可將新式之細胞診斷方法列為保密且未公開揭露之技術，則細胞診斷技術即可符合營業秘密所保護的範疇。藉由本案的專利失格可知，在選擇技術保護手段時，需權衡其優缺點，並確保其權利不受損害。如細胞診斷技術確實符合營業秘密的條件，並採取合理的保密措施，則以營業秘密作為保護手段較為恰當。

Cell-Free DNA or Circulating Tumor DNA in the Management of Ovarian and Endometrial Cancer, https://www.ncbi.nlm.nih.gov/pmc/articles/PMC6938177 (last visited: 2023/5/28), at 13.

第五章　結論與建議

　　本文主要探討我國營業秘密法對醫藥產業的保障情況。從美國專利連結制度的不適用以及現有營業秘密法的缺陷，可得出專利法作為醫藥產業之產業保障之不足。且美國是以專利藥廠與學名藥並存，製藥端及用藥端完全分離之制度，和我國為減少醫療總體之支出，在政策上多以學名藥作為醫療端的主要用藥不同。因我國製藥基準多為學名藥廠，新藥多仰賴進口，其中生物相似性藥品之新藥上市有日益增加的趨勢，從取得藥品許可證至取得健保給付所花費的時間逐年降低，2017年之平均花費天數為419天，2022年則降低至平均約276天即可取得健保核價[1]。因生物相似性藥品屬於生物製劑，藥價較原廠參考藥品低，而其療效及安全性與原廠參考藥品並無臨床上的差異，若使用得當，應可節省生物製劑之健保支出。

　　雖專利法於2022年修法增訂第60條之1，其中保障學名藥證與新藥的權利衝突，但生物相似性藥物不符合我國學名藥之定義，即「與國內已核准之藥品具同成分、同劑型、同劑量、同療效之製劑」。因此，單就專利連結制度對醫藥產業的保障並不足夠，除無法有效地保障醫藥公司的營業秘密權益外，製藥過程中，眾多技術和製藥機密需保密，如機密洩漏將對醫藥公司的經營影響甚鉅。因此由營業秘密對新型態的製藥技術進行保護，則可進一步地擴大對製藥產業的保障。

第一節　結論

　　因智慧財產權法規對製藥產業保護之不足，故應以營業秘密作為主要保護方向，而製藥產業所涉及的營業秘密往往為高度機密，包括

---

[1]　戴雪詠，2022年4月28日，我國生物相似藥品健保給付政策現況與願景，http://www.capa.org.tw/upfiles/1651200084.pdf（最後瀏覽日：2023年4月2日）。

研發、生產、商業策略等方面，因此對營業秘密的保護尤為重要。營業秘密的保護並非如專利需經過審查及申請程序，企業只需自行制定保密措施，即可保護其營業秘密。因此，企業應該針對不同層面的營業秘密制定不同的保密措施，例如設置安全存儲系統、對員工進行保密教育等。而在實務上，許多營業秘密的洩漏案件皆是由內部員工所造成，因此如何加強內部監管及保護營業秘密，成為製藥業界的迫切需求。

本文認為應修正營業秘密法，以提高製藥產業對營業秘密保護的重視，進一步強化製藥產業的競爭力。針對製藥產業的特點，制定相應的保護措施。該制度需要從法律層面對營業秘密的定義、保護、檢舉、追訴等進行規定，並且明確界定營業秘密的範圍和保護的對象。同時應納入保護措施的調整機制，以因應產業發展的變化，如製藥產業的技術不斷更新和革新，修正內容和範圍也應持續修訂新加入製藥產業技術的範圍，並考慮國際標準與趨勢，避免與其他國家的法律制度產生衝突，同時也應積極參與國際營業秘密保護的合作與交流，進一步完善製藥相關法律制度。

本文自第二章闡明與製藥相關法規保障，從藥事法2022年專利連結制度改革、美國FDA2.0改良流程，進而於第三章分析製藥技術與傳統製藥手段不同，包含生物仿藥以及微球的生產製造之異同，製造藥物如單純以專利布局不足以保障，亦於第四章美國實務案例中，探討專利法對新式技術所保障範圍之不足，以及營業秘密對製藥產業的判斷要件較易取得證據，並於本文歸納統整後，提出關於營業秘密保障醫療產業之建議。

第二節　建議

製藥產業領域以營業秘密保護核心技術實屬常規，在其他產業合作及技術人員流動快的情況下，如何避免、減低「營業秘密外洩」、

「不當使用他人營業秘密」之風險，為製藥產業應重視之議題[2]。本文認為，透過風險管理架構為主，輔以法律思維所建之營業秘密稽核制度，可達成有效率且符合成本之管理措施。為有效保護生物科技公司之營業秘密，建議於稽核團隊組成階段時，必須考慮納入研發、資訊及法務等相關單位之人員。尤其對於技術性營業秘密，需要具備相關專業背景之技術人員參與，才能深入了解相關內容及屬性，並進行詳細分析。此外，法務人員可提供法律諮詢及稽核過程，檢視公司之措施、政策及與員工之協議是否具有效防堵員工外洩及不當使用他人之營業秘密，包含保密條約以及競業禁止條約。同時，資訊安全人員亦不可或缺，透過科技、資訊方式進行數據保護措施。

於風險識別及風險分析階段，特別要投入更多心力，對於製藥產業測試、試驗及研發所產出之相關實驗數據及資料，皆是營業秘密保護之核心標的。此外，營業秘密之分類並不影響保護措施等級，尤其在生技領域研發合作機會甚高，公司之研發資訊同時也可能是合作公司或客戶之資訊，故識別及分析營業秘密之階段尤其應予以特別注意。最後，不同型態之製藥公司所追求技術領域內容亦有不同，針對不同類型公司辨識出之重點保護客體亦不相同，應注意與核心資訊科技技術相關之資訊保護。

為確保生技、製藥領域中核心配方、實驗方法、製作流程等相關資訊得到最高等級之機密保護，公司應採取相應的風險應對措施。以生物實驗室為例，可分為不同實驗部門，如細胞實驗與動物實驗所使用之器械工具、實驗原材料、實驗過程、實驗影片以及成果紀錄，可依生物安全性等級作為分類保護標準，以一級一階作為營業秘密分層保護管理。其餘部門如財務、業務、行政等，也應考量各自部門屬性之不同，制定不同層級之機密分類標準。如以必須接觸、非必要不須接觸，以及不可接觸機密資料作為劃分保密人員之原則，進行員工之

2　胡小珊，營業秘密與企業管理制度之研究，國立臺灣大學法律學院科際整合法律學研究所碩士論文，頁62，2020年12月。

教育訓練，倡導營業秘密保護措施之重要性。

　　當公司進行內部稽核時，稽核報告所整合之內容屬公司內部之最高機密，因此參與稽核之人員皆必須簽署保密協議，稽核相關之內容也必須列入最高機密對待。以上措施可避免公司營業秘密遭外洩，同時也能防止公司內部不當使用他人營業秘密之情況。而以下為針對企業製藥營業秘密保護，作出適用於企業保護營業秘密之管理分類。

第一項　營業秘密保護政策及程序

　　營業秘密保護政策始為企業保護營業秘密的基礎，企業應該根據自身的實際情況制定營業秘密保護政策，包括營業秘密的分類、保護範圍、保護程序、保護措施等。企業營業秘密保護政策的制定應該經過公司高層的審議和批准公司內部大綱，細至最終如何處理營業秘密洩漏等作為保護規章。保護程序應該明確規定各部門的責任和義務，以及各部門之間的協調和配合，同時應定期檢查和更新營業秘密相關法規，以確保其有效性和適用性，讓使用秘密人了解營業秘密的定義及相關法律規定，並明確告知有關保密的職責及要求，以避免公司營業秘密外洩。另外，可透過現場講解實務、模擬發生案例等，讓員工能夠深入理解保密政策及程序，並進行定期的測試及評估，以確保秘密保持人對於營業秘密的保護措施有正確的理解，並能夠依照公司的要求執行保密工作。

第二項　網路資訊安全

　　企業應提供員工定期的網路資訊安全意識教育訓練，以強化員工的資訊安全意識，並掌握資訊安全最新的趨勢與技術，包括惡意程式的種類、網路釣魚及密碼強度等。此外，企業也應加強員工對網路釣魚及偽造網站等的識別，以避免員工因為不留心而造成網路攻擊事件。為確保企業營業秘密的保護，以預防、偵測及追蹤網路攻擊或資料外洩事件。若營業秘密遭到洩漏，除依照相關法令或契約之規定，主動通知權利人外，亦應妥善處理洩漏事件及其後續問題，以保障企

業權益。另企業在執行保護措施時，應考量個別公司的特定需求及風險評估，並依據最新的技術、管理措施與風險評估，建立資訊安全政策及程序，並定期進行檢討與更新，以確保政策及程序的有效性。因營業秘密視爲重要資產，應將其分類及標示爲機密文件，以區分不同等級之機密性及重要性。針對機密資料的存取，企業可以採用分級存取及權限管理系統，限制只有授權人員可以存取相關資料，並且記錄每位使用者的存取行爲，以防止機密資料外洩事件。除建立必要的資訊安全措施外，企業應提供員工相關的網路資訊安全教育及訓練，增加員工對於資訊安全的認識及對應事件的應變能力，併以建立訓練計畫，包含資訊安全政策、外洩防範及應變計畫等主題，並且定期執行訓練，以確保員工對於營業秘密保護的重要性有所認識，並且能夠適當應對資訊安全事件。

第三項　營業秘密保險

以新竹科學園區團購營業秘密爲例[3]，由統計回答中，大多數企業認爲所介紹的創新營業秘密保險對公司有幫助，且約有四分之三的公司會考慮購買此保險，且較可行的保險費約10萬到20萬元。而企業方大多問題諮詢爲「對侵害營業秘密可疑行爲的內部調查」，可見一般公司在進行內部調查時，因面臨諸多複雜的問題，而期待有外部專家的建議。因營業秘密的保護對企業是核心價值的保障，對於智慧財產權密集型企業尤爲需要重視。購買營業秘密保險是其中相對有效的保護手段，但企業應該先了解自身的風險評估情況，再考慮是否需要購買營業秘密保險。因此企業並非購買保險後即可對營業秘密的保護有所鬆懈，應採取其他措施加強營業秘密的保護，建立健全的內部調查機制，以應對可能發生的營業秘密侵權事件。而企業對於如何有效率與調查官、檢察官及法官溝通，及如何節省訴訟費用，也是作爲保

3　謝福源，創新思維的營業秘密守護保險倡議，智慧財產權月刊，第264期，頁55，2020年12月。

護營業秘密的重點需求之一。因此，製藥公司必須慎選與具有前述實務經驗的適任律師或專利師合作，以確保所提供諮詢服務的品質。

參考文獻

壹、中文文獻（按作者姓氏筆畫排序）

一、專書

1. 林洲富，智慧財產權法——案例式，五南圖書出版股份有限公司，2021年12月。
2. 張靜，營業秘密法及相關智權問題，經濟部智慧財產局，2009年1月。
3. 曾勝珍，營業秘密之實務探討，五南圖書出版股份有限公司，2019年5月。
4. 曾勝珍，論我國經濟間諜法立法之必要性，元照出版有限公司，2007年12月。
5. 曾勝珍，圖解智慧財產權，五南圖書出版股份有限公司，2022年9月。

二、學位論文

1. 胡小珊，營業秘密與企業管理制度之研究，國立臺灣大學法律學院科際整合法律學研究所碩士論文，2020年12月。
2. 徐瑞婕，營業秘密境外侵害與屬地法效：以美國營業秘密相關法制為借鏡，國立政治大學法律科際整合研究所碩士論文，2022年10月。
3. 顏惠妙，我國營業秘密法最新修法探討，嶺東科技大學財經法律研究所碩士論文，2014年4月。

三、期刊

1. 林杜，美國判例法下均等論在化學領域的適用，專利師，第48期，頁1-97，2021年11月。
2. 李維心，營業秘密之證據保全——借鏡美國2016年營業秘密防衛法，智慧財產權月刊，第245期，頁46-52，2019年5月。
3. 張哲倫，保護營業秘密之法理基礎暨其對侵權個案判斷之導引功

能，智慧財產權月刊，第268期，頁222-286，2021年4月。

4. 曾勝珍、嚴惠妙，我國營業秘密法法制探討（上），全國律師，第19卷第7期，頁1-78，2015年7月。

5. 薛力豪、鍾佩昕、黃昱綸，智慧醫療專利技術分析，智慧財產權月刊，第258期，頁31-65，2020年6月。

6. 謝福源，創新思維的營業秘密守護保險倡議，智慧財產權月刊，第264期，頁55-57，2020年12月。

貳、外文文獻（按字母A-Z排序）

一、期刊

1. Richard F. Dole, "Identifying the Trade Secrets At Issue in Litigation under the Uniform Trade Secrets Act and the Federal Defend Trade Secrets Act," *Santa Clara High Tech. L. J.*, Vol. 33, Issue 4, pp. 476-478 (2017).

2. Samuel J. LaRoque, "Reverse Engineering and Trade Secrets in the Post-Alice World," *Kan. L. R*, Vol. 66, No. 2, p. 437 (2017).

二、報告

1. IQVIA, *The Global Medicine Spending and Usage Trends: Outlook to 2026*, pp. 10-12 (2021).

三、網際網路

1. Baker McKenzie, *The Board Ultimatum: Protect and Preserve: The Rising Importance of Safeguarding Trade Secrets 2017*, https://www. bakermckenzie.com/-/media/files/insight/publications/2017/trade-secrets (last visited: 2023/3/1).

2. Christopher Newman, Biopharma Dive, Aug. 8, 2022, *Senate Passage of Drug Pricing Bill Brings Major Defeat Closer for Pharma Industry: The Legislation Would Allow Medicare to Negotiate Prices on Dozens of Drugs by 2029 – Authority that Pharma has Long Resisted*, https://www.biopharmadive.com/news/senate-passage-of-drug-pricing-

bill-brings-major-defeat-closer-for-pharma-i/629096 (last visited: 2023/3/31).

3. Comprehensive and Progressive Agreement for Trans-Pacific Partnership, Feb. 2, 2019, https://www.dfat.gov.au/trade/agreements/in-force/cptpp/outcomes-documents/Pages/cptpp-intellectual-property (last visited: 2023/3/20).

4. European Medicines Agency, *Biosimilar Medicines: Marketing Authorization*, https://www.ema.europa.eu/en/human-regulatory/marketing-authorisation/biosimilar medicines-marketing-authorisation (last visited: 2023/2/27).

5. Mark A. Lemley, The Surprising Virtues of Treating Trade Secrets as IP Rights, *Stan. L. Rov.*, Vol. 61, No. 311, p. 320 (Jun. 1, 2008), https://papers.ssrn.com/sol3/papers.cfm?abstract_id=1155167 (last visited: 2022/11/19).

6. Medical News Today, *What is the Difference between in Vivo and in Vitro?* https://www.medicalnewstoday.com/articles/in-vivo-vs-in-vitro (last visited: 2023/3/19).

7. National Cancer Institue, Computed Tomography (CT) Scans and Cancer, https://www.cancer.gov/about-cancer/diagnosis-staging/ct-scans-fact-sheet (last visited: 2023/5/11).

8. Robert Aspbury, MedCity News, *By Eliminating Requirement for Animal Testing, FDA Modernization Act Allows Faster, More Cost-effective Drug Development*, https://medcitynews.com/2022/12/by-eliminating-requirement-for-animal-testing-fda-modernization-act-allows-faster-more-cost-effective-drug-development (last visited: 2023/3/19).

9. U.S. FOOD & DRUG, *Biosimilars*, https://www.fda.gov/drugs/therapeutic-biologics-applications-bla/biosimilars (last visited: 2023/2/28).

10. World Health Organization, https://www.emro.who.int/health-topics/ehealth (last visited: 2023/3/1).

11. WIPO Academy, https://www.wipo.int/academy/en (last visited: 2023/5/11).

12. World Intellectual Property Organization (WIPO) TRT/PARIS/001, https://www.wipo.int/wipolex/en/text/287556 (last visited: 2023/5/11).

13. Word Trade Organization, *Intellectual Property: Protection and Enforcement*, https://www.wto.org/english/thewto_e/whatis_e/tif_e/agrm7_e.htm (last visited: 2023/5/11).

第三篇

從個人資料保護法探討健保註記醫療暴力前科之適法性

A Discussion on the Legality of the National Health Insurance for Medical Violence Record: Focus on the R.O.C. Personal Information Protection Act

曾勝珍[*]、許琇雅[**]

* 中國醫藥大學科技法律碩士學位學程專任教授暨社會科學中心主任。

** 中國醫藥大學科技法律碩士學位學程法學碩士。

第一章　緒論

第一節　研究背景

　　近年來，由於新冠肺炎疫情的高度傳染力與治癒的不確定性，造成全球經濟緊縮、就業機會銳減[1]，在經濟負擔與恐慌情緒雙重壓力疊加之下，全國民眾焦慮情緒不斷攀升[2]；再者，進入醫療院所時可能會接收旁人不友善的眼光，導致身心俱疲、徒增焦慮，致使言語辱罵、咆哮和暴力毆打醫護人員的報導層出不窮，現行醫療暴力預防與處理流程是否無法遏止醫療暴力發生，孰可檢討。

第一項　近年醫療暴力事件概述

　　新冠肺炎疫情期間源源不絕的醫療糾紛新聞，彰顯出頻繁發生的嚴重醫療暴力事件，諸如：2021年5月31日新北市中和區雙和醫院，三名護理師遭確診者持刀砍傷[3]；2021年6月1日臺北市中正區臺大醫院，確診個案擅離隔離室、故意破壞醫護人員的隔離裝備，惡意造成人員感染風險倍增[4]；2021年6月2日臺北市大安區聯合醫院仁愛院區，一名確診病患未經許可持棍棒敲破組合屋，破壞病房設備設施，

---

[1] 李沃牆，新冠肺炎疫情擴散，全球經濟恐難樂觀，會計研究月刊，第412期，頁20，2020年3月1日。

[2] 趙恩、陳國緯、李思賢，台灣公民面對新冠肺炎疫情初期之焦慮症狀與防疫作為之趨勢，台灣公共衛生雜誌，第40卷第1期，頁88-89，2021年2月。

[3] 翁聿煌，自由時報，2021年6月2日，3護理師遭刺傷 雙和醫院：1人手指肌腱斷裂須復健半年，https://news.ltn.com.tw/news/life/breakingnews/3555042（最後瀏覽日：2023年4月27日）。

[4] 陳鈞凱，匯流新聞網，2021年6月1日，台大醫院也遭殃！確診者脫序鬧病房多次擅離、強扯醫護口罩裝備，https://tw.sports.yahoo.com/news/台大醫院也遭殃-確診者脫序鬧病房-多次擅離-強扯醫護口罩裝備-082339937.html（最後瀏覽日：2023年4月27日）。

從醫院逃脫回到住家[5]；2021年6月4日新北市板橋區亞東醫院，一名快篩陽性疑似確診老翁，手拿柺杖毆打護理師，蓄意逃離醫院專責病房返家[6]；2022年4月11日新北市新店區慈濟醫院，一名男子未戴口罩，遭到醫院保全勸導，此男子惡言相向，將保全打倒在地，連前來勸阻的醫療人員也受到醫療暴力攻擊，期間共六名醫護人員、兩名保全受傷[7]；2022年5月17日台北市中正區三軍總醫院，一名女子強闖加護病房探親，拒絕篩檢，甚至對護理人員咳嗽、飆罵[8]；2022年5月30日新北市新店區耕莘醫院，一名男子為查詢PCR採檢結果，受到醫院人員提醒口罩未佩戴完全，又因醫院沒提供查詢服務，故此男子動手出拳毆打工作人員[9]。

第二項　醫療暴力事件統計

我國衛生福利部醫事司通報系統根據醫療法第24條第2項規定：

---

[5] 簡育琦、郭穎、蔡明勳、吳居諴、王經綸，TVBS新聞網，2021年6月2日，大鬧仁愛醫院！確診翁破窗還逃跑 萬華落網恐挨罰200萬，https://tw.news.yahoo.com/大鬧仁愛醫院-確診翁破窗還逃跑-萬華落網恐挨罰200萬-102247108.html（最後瀏覽日：2023年4月27日）。

[6] 賴筱桐，自由時報，2021年6月4日，確診者落跑還拿拐杖打人 亞東醫院：護理師受到極大驚嚇，https://news.ltn.com.tw/news/life/breakingnews/3558348（最後瀏覽日：2023年4月27日）。

[7] 林彥君、黃柏榕，民視新聞台，2022年4月11日，譴責醫療暴力！2醉漢沒戴口罩痛毆急診室保全，https://tw.news.yahoo.com/譴責醫療暴力-2醉漢沒戴口罩痛毆急診室保全-095854610.html（最後瀏覽日：2023年4月27日）。

[8] 陳嘉玲，鏡週刊新聞網，2022年5月18日，退將夫人「特權探病」飆罵15分鐘！護理師當場崩潰淚訴：被羞辱，https://tw.news.yahoo.com/退將夫人-特權探病-飆罵15分鐘-護理師當場崩潰淚訴-被羞辱-051447870.html（最後瀏覽日：2023年4月27日）。

[9] 蘇憶歡，TVBS新聞網，2021年5月30日，看嘸PCR結果！男無罩大鬧新店耕莘篩檢站「拳毆醫院員工」，https://tw.sports.yahoo.com/news/看嘸pcr結果-男無罩大鬧新店耕莘篩檢站-拳毆醫院員工-062519955.html（最後瀏覽日：2023年4月27日）。

「為保障就醫安全，任何人不得以強暴、脅迫、恐嚇、公然侮辱或其他非法之方法，妨礙醫療業務之執行。」制定「醫院發生滋擾醫療秩序或妨礙醫療業務執行案件通報與處置標準流程、危害醫院醫療安全之應變流程指引」之行政命令[10]，確保醫事人員在醫療院所內執行醫療業務時之安全。本文將「醫療法第24條第2項」設為關鍵字，透過司法院法學資料檢索系統進行裁判檢索，從2001年1月1日至2022年4月30日，共有30件地方法院刑事判決，皆為有罪判決。

自2001年1月1日至2023年3月15日，利用司法院法學資料檢索系統判決書查詢，以「醫療暴力」為關鍵字進行裁判檢索，篩選全國地方法院刑事判決高達204件，所有判決中僅一件為無罪判決，此無罪判決案件係因加害者是一位思覺失調患者，且被認定為「非於醫護人員正執行醫療業務之時所發生之暴力行為」，基於法院認定此案件不屬於醫療暴力行為事件，排除此案件後計算醫療暴力行為在刑事判決定罪率，可得刑事定罪率為100%，因此可推得醫療暴力是危險性行為；另計，其中56件刑事判決為「酒精相關」行為，包含酒精依賴、酒精成癮、酒後犯罪，顯見酒精恐致嚴重醫療暴力行為。

根據我國衛生福利部醫事司統計地方政府衛生局通報轄區醫院發生滋擾事件[11]，自2020年1月1日至2020年12月30日，2020年度「醫療

---

[10] 衛生福利部107年4月10日衛部醫字第1071661844A號函。

[11] 截至2023年3月23日，衛生福利部醫事司統計資料分別為：110年度醫療機構受有醫療法第24條第2項所列妨礙醫療業務執行情事之統計年報、公告（2022年5月6日製作）；109年度醫療機構受有醫療法第24條第2項所列妨礙醫療業務執行情事之統計年報、公告；108年度醫療機構受有醫療法第24條第2項所列妨礙醫療業務執行情事之統計年報及公告；107年度醫療機構受有醫療法第24條第2項所列妨礙醫療業務執行情事之統計年報及公告。醫療機構受有醫療法第24條第2項所列妨礙醫療業務執行情事之處理結果，資料來源：地方政府衛生局依「醫療機構內發生醫療暴力報告單」，通報轄區醫療機構發生滋擾事件處理結果。衛生福利部醫事司，2022年8月2日，危害醫院急診醫療安全之應變，https://dep.mohw.gov.tw/DOMA/cp-2710-7585-106.html（最後瀏覽日：2023年3月23日）。

機構受有醫療法第24條第2項所列妨礙醫療業務執行案件」共有252件，未結案調查中有75件，行政處分共111件，「罰鍰」35件，不罰者包含「經行政調查結果非醫療暴力案件」45件，「疾病因素」12件，「其他因素」19件；司法偵查及判決共66件，「不起訴」9件，「有期徒刑」32件，「拘役」6件，「緩刑」2件，「罰金」4件，「緩起訴」4件，「其他」9件。

由2021年1月1日至2021年12月30日，2021年度「醫療機構受有醫療法第24條第2項所列妨礙醫療業務執行案件」共有284件，未結案調查中有111件；行政處分共123件，「罰鍰」31件，不罰者包含「經行政調查結果非醫療暴力案件」40件，「疾病因素」26件，「其他因素」26件；司法偵查及判決共50件，「不起訴」10件，「有期徒刑」20件，「拘役」3件，「緩刑」1件，「罰金」4件，「緩起訴」3件，「不罰」1件，「其他」8件。由上述資料可推得，妨礙醫療業務執行案件是醫療院所普遍存在的問題，且通報案件有上升趨勢，如何減少醫療暴力行為是社會所需要重視的問題。

衛生福利部依醫療法第98條設置醫事審議委員會[12]，自1987年1月1日起至2022年4月27日止，共計完成12,154件醫療糾紛鑑定案（參見表3-1-1）。其中，2012年達到案件數最高值，其後呈現緩降趨勢；案件性質為刑事者約75.8%，為民事者20.6%，其他約3.6%，顯見當今社會醫療糾紛層出不窮。

---

[12] 醫療法第98條：「（第1項）中央主管機關應設置醫事審議委員會，依其任務分別設置各種小組，其任務如下：一、醫療制度之改進。二、醫療技術之審議。三、人體試驗之審議。四、司法或檢察機關之委託鑑定。五、專科醫師制度之改進。六、醫德之促進。七、一定規模以上大型醫院設立或擴充之審議。八、其他有關醫事之審議。（第2項）前項醫事審議委員會之組織、會議等相關規定，由中央主管機關定之。」

表3-1-1　醫療糾紛鑑定案件訴訟性質統計表

時間	案件性質			
	刑事	民事	其他	合計
2021	154	109	0	263
2020	211	144	1	356
2019	226	137	10	373
2018	245	142	4	391
2017	222	125	7	354
2016	244	101	6	351
2015	355	115	4	474
2014	391	95	1	487
2013	403	90	3	496
2012	462	160	1	623
2011	443	144	1	588
2010	398	97	1	496
2009	414	139	3	556
2008	367	102	3	472
2007	354	87	3	444
2006	331	80	7	418
2005	296	77	3	376
2004	370	71	9	450
2003	402	52	11	465
2002	366	71	19	456
2001	280	54	32	366
2000	307	43	33	383
1999	258	46	28	332

表3-1-1　醫療糾紛鑑定案件訴訟性質統計表（續）

時間	案件性質			
	刑事	民事	其他	合計
1998	235	37	15	287
1997	223	24	13	260
1996	190	19	25	234
1995	117	35	42	194
1994	102	49	40	191
1993	100	15	25	140
1992	132	10	23	165
1991	114	5	9	128
1990	117	7	3	127
1989	130	6	14	150
1988	129	10	24	163
1987	128	4	13	145
合計	9,216	2,502	436	12,154

備註：

一、統計期間自1987年1月1日至2022年4月27日止。

二、歸屬年度以司法檢調機關來函日區分，統計受理案件數。

三、其他類別包含刑事附帶民事及其他等案件性質。

資料來源：本文自行製作，參考衛生福利部醫事司，2022年4月29日，醫事爭議處理、鑑定等相關業務，https://dep.mohw.gov.tw/DOMA/cp-2712-7681-106.html（最後瀏覽日：2023年3月20日）。

第二節　研究動機與目的

　　現階段與醫療暴力相關主題之研究，多著墨於如何預防暴力事件及減少醫療糾紛發生，關於健保註記醫療暴力前科此一主題，過去研究乏善可陳，目前未有足夠資料，本文為探討醫療暴力問題及健保註記之重要性、法律依據，以及健保註記限制條件和界限範圍，以下將展開本文之研究動機與目的。

第一項　研究動機

　　伴隨著我國醫療普及率增加，全民健康保險制度完備[13]，醫療院所增加、就醫便利性提升[14]、風險性疾病盛行，多重原因共同促使民眾對於醫療需求上升。當今世界趨勢，鼓勵以病人為中心的全人醫療照護[15]，加上國民支付健保醫療費用，可能致生錯誤認知，將醫療行為轉變為服務行為概念[16]，部分民眾從而出現對醫療業者予取予求的想法，將自身情緒以過當手段加諸於醫療人員，滋生多起醫療暴力事件，而以和為貴的傳統觀念，也可能讓滋事者產生僥倖心態，意圖尋釁滋事。

　　對於輕微的醫療暴力事件處理方式，醫療機構多採當下勸阻，並不會立即向警察機關報案；嚴重的醫療暴力事件處理方式，會在事件

---

[13] 江東亮、文羽苹、謝嘉容，全民健康保險制度的發展與問題，台灣醫學，第18卷第1期，頁39，2014年1月25日。

[14] 謝京辰、廖興中、楊銘欽、董鈺琪，全民健康保險醫療資源潛在空間可近性分析──以台灣北部四縣市為例，台灣公共衛生雜誌，第38卷第3期，頁317，2019年6月21日。

[15] 侯文萱，以病人為中心的實證健康照護──共同決定模式，醫療品質雜誌，第9卷第5期，頁4，2015年9月1日。

[16] 方莉莉，眾律國際法律事務所部落格，2015年2月27日，「醫療行為」？「服務行為」？ https://zoomlaw.pixnet.net/blog/post/59892193-「醫療行為」%3f「服務行為」%3f--律師-方莉莉（最後瀏覽日：2022年11月3日）。

發生當下，立即向警察機關報案[17]，通報衛生局，並填寫「醫療暴力案件通報單」傳真至當地衛生局及地檢署[18]。醫療暴力導致的後果不單單是危害從業人員的安全，也可能會延遲其他病患的救治時間[19]，甚至降低其他民眾就醫意願，讓原本應該是和諧、美好的醫病關係轉為防禦性醫療行為的負面發展，導致醫療從業者與民眾心生畏懼。

　　依據我國法律規定，成為醫事人員先決條件是為既定的課程訓練，經過完整的見習、實習、考試，故稱醫事人員具有其專業性、獨特性及不可替代性。媒體頻傳的醫療暴力新聞資訊，將大幅降低醫療人員的從業意願[20]。長此以往，可能導致醫療量能不足，使全體人民的就醫權利受有損害。

---

[17] 郭靜文，社團法人臺中市醫師公會，2016年，醫療暴力零容忍 通報機制大執法，http://www.tcmed.org.tw/edcontent.php?lang=tw&tb=55&id=20（最後瀏覽日：2022年11月28日）。

[18] 屏東縣政府衛生局，2016年6月13日，緊急醫療網——醫療暴力相關資訊，https://www.ptshb.gov.tw/News_Content.aspx?n=419C53A443A8EBD9&sms=88BD81D935743E32&s=DD8C851F86346CD6（最後瀏覽日：2022年11月3日）。

[19] 陳炎輝，杜絕醫療暴力 維持良好醫病關係，清流月刊，103年5月號，頁10，2014年5月。

[20] 張孟源、盧言珮，醫療暴力——不能忽視的公共危險犯罪，臺灣醫界雜誌，第54卷第8期，頁41，2011年8月1日。

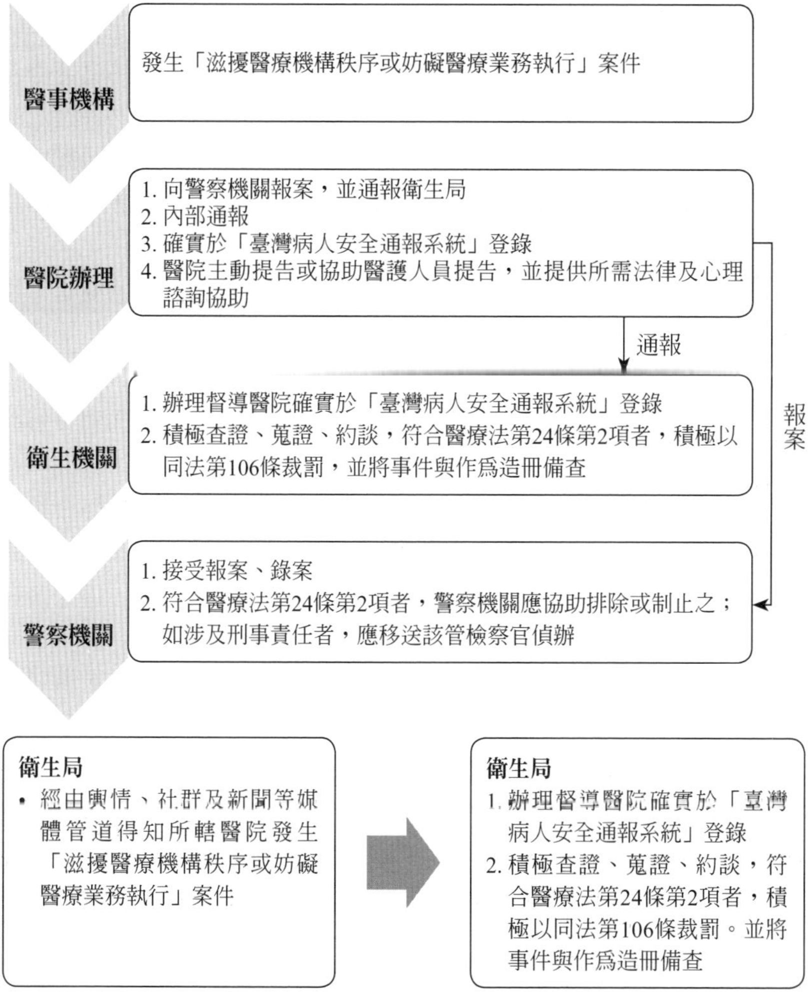

醫事機構

發生「滋擾醫療機構秩序或妨礙醫療業務執行」案件

醫院辦理

1. 向警察機關報案，並通報衛生局
2. 內部通報
3. 確實於「臺灣病人安全通報系統」登錄
4. 醫院主動提告或協助醫護人員提告，並提供所需法律及心理諮詢協助

通報

衛生機關

1. 辦理督導醫院確實於「臺灣病人安全通報系統」登錄
2. 積極查證、蒐證、約談，符合醫療法第24條第2項者，積極以同法第106條裁罰，並將事件與作為造冊備查

報案

警察機關

1. 接受報案、錄案
2. 符合醫療法第24條第2項者，警察機關應協助排除或制止之；如涉及刑事責任者，應移送該管檢察官偵辦

衛生局
- 經由輿情、社群及新聞等媒體管道得知所轄醫院發生「滋擾醫療機構秩序或妨礙醫療業務執行」案件

衛生局
1. 辦理督導醫院確實於「臺灣病人安全通報系統」登錄
2. 積極查證、蒐證、約談，符合醫療法第24條第2項者，積極以同法第106條裁罰。並將事件與作為造冊備查

圖3-1-1 滋擾醫療機構秩序或妨礙醫療業務案件通報與處置流程

資料來源：本文自行製作，參考衛生福利部醫事司，2022年8月2日，危害醫院急診醫療安全之應變，https://dep.mohw.gov.tw/DOMA/cp-2710-7585-106.html（最後瀏覽日：2022年11月23日）。

第二項　研究目的

　　本文主要目的在於討論實施醫療暴力前科予以健保註記是否合法，部分個人資料具有特殊性及敏感性，須要符合個人資料保護法的規範，在本人的同意下才可以進行蒐集、處理或利用，而有關醫療、犯罪前科的個人資料都屬於敏感性個人資料的範疇，倘若實施健保註記醫療暴力前科是否會影響當事人的權利及人性尊嚴。

　　自2019年年底，新型冠狀病毒肺炎疫情時代於全球開始蔓延，也許是對疾病的未知產生恐慌，抑或生活的壓力無處宣洩，在疫情嚴重期間，頻繁出現關於病患以言語辱罵、暴力毆打、持刀砍殺醫護人員的新聞報導，醫療人員不僅身處高感染風險的環境，更要面對突如其來且未知的暴力攻擊，讓原本就不足的醫療量能更為緊縮。為此，有許多民眾提出希望能採取健保註記的手段[21]，將曾經實施過醫療暴力行為者註記於健保卡，補足「臺灣病人安全通報系統」的不足，藉由此方法保障醫療人員的人身安全，增進醫病關係的信賴感，遏止潛在的暴力行為發生。

　　如何建構一個安全、良好的醫療環境是醫療暴力健保註記所要追求的目標，當醫護人員看到前來就診者有醫療暴力前科時，可以預先判斷、作出更多應對的防範措施[22]；加害者欲行暴力行為前，考量到未來的就醫權利所受限制，可能將肢體暴力降為言語威嚇，甚至就此作罷，將傷害風險降至最低；具有多起進行醫療暴力前科者，健保註記的存在能讓醫事人員自由選擇是否要為其進行診治，或先採取其他防治手段後再行醫療診治。

　　建立健保註記醫療暴力前科制度是為提升醫療人員的工作意願，

---

[21] 國家發展委員會，2022年9月27日，實施醫療暴力者應於健保系統註記，情節嚴重者應有對應之健保權利剝奪，https://join.gov.tw/idea/detail/a680f567-2f53-4d60-ba72-e55ae2da95c5（最後瀏覽日：2022年11月22日）。

[22] 賴尚儀、魏玉雲、吳美慧、林綉珠、石富元，醫療暴力之樣態與防範，澄清醫護管理雜誌，第10卷第4期，頁9-10，2014年10月1日。

由於醫療是以專業能力提供治療照護的行為，從事醫療行為的人員除要具備基礎的專業知識外，更要對於救治生命抱有相當程度的熱忱，倘若法律制度給予醫療人員足夠的職場安全感，不僅能增進醫事人員的從業意願，更能降低醫病衝突發生機率，促進醫病關係和諧發展，避免過多醫療資源無故浪費。

這幾年醫療暴力事件與日俱增，2021年6月1日「實施醫療暴力者應於健保系統註記，情節嚴重者應有對應之健保權利剝奪」此議題於公共政策網路平臺提出，附議者高達31,856人[23]，代表全國人民對醫療暴力現象的關注度有所上升。

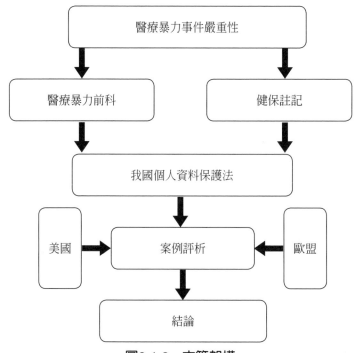

圖3-1-2　本篇架構

資料來源：本文自行製作。

---

23 國家發展委員會，前揭註21。

　　綜上所述，本文希冀由法律層面論述，透過個人資料保護法、全民健康保險法與醫療法探討健保註記醫療暴力前科的適法性，用以補足過去研究欠缺之層面。

第二章　健保註記醫療暴力前科

科技時代下，醫療行為勢必打破空間的隔閡，虛擬健保卡的普及已成潮流[1]，為避免醫療暴力前科資料註記於健保卡系統窒礙難行，本文首先釐清何謂「醫療暴力前科」，分別以醫療暴力及前科認定方式切入探討，接續論述我國依全民健康保險法所建立的「健保註記」制度及相關規範。

第一節　醫療暴力前科之定義

本節將以勞動部廣義詮釋職場暴力之意涵，透過醫療法明文定義「醫療暴力」，運用警察刑事紀錄證明核發條例及個人資料保護法分別闡述「前科」，結合「醫療暴力」與「前科」之法律規定，完善本文之核心思想。

第一項　何謂醫療暴力

立法院為擴大保障就醫安全，增加保護對象範圍及態樣[2]，刪除

---

[1] 為實現智慧醫療、數位政府願景，2022年於「居家醫療」、「遠距醫療」、「視訊診療」三大場域全面推展以虛擬健保卡就醫，提升偏鄉、山地離島地區等民眾醫療照護之便利性、可近性及醫療服務品質。此外，導入支付及獎勵誘因，輔導鼓勵院所運用虛擬健保卡提供醫療服務。規劃：1.針對偏鄉、原民、山地離島地區民眾數位應用型態及特性，辦理虛擬健保卡在地數位培力教育訓練；2.提出虛擬健保卡運用於多元醫療場域之創新提案與應用模式開發規劃；3.辦理虛擬健保卡政策數位推展效益評估。衛生福利部中央健康保險署，虛擬健保卡簡介，數位應用 虛擬健保卡就醫成趨勢，https://www.nhi.gov.tw/Content_List.aspx?n=FBF1EAB29ED73940&topn=787128DAD5F71B1A（最後瀏覽日：2023年3月12日）。

[2] 醫療法第24條第2項，於次句「……恐嚇」後增加「、公然侮辱」等字，以增加保障之樣態。

原條文中「病人」二字及「致生危害醫療安全或其設施」之必要條件規範，於2017年4月21日部分修正醫療法第24條[3]及第106條[4]，有關醫療法所定義之醫療暴力行為係嚴重衝突，須處以刑事責任。

壹、勞動部指引

2013年7月，勞動部勞動及職業安全衛生研究所發布「職場暴力預防指引參考資料」[5]，2014年9月11日勞動部依據「職業安全衛生設施規則」制定公布「執行職務遭受不法侵害預防指引」[6]，2022年8月

---

3 醫療法第24條修法理由：「一、第2項：為增加保障醫護人員或陪病者等之安全，首句刪除『病人』二字；並於次句『……恐嚇』後增加『、公然侮辱』等字，以增加保障之樣態；並刪除末句『，致生危害醫療安全或其設施』之必要條件規範。二、第4項：為確保警察機關之處理權責，次句『警察機關應協助排除或制止之』，刪除其中『協助』二字；並配合實務作業將末句『應移送該管檢察官偵辦』，修正為『應移送司法機關偵辦』。三、增列第5項：『中央主管機關應建立通報機制，定期公告醫療機構受有第二項情事之內容及最終結果。』」

4 醫療法第106條修法理由：「一、第3項：為擴增對醫護人員安全之保障，將條文內之原『醫事人員』，增加『或緊急醫療救護人員』範疇；並將『恐嚇或其他非法之方法』列入保障處罰要件；以及刪除『拘役』之處罰方式。條文修正為：『對於醫事人員或緊急醫療救護人員以強暴、脅迫、恐嚇或其他非法之方法，妨害其執行醫療或救護業務者，處三年以下有期徒刑，得併科新臺幣三十萬元以下罰金。』二、第4項：併同擴大安全之保障，將次句『因而致醫事人員於死者』，修正為：『因而致醫事人員或緊急醫療救護人員於死者』。」

5 勞動部勞動及職業安全衛生研究所，2022年7月25日，職場暴力預防指引參考資料，https://www.ilosh.gov.tw/90734/90853/90875/93840（最後瀏覽日：2023年4月27日）。

6 在國際間，職場暴力被視為社會心理危害之主要因子，多數國家於雇主之一般責任（general duty）規定下，將職場暴力之預防以指引、原則或行動方案推動，並鼓勵企業發展相關預防措施。我國近年醫療機構頻傳從業人員遭受暴力、恐嚇、威脅、毆打或傷害之不法事件。為維護勞動者權益，職業安全衛生法第6條第2項明定雇主對於執行職務因他人行為遭受身體或精神不法侵害之預防，應妥為規劃並採取必要之安全衛生措施。為使事業單位對於預防不法侵害所採取之相關措施有依循之參據，爰參考國內外相關實務做法、

18日勞動部完成第二次修訂「執行職務遭受不法侵害預防指引」，資料中指出，關於職場暴力描述，各個國際組織及服務協會對於職場暴力皆有不同定義[7]，概括如下：企業員工或雇主在工作情境下所遭受

勞動部勞動及職業安全衛生研究所研擬之職場暴力預防指引與勞動相關法規等；2017年6月21日完成第一次修訂，依實務需求予以修正，提供業界參考運用；2022年8月18日完成第二次修訂，配合2022年6月1日「跟蹤騷擾防制法」施行與考量業者實務運用需求，經參酌業界、衛生福利部之社會工作人員人身安全維護手冊及相關專家學者意見，期雇主能落實法令規定，確保工作者之工作安全及身心健康。本指引係提供雇主預防勞工因執行職務，於勞動場所遭受雇主、主管、同事、服務對象或其他第三方之不法侵害行為，造成身體或精神傷害之安全衛生措施參考；至個案之違法處理（如已遭受傷害、性騷擾或跟蹤騷擾等），依職業安全衛生法施行細則第11條規定，應視個案所涉違反法律（如刑法、性騷擾防治法或跟蹤騷擾防制法等）事實，轉由各該主管機關或司法機關依規定調查或認定。另本指引為行政指導，係提供雇主預防工作者遭受職場不法侵害所採取安全衛生措施之參考，所述內容非唯一之方法，事業單位可參照其基本原則建議性做法，並可參考其他先進國家發布之指引或業界優良實務，視其規模與人力配置等資源規劃及執行。勞動部，2022年8月18日，執行職務遭受不法侵害預防指引，https://laws.mol.gov.tw/FLAW/FLAWDAT0202.aspx?id=FL085196（最後瀏覽日：2023年4月27日）。

[7] 根據van der Merwe對暴力定義為：公然或暗地的、以直接或間接的方式，藉由權力、行動或意圖使個人或群體受傷，控制或損傷其身心靈。國際勞工組織（International Labor Office, ILO）、國際護理學會（International Council of Nurses, ICN）、世界衛生組織（World Health Organization, WHO）、國際公共服務協會（Public Services International, PSI）四個團體對職場暴力共同定義為：任何於工作或相關環境中對工作人員虐待、威脅、攻擊之事件，並影響到他們的安全、幸福和健康均謂之。ILO、ICN、WHO與PSI四個團體將常見的醫療職場暴力分為身體暴力及心理社會暴力；身體暴力意指利用身體的力量去攻擊他人或群體，而造成他人身體或心理上的傷害；心理社會暴力意指故意使用權力去威脅、攻擊他人或群體，而導致他人身體、心理、精神、道德或社會發展之傷害。林小玲、尹祚芊、黃惠美，某醫學中心護理工作職場暴力評估之研究，榮總護理，第29卷第2期，頁177，2012年6月1日。美國職業安全衛生署（National Institute of Occupational Safety and Health, NIOSH）將職場暴力定義為「直接針對工作或值勤中的人施以暴行，包括肢體傷害與意圖傷害的威脅」；英國職業安全衛生署（Health and Safety Executive, HSE）將職場暴力界定為「人員在與其工作相關的情況中遭受侮辱、威脅或傷害之事

之暴力，涵蓋工作相關場域以及因公務通勤，遭遇到身體虐待、精神壓力或人身攻擊等威脅[8]，不論傷害程度如何，只要致使人員安全受到挑戰或影響其身心健康，都可以被列入職場暴力的範疇。依其傷害性質，職場暴力可細分爲肢體暴力、心理暴力、語言暴力、性騷擾等四種類型[9]；又依性別分類，2010年勞工安全衛生研究所進行「工作環境安全衛生狀況認知調查」指出[10]，女性暴露於職場暴力的比例略高於男性[11]。

　　醫療暴力[12]係指在醫療機構中發生的暴力行爲[13]，是屬於一種廣

件，可能包括口頭侮辱或威脅以及肢體傷害」。謝雪女、翁欣蓉、莊昭華，以文獻回顧方式探討醫療職場暴力之預防，彰化護理，第27卷第1期，頁30，2020年3月1日。

[8] 陳麗琴、黃集仁，台灣醫療職場暴力事件之省思與安全防範，榮總護理，第33卷第4期，頁419，2016年12月1日。

[9] 勞動部勞動及職業安全衛生研究所，職場暴力預防指引參考資料，頁3，2013年7月23日。

[10] 勞動部勞動及職業安全衛生研究所，前揭註9，頁1。

[11] 據文獻指出，醫療職場暴力的施暴者包括病人、家屬、同事甚至是其他人，其中又以病人、家屬居多。以男性病人占多數、性格或情緒不穩、易怒、多疑，尤其是受到藥物或酒精影響、曾有攻擊病史、疾病所導致或對醫院政策不滿等特質者。受暴者研究指出，醫療人員需要與病人或家屬頻繁接觸，處理服務對象的不良行爲及其負面情緒，或是其他身心困擾問題者容易遭受職場暴力，特別是以小於30歲年輕女性居多，或工作年資較淺，情緒態度掌控不易者，可能導致暴力事件的發生。謝雪女、翁欣蓉、莊昭華，前揭註7，頁33。

[12] 根據勞工統計局調查報告，近四分之一的職場暴力事件發生在醫療機構，醫療保健專業人員遭受暴力的可能性是其他行業人員的16倍。世界衛生組織於2014指出有8%至38%的醫療人員在其職業生涯的某些階段遭受過身體暴力，甚至也有文獻表明，加拿大、美國、英國、沙烏地阿拉伯、約旦、日本、香港和臺灣報告的醫療暴力盛行率從日本的36%到臺灣的81%不等，由上可見，職場暴力是醫療工作環境中的職業危害之一。謝雪女、翁欣蓉、莊昭華，前揭註7，頁29。

[13] 林霈儀、黃麗華，某醫學中心護理人員職場暴力發生率及其相關因素探討，秀傳醫學雜誌，第15卷第3、4期，頁79，2016年12月1日。

義的職場暴力，常見的地點有一般病房、急診室、精神科病房[14]，加害者於醫療人員在執行醫療業務時進行一定干擾，包含口頭辱罵、恐嚇威脅、暴力襲擊等傷害行為，直接影響醫療人員心理健康、生命安全，間接降低其他醫事人員、社會大眾對醫療機構安全性的信心。

圖3-2-1　職場不法侵害行為態樣

資料來源：本文自行製作，參考勞動部，2022年8月18日，執行職務遭受不法侵害預防指引，https://www.osha.gov.tw/media/wjef2ljw/執行職務遭受不法侵害預防指引-第三版-含附錄.pdf（最後瀏覽日：2023年3月11日）。跟蹤騷擾防制法第3條、性騷擾防治法第2條。

---

[14] 石富元、林奕廷，預防暴力事件與因應，臺灣醫界雜誌，第61卷第2期，頁18，2018年2月。

貳、醫療法第24條第2項

醫療法第24條[15]及第106條[16]於2014年1月14日第一次修正,審酌修法理由,透過積極作為遏止醫療暴力,緩解日漸緊張的醫病關係[17]。醫療法第24條第2項、第106條第3項明文,以強暴、脅迫、恐

---

[15] 醫療法第24條:「(第1項)醫療機構應保持環境整潔、秩序安寧,不得妨礙公共衛生及安全。(第2項)為保障就醫安全,任何人不得以強暴、脅迫、恐嚇、公然侮辱或其他非法之方法,妨礙醫療業務之執行。(第3項)醫療機構應採必要措施,以確保醫事人員執行醫療業務時之安全。(第4項)違反第二項規定者,警察機關應排除或制止之;如涉及刑事責任者,應移送司法機關偵辦。(第5項)中央主管機關應建立通報機制,定期公告醫療機構受有第二項情事之內容及最終結果。」

[16] 醫療法第106條:「(第1項)違反第二十四條第二項規定者,處新臺幣三萬元以上五萬元以下罰鍰。如觸犯刑事責任者,應移送司法機關辦理。(第2項)毀損醫療機構或其他相類場所內關於保護生命之設備,致生危險於他人之生命、身體或健康者,處三年以下有期徒刑、拘役或新臺幣三十萬元以下罰金。(第3項)對於醫事人員或緊急醫療救護人員以強暴、脅迫、恐嚇或其他非法之方法,妨害其執行醫療或救護業務者,處三年以下有期徒刑,得併科新臺幣三十萬元以下罰金。(第4項)犯前項之罪,因而致醫事人員或緊急醫療救護人員於死者,處無期徒刑或七年以上有期徒刑;致重傷者,處三年以上十年以下有期徒刑。」

[17] 103年1月14日修法理由,醫療法第24條:「為維護醫療環境與醫護人員執業安全,惟若未積極改善醫病關係不對等,恐致醫病關係更加緊張。鑑於『滋擾醫療機構秩序部分』含括於『妨礙醫療業務之執行』,如未含括部分,回歸社會秩序維護法第64條之規範,爰予刪除。並將第2項改為結果犯。另於第4項明定行為人如涉及刑責,警察機關應主動移送檢察官偵辦。醫療法第106條:為維護醫療環境與醫護人員執業安全,期能改善醫病關係,爰參酌刑法第135條第1項妨害公務罪及第304條強制罪之法定刑,增訂第3項。」106年4月21日修法理由,醫療法第24條:「一、第2項:為增加保障醫護人員或陪病者等之安全,首句刪除『病人』二字;並於次句『……恐嚇』後增加『、公然侮辱』等字,以增加保障之樣態;並刪除末句:『,致生危害醫療安全或其設施』之必要條件規範。二、第4項:為確保警察機關之處理權責,次句『警察機關應協助排除或制止之』,刪除其中『協助』二字;並配合實務作業將末句『應移送該管檢察官偵辦』,修正為『應移送司法機關偵辦』。三、增列第5項:『中央主管機關應建立通報機制,定期公告醫療機構受有第二項情事之內容及最終結果。』」醫療法第106條:「一、第3項:為擴增對

嚇、公然侮辱或其他非法之方法妨害醫療或救護業務執行，皆屬醫療暴力範圍；同法第106條第2項，若因毀損醫療機構或其他關於保護生命之設備，致生危險，亦爲妨害醫療業務執行之範疇；依其性質分爲兩類業務：

一、**醫療業務**：醫療業務涵蓋核心行爲與其他醫療輔助行爲，依據最高法院109年度台上字第742號刑事判決，按醫師法第28條規定，不論是主要業務還是附屬業務，凡職業上予以機會，對非特定多數人，所爲之治療、矯正或預防行爲[18]均屬之。

二、**救護業務**：依緊急醫療救護法第24條訂定之救護技術員管理辦法[19]，其第9條、第10條及第11條所載，救護業務含括檢傷分類與傷口處理、基本心肺復甦術、電擊器及體外心律器、呼吸器使用、依預立醫療流程執行注射或給藥等行爲，醫療法保護的客體擴大至緊急救護人員，係指緊急醫療救護法第4條所稱之人員。

第二項　何謂前科

犯罪前科爲民眾日常生活中常聽聞之語詞，然而「個人資料保護法」界定「犯罪前科」範疇，與「警察刑事紀錄證明核發條例」中之前科意涵略有不同，特於此闡述個人資料保護法前科，有助於勘誤前科在人民心中既定印象。

醫護人員安全之保障，將條文內之原『醫事人員』，增加『或緊急醫療救護人員』範疇；並將『、恐嚇或其他非法之方法』列入保障處罰要件；以及刪除『拘役』之處罰方式。條文修正爲：『對於醫事人員或緊急醫療救護人員以強暴、脅迫、恐嚇或其他非法之方法，妨害其執行醫療或救護業者，處三年以下有期徒刑，得併科新臺幣三十萬元以下罰金。』。二、第4項：併同擴大安全之保障，將次句『因而致醫事人員於死者』，修正爲：『因而致醫事人員或緊急醫療救護人員於死者』。」

[18] 最高法院109年度台上字第742號刑事判決理由。

[19] 臺灣高等檢察署，2022年6月27日，珍惜醫療資源，拒絕醫療暴力，https://www.tph.moj.gov.tw/4421/4475/632364/877816（最後瀏覽日：2023年4月27日）。

壹、警察刑事紀錄證明核發條例

臺灣高等檢察署說明,刑法及刑事訴訟中並未直接明文「前科」二字,若要定義何謂前科,僅能依據「警察刑事紀錄證明書」進行簡要論述[20],警察刑事紀錄證明相關規定,得由警察刑事紀錄證明核發條例第3條說明,係指警察機關依司法或軍法機關判決確定、執行之刑事案件資料所作成之紀錄證明,經過判決確定後,方可載於此證明中;警察刑事紀錄證明核發條例第6條但書另有訂定,如符合條文中之七款情事[21],則不予記載[22]。

警察刑事紀錄證明書,即為日常生活中常聽聞的「良民證」[23],由上述條文可見,良民證所記載之前科須經刑事判決確定且執行的案件,同條例第6條但書則說明不會記載於良民證之情形,如:犯罪後因符合但書中條件,並未入獄者,不會將犯罪載錄於警察刑事紀錄證明中。因此,我們可以判斷出良民證上記載之前科條件較為嚴苛,意味著只要人民沒有涉入重大刑事案件,便不影響生活中多數基本權益及資格。

---

[20] 臺灣高等檢察署,2022年6月27日,什麼是前科?前科會影響工作嗎?https://www.tph.moj.gov.tw/4421/4475/632364/815803/post(最後瀏覽日:2023年4月27日)。

[21] 警察刑事紀錄證明應以書面為之;明確記載有無刑事案件紀錄。但下列各款刑事案件紀錄,不予記載:1.合於少年事件處理法第83條之1第1項規定者;2.受緩刑之宣告,未經撤銷者;3.受拘役、罰金之宣告者;4.受免刑之判決者;5.經免除其刑之執行者;6.法律已廢除其刑罰者;7.經易科罰金或依刑法第41條第2項之規定易服社會勞動執行完畢,五年內未再受有期徒刑以上刑之宣告者。

[22] 臺灣高等檢察署,前揭註20。

[23] 臺北市士林區戶政事務所,2023年3月30日,警察刑事紀錄證明(俗稱良民證)內會記載些什麼內容?每個人都可以領到良民證嗎?犯罪前科紀錄都會註明在良民證上嗎?https://slhr.gov.taipei/News_Content.aspx?n=5EC1B74E2375D967&sms=87415A8B9CE81B16&s=A026F31AC99F468A(最後瀏覽日:2023年4月27日)。

貳、個人資料保護法

犯罪前科一詞始見於個人資料保護法第2條，其中定義個人資料包含自然人之犯罪前科，犯罪前科之深入定義可參見個人資料保護法施行細則，該細則第4條第6項規定：「本法第二條第一款所稱犯罪前科之個人資料，指經過緩起訴、職權不起訴或法院判決有罪確定、執行之紀錄。」

我國刑事訴訟法將訴訟分為自訴與公訴[24]，自訴是由被害人依刑事訴訟法第319條提起，由國家檢察官依刑事訴訟法第251條提起訴訟稱為公訴。個人資料保護法施行細則中規定的緩起訴與職權不起訴，皆為公訴程序中的一種措施。因此，受到緩起訴與職權不起訴處分的案件，代表被告與犯罪事實已經由檢察官提起訴訟，在特定身分、特殊情景、改正態度良好等其他條件下，檢察官裁量為緩起訴或是職權不起訴。

法院判決有罪確定是檢察官提起公訴後，經法院審判後認為有罪；如果犯罪證據不足，不起訴處分者則不被歸類於個人資料保護法中的犯罪前科。個人資料保護法提及的犯罪前科，需要透過法院判決確認為有觸犯刑法的案件，此類條件下的犯罪者會受到個人資料保護法的規範，相較於警察刑事紀錄證明核發條例所稱之前科，個人資料保護法中所規範的犯罪前科保護範圍更寬。

第二節　關於健保註記

健保註記屬於一項具有法律意義的行為，將影響人民就醫權利，本節將詳細剖析何謂健保註記，定義健保註記的意義、主體（註記權人）、客體、法源依據、內容及流程，檢視健保註記之重要性和相關

---

[24] 劉秉鈞，台刑事訴訟法：第一講——刑事訴訟上不告不理的「告」在第一審的意義與法律效果（上），月旦法學教室，第83期，頁46，2009年9月。

規範。

第一項　法律依據

全民健康保險法為健保註記之法律依據，又依本法第16條第2項規定訂定「全民健康保險保險憑證製發及存取資料管理辦法」，該辦法第6條規範健保卡得存取之資料內容，第7條至第8條規範健保卡密碼與讀取資料之限制、變更及其他事項，第9條至第10條規範醫事服務機構登錄就醫紀錄時效及上傳內容。

同辦法第11條規範讀取健保卡內紀錄、醫療費用資料，若依第7條設定密碼，將限制本條讀取內容，第13條規範應於保險醫事服務機構或保險人所設置設備進行更新之七款情形，第15條規範登錄及上傳資料運用目的，第16條規範保護資訊安全措施、監控管理機制、標準作業程序，落實執行適當保護機制。

依全民健康保險法第66條第1項及第67條第1項規定訂定「全民健康保險醫事服務機構特約及管理辦法」，該辦法第35條第1款、第36條第9款、第38條、第42條，規範中央健康保險署對於醫事服務機構之管理及懲處方式，得以維護健保註記之重要性，避免出現保險對象就醫資料未上傳至中央資訊系統的疏失，若出現嚴重影響保險對象之事宜，可能處以抵扣停約或終止特約期間。

病歷、醫療、基因、性生活、健康檢查等資料雖為個人資料保護法所保護標的，惟個人資料保護法第6條第1項但書第1款乃明定「法律明文規定」不在此限，故健保註記的法律依據為全民健康保險法，醫療人員、醫事服務機構、中央健康保險署依全民健康保險法第16條第2項，排除個人資料保護法之保護，得進行登錄健保卡及讀取資料。

依據安寧緩和醫療條例第6條之1、人體器官移植條例第6條第2項

明文規定，將意願註記於健保卡是一種具有法律效力的同意行為[25]，與單純私下和旁人表達意願的效力截然不同。倘若僅於日常生活中表達意願，須等家屬到場後表示同意才能進行處置[26]，否則當事人無法順利進行安寧緩和醫療及器官捐贈。健保註記的法律效力即與填寫意願書正本相同，可以完成捐贈者支配自己身體的意志[27]，若有變更姓名或其他因素導致原健保卡不存在的情形，亦不必重新簽署意願書；基於每個人身分證字號皆為固定，如有申領新健保卡時，也會註記於此張IC卡內。

第二項　主體與客體

壹、註記主體

依全民健康保險法第7條所載，所謂保險人係指衛生福利部中央健康保險署，依據全民健康保險保險憑證製發及存取資料管理辦法第6條及第13條規定，基本資料由主管機關衛生福利部中央健康保險署負責寫入；健保資料分為兩類註記方式，一類是由在醫事服務機構的人員負責寫入，一類則由保險人進行登錄。

全民健康保險保險憑證製發及存取資料管理辦法第8條明定，保險人應於各地區設置聯絡處和相關設備，提供資料更新及變更，因此，同辦法第13條所規定之情形，如常見的器官捐贈、安寧緩和醫療、其他就醫需要之註記，皆可於保險人分區業務組辦理變更。

醫療專區資料是一般醫療院所具備之註記權限，需要在醫事機構

---

[25] 中華民國器官捐贈協會，簽卡停看聽，https://www.organ.org.tw/OnePage.aspx?tid=141#遺失（最後瀏覽日：2022年12月13日）。

[26] 張雅雯，鉅亨網新聞中心，2010年6月18日，健保卡註記不急救 具法律效力，https://news.cnyes.com/news/id/2590985（最後瀏覽日：2022年12月13日）。

[27] 衛生福利部，2012年12月3日，請支持器官捐贈並將意願加註於健保IC卡，https://www.mohw.gov.tw/cp-3159-23795-1.html（最後瀏覽日：2022年12月13日）。

或特約藥局使用醫事人員憑證卡讀取寫入,此類重要處方診斷可以藉由較嚴格條件限制輸入者身分,避免出現藥物資訊輸入錯誤的情形;衛生行政專區資料僅有三部分,分別為預防接種資料、同意器官捐贈註記、同意安寧緩和醫療註記,其中器官捐贈、安寧緩和醫療註記須由中央主管機關登錄,而預防接種資料可在接種單位完成註記,接種單位包含各地方政府衛生所、疫苗合約診所等醫療院所[28]。

健保資料區塊中可利用的登錄方式較為特殊,大致上分為三種,一是需要在醫事機構登錄的部分;二是由主管機關登錄的部分;三是醫事機構且要用醫事人員憑證卡讀取的部分,如:主、次診斷碼、重大傷病註記、其他就醫需要之註記,藉由限制輸入資料人員的身分,以及使用醫事機構的網路位置,雙重保護患者資料的安全性,避免患者的醫療資訊外洩。

健保卡並不會顯示是哪一位醫師或承辦人員完成資料上傳,只會顯示醫療機構的代碼,可以保障醫師及承辦人員的權利,因此,醫師診斷、治療行為不會受到其他因素干擾,再加上多數民眾並非每次都會在同一家醫院就診,透過健保註記將就診紀錄及處置方式輸入於晶片中,可以連通不同醫師對疾病的判斷,更能知悉患者過去的疾病史。

貳、註記客體

現行健保卡得存取資料內容(參見表3-2-1),分為基本資料、健保資料、醫療專區資料、衛生行政專區資料四個類別,基本資料區用於識別個人身分,健保資料用於註記就診紀錄與診斷處方,醫療專區用於特殊處方或藥物,衛生行政專區用於與衛生單位、行政單位共同的規劃項目。

---

[28] 特急件—DHA醫療天地,2005年9月15日,衛生署疾病管制局電傳資料,https://dha.esis.com.tw/book/NIIS94091.htm(最後瀏覽日:2022年12月14日)。

　　健保註記客體爲全民健康保險憑證[29]，俗稱健保卡或健保IC卡，2022年已正式推出虛擬健保卡系統[30]；當保險對象至醫療機構就醫、到各地區聯絡處執行相關業務、線上申辦安寧緩和醫療或器官捐贈意

---

[29] 全民健康保險法第16條第1項。

[30] 健保署自2004年全面換發健保晶片卡取代原先健保紙卡，獲得各界肯定。考量首發卡已超過18年，健保卡改革應配合行政院推動行動生活、智慧醫療政策之前瞻角度妥適規劃，以契合數位國家發展方向。健保署與行政院PDIS合作，邀集各類民眾族群、醫師、藥師、護理師、資訊人員、法規、人權、資安專家學者與相關公協會，分別於2018年7月4日、2018年0月0日及2018年11月26日共召開三次協作會議，從以人爲本的思考設計，創造政府與民眾的對話機制，聽取多方意見，找出符合民眾需求的解決方案。協作會議決議新一代健保卡的規劃不包括生物辨識資訊，辦理原則爲：虛實並行，實體健保卡保留現制，逐步發展虛擬健保卡；試辦計畫，虛擬卡模式進行試辦，測試好再全面上線；就醫爲主，健保卡以醫療使用爲主，不增加其他功能（例如電子支付功能）。健保署自2019年起開始辦理虛擬健保卡就醫模式之試辦，2019年完成500位民眾於醫院及診所門診就醫情境試作；2020年度擴大於不同層級醫療院所、藥局、復健治療機構、居家醫療照護等多元場域，共完成2,633名個案之試辦；2021年度以醫療服務未能滿足之「居家醫療」、「遠距診療」及「視訊診療」三場域擴大辦理，計563家醫療院所參與試辦，450家上線取號成功。截至2022年4月底，約8.3萬民眾已申辦虛擬健保卡，527家醫療院所已上線，醫療院所申報紀錄約5,000筆。衛生福利部中央健康保險署，虛擬健保卡簡介，就醫不需實體卡 虛擬健保卡誕生，https://www.nhi.gov.tw/Content_List.aspx?n=FBF1EAB29ED73940&topn=787128DAD5F71B1A（最後瀏覽日：2023年3月12日）。虛擬健保卡系統自2022年4月19日改版升級，加入拍攝／上傳身分證明文件及後臺審核機制，提升個資的安全性，民眾可依個人需要臨櫃現場申請（專案申請）或一般自行申請（一般申請）。臨櫃現場申請者，由櫃檯人員審核後，隨即提供一組【審核認證碼】，輸入後當下即可完成申請。而採一般自行申請者，約需等待3個工作天，審核完成後即顯示虛擬健保卡，未完成審核則顯示【審核中】，若審核被退件將顯示【退件原因】，民眾可檢視退件原因說明後重新提出申請。健保署表示，完成虛擬健保卡申請後，就醫時只要出示手機的QR code就可以完成掛號、看診、檢驗及檢查。近期面臨染疫人數快速增加，建議民眾可透過虛擬健保卡視訊診療，完成零接觸看診，降低就醫染疫風險，亦可多加利用健保快易通APP查詢申辦健保業務。衛生福利部中央健康保險署，2022年5月5日，申辦虛擬健保卡 於居家隔離接受視訊診療就醫安全又便利，https://www.nhi.gov.tw/News_Content.aspx?n=FC05EB85BD57C709&sms=587F1A3D9A03E2AD&s=4C72A7BDC1454CC9（最後瀏覽日：2023年3月12日）。

願註記等[31]，皆須要註記在健保卡IC晶片中。健保卡正面列有姓名、出生年月日、身分證字號、健保卡流水號及嵌入IC晶片[32]，IC晶片包含記憶體、微處理器及控制邏輯電路軟體[33]，藉由晶片中系統連接資料，規劃四個資料分區（參見表3-2-1），當不同類別資料寫入時，會進入各自的區域，可用於身分識別與醫療行為等業務。

表3-2-1　健保卡得存取資料內容[34]

基本資料	健保資料	醫療專區資料	衛生行政專區資料
1. 卡片號碼 2. 姓名 3. 身分證明文件號碼 4. 出生年、月、日 5. 性別 6. 發卡日期 7. 照片 8. 卡片註銷註記	1. 保險人代碼 2. 保險對象身分註記 3. 卡片有效期限 ★4. 重大傷病註記 5. 就醫可用次數 6. 最近一次就醫序號 ◎7. 新生兒依附註記 ◎8. 就醫類別 ◎9. 新生兒就醫註	★◎1.門診處方箋 ★◎2.長期處方箋 ★◎3.重要處方項目 ★◎4.過敏藥物 ★◎5.檢驗（查）結果。 ★◎6.醫療檢查影像及影像報告 ★◎7.出院病歷摘要	◎1. 預防接種資料 2.同意器官捐贈註記 3.同意安寧緩和醫療註記

---

[31] 衛生福利部，我的E政府，申辦安寧緩和醫療及器官捐贈意願註記，https://www.gov.tw/News3_Content.aspx?n=2&s=375676（最後瀏覽日：2022年12月14日）。

[32] 黃紋琪，KingNet國家網路醫藥，2019年5月28日，IC卡—你的識別證！健保資料要更新 卡片不必跟著換！https://www.kingnet.com.tw/news/single?newId=13921，（最後瀏覽日：2022年12月14日）。

[33] 王嘉斌，晶片IC卡的應用，科學研習月刊，第48卷第8期，頁2-5，2011年。

[34] 2023年1月4日，衛生福利部發布全民健康保險保險憑證製發及存取資料管理辦法第6條修正規定，為利保險對象就醫時，提供醫師更完整之就醫資料，供診療處方參考，以提升醫療服務品質，新增健保卡得存取資料內容，並增訂備註四。

表3-2-1　健保卡得存取資料內容（續）

基本資料	健保資料	醫療專區資料	衛生行政專區資料
	記 ◎10. 就診日期時間 ◎11. 補卡註記 ◎12. 就醫序號 ◎13. 保險醫事服務機構代碼 ★◎14. 主、次診斷碼 ◎15. 就醫醫療費用紀錄 16. 就醫累計資料 17. 醫療費用總累計 18. 個人保險費 ◎19. 保健服務紀錄 ◎20. 緊急聯絡電話 ◎21. 孕婦產前檢查 ★22. 其他就醫需要之註記	★◎8.全民健康保險醫療服務給付項目及支付標準規定應上傳者	

備註：
一、基本資料第1項至第4項及第7項，顯示於健保卡之卡面。
二、內容標示◎者，為保險醫事服務機構登錄之就醫紀錄，無標示者，為保險人登錄之資料；標示★者，為保險醫事服務機構需使用醫事人員卡讀取之就醫紀錄，保險對象於保險人各分區業務組、聯絡辦公室之讀卡設備得讀取表列所有內容。
三、保險對象因罹患精神疾病、人類免疫缺乏病毒感染、受性侵害所造成之傷病就醫，得依病人要求，不予登錄就醫紀錄。
四、醫療專區資料第5項至第8項，保險人得視健保卡存放容量限制或就醫紀錄產製時間，指定保險醫事服務機構上傳予保險人。

資料來源：全民健康保險保險憑證製發及存取資料管理辦法第6條。

第三項 流程與內容

壹、基本資料

基本資料於申辦健保卡時由主管機關中央健康保險署註記，對於首次申請健保卡者，共有兩種類別，分別為新生兒及一般民眾[35]。新生兒父母於辦理出生登記時，可在戶政事務所一同加保並申請健保卡，而家長會被詢問是否同意通報健康保險署，於「戶政事務所通報健保署跨機關服務申請書」上簽名後，選擇父母其中一方依附投保，製作有相片健保卡或者是無相片健保卡[36]。有相片健保卡者，相片可透過戶政事務所提供之證明單上連結，至健保卡相片上傳平臺補傳照片；無相片健保卡者，新生兒就醫時需要提供可以佐證身分的文件，如戶口名簿影本、戶籍謄本[37]。

新生兒亦可選擇投保於家長所在的公司、工會、農會、漁會或區公所，投保方式有網路申請、戶籍地之公所、書面申請。網路申請──透過向投保單位申請，由單位承辦人於健保署網路平臺填寫健保卡製發及寄送地址；戶籍地之公所──於投保時一併申請健保卡；書面申請──由申請人提供請領健保卡申請表，及投保單位填寫的加保表，郵寄掛號至主管機關[38]。

新生兒若已經完成投保但尚未申請領取IC卡者，可至現場臨櫃申

---

[35] 衛生福利部／中央健康保險署，2022年4月18日，第一次申請健保卡，https://www.nhi.gov.tw/Content_List.aspx?n=15C3C2050C11D72C&topn=5FE8C9FEAE863B46（最後瀏覽日：2022年12月15日）。

[36] 衛生福利部／中央健康保險署，戶政事務所，https://www.nhi.gov.tw/Content_List.aspx?n=E846F680B70E05F2&topn=3185A4DF68749BA9（最後瀏覽日：2022年12月15日）。

[37] 衛生福利部／中央健康保險署，前揭註36。

[38] 衛生福利部／中央健康保險署，向投保單位申請首次參加健保，https://www.nhi.gov.tw/Content_List.aspx?n=10CAFA264CF3B030&topn=3185A4DF68749BA9（最後瀏覽日：2022年12月15日）。

領、網路管道申辦、自行裝封郵寄申領[39]。現場臨櫃申領——攜帶身分證明文件正本、照片及工本費，至健保署公告地址及委託代辦地點申辦[40]；網路管道申辦——使用自然人憑證登錄健保署資料網辦理作業[41]；自行裝封郵寄申領——確認加保行為已經完成，填寫請領健保卡申請表，檢附身分證明文件影本及照片，郵寄至健保署公告之各區域業務組[42]。

　　一般民眾，包括境外出生新生兒、初設戶籍國人、外籍人士[43]，完成加保手續後便可以申請健保卡，辦理渠道共有二種，分別為現場臨櫃申領、自行裝封郵寄申領[44]，備妥相關資料至當地主管機關提出申請，主管機關確認無誤立即開始製作，隨後領取健保卡[45]。變更健保註記中基本資料，可透過以下三種途徑：臨櫃現場領卡據點、郵局

---

[39] 衛生福利部／中央健康保險署，2021年10月26日，已完成投保尚未申領健保卡者，https://www.nhi.gov.tw/Content_List.aspx?n=F59F8D69186A7B6E&topn=3185A4DF68749BA9（最後瀏覽日：2022年12月15日）。

[40] 衛生福利部／中央健康保險署，現場臨櫃申領，https://www.nhi.gov.tw/Content_List.aspx?n=D122D839272B65A8&topn=5FE8C9FEAE863B46（最後瀏覽日：2022年12月15日）。

[41] 衛生福利部／中央健康保險署，網路管道申辦，https://www.nhi.gov.tw/Content_List.aspx?n=DE0875320C8EC077&topn=5FE8C9FEAE863B46（最後瀏覽日：2022年12月15日）。

[42] 衛生福利部／中央健康保險署，自行裝封郵寄申領，https://www.nhi.gov.tw/Content_List.aspx?n=E40B4388C9B14621&topn=5FE8C9FEAE863B46（最後瀏覽日：2022年12月15日）。

[43] 衛生福利部／中央健康保險署，2022年4月18日，第一次申請健保卡，https://www.nhi.gov.tw/Content_List.aspx?n=15C3C2050C11D72C&topn=5FE8C9FEAE863B46（最後瀏覽日：2022年12月15日）。

[44] 衛生福利部／中央健康保險署，2022年10月26日，已完成（曾）投保尚未申領健保卡者，https://www.nhi.gov.tw/Content_List.aspx?n=A6590A97B59EF690&topn=3185A4DF68749BA9（最後瀏覽日：2022年12月15日）。

[45] 衛生福利部／中央健康保險署，現場臨櫃申領，https://www.nhi.gov.tw/Content_List.aspx?n=08E39A9419BBDD24&topn=5FE8C9FEAE863B46（最後瀏覽日：2022年12月16日）。

代收、戶政事務所[46]。攜帶申請書及身分證明文件正本，包括國民身分證、中華民國護照、中華民國汽（機）車駕駛執照、居留證明文件、其他由政府機關（構）核發且載有足供辨識身分之證件[47]，待資料傳送至健保署，承辦人員將更新基本資料。

貳、衛生行政專區資料

一、**預防接種資料**：基於網路安全，保障人民隱私，我國人民完成接種疫苗皆會透過政府架設的網路，例如健保資訊網（VPN），或已經擁有主管機關核准的固定IP，連線至衛生福利部疾病管制署，使用全國性預防接種資訊管理系統（NIIS）開始接種資料建檔作業[48]。

輸入醫療機構的代碼、使用者帳號（身分證字號）、疫苗資料，包括疫苗廠牌、劑次、批號、接種站名稱、接種日期、接種時間、接種位置、負責醫師等；另須登錄個案基本資料，包含身分別、姓名、身分證字號、出生日期等；疫苗接種紀錄資料匯入系統便會上傳至全國性預防接種資訊管理系統[49]。

---

[46] 衛生福利部／中央健康保險署，更換、補發健保卡，https://www.nhi.gov.tw/Content_List.aspx?n=6F4D3F00A5371591&topn=5FE8C9FEAE863B46（最後瀏覽日：2022年12月16日）。

[47] 衛生福利部／中央健康保險署，身分證明文件正本，https://www.nhi.gov.tw/Content_List.aspx?n=D6848D760540FAB5&topn=3185A4DF68749BA9（最後瀏覽日：2022年12月16日）。

[48] 衛生福利部／疾病管制署，2014年2月26日，醫療院所預防接種資料查詢系統，https://www.cdc.gov.tw/Category/Page/z_vOjN1F__1odOkk2vI5cA（最後瀏覽日：2022年12月16日）。衛生福利部／疾病管制署，2022年10月11日，預防接種紀錄查詢相關Q&A，https://www.cdc.gov.tw/Category/QAPage/bUf9mn-Rpohftp1AJ9JeyUA（最後瀏覽日：2022年12月16日）。

[49] 衛生福利部／疾病管制署、凌網科技，全國性預防接種資訊管理系統（NIIS）實務與操作，https://www.cdc.gov.tw/Category/QAPage/bUf9mnRpohft-p1AJ9JeyUA（最後瀏覽日：2022年12月16日）。衛生福利部／疾病管制署，2018年5月15日，全國性預防接種資訊管理系統（NIIS）改版建置委外服務案

二、**同意器官捐贈註記與同意安寧緩和醫療註記**：安寧緩和醫療意願
　　註記與器官捐贈意願註記得經網路線上申辦、郵寄辦理兩種管
　　道[50]。網路辦理申請人要備有自然人憑證和讀卡機，登入衛生福
　　利部資訊系統，在表單欄位上簽署同意[51]；或選擇郵寄的方式，
　　將預立醫療決定書、預立安寧緩和醫療暨維生醫療抉擇意願書、
　　器官捐贈同意書，選擇欲建立健保註記區塊，列印、簽署紙本文
　　件，掛號送至主管機關所公告的資料處理小組，由資料處理小組
　　進行登錄、歸檔上傳、審核，最後再由健保署統一完成健保註
　　記[52]。

參、健保資料

　　此區可利用資料性質分為三類，中央主管機關登錄保險對象健保
業務、醫事服務機構註記醫療相關資料、保險人與服務機構共同處理
事務，包括重大傷病註記及主、次診斷碼與其他就醫需要之註記，皆
為中央主管機關登錄保險醫事服務機構讀取，如重大傷病註記是經醫
師診斷符合重大傷病申請要件，開立診斷證明書、病歷摘要或檢查報
告，填寫申請書，出示身分證明向中央健康保險署申請[53]，通過審核

國際預防接種子系統（VACC）系統操作手冊 第1.0版，https://www.cdc.gov.
tw/Uploads/files/國際預防接種子系統系統操作手冊.pdf（最後瀏覽日：2022年
12月16日）。

50 衛生福利部，申辦服務—申辦安寧緩和醫療及器官捐贈意願註記，https://
www.gov.tw/News3_Content.aspx?n=2&s=375676&lep=21（最後瀏覽日：2022
年12月16日）。

51 衛生福利部，預立醫療決定、安寧緩和醫療及器官捐贈意願資訊系統，
https://hpcod.mohw.gov.tw/HospWeb/RWD/login.aspx（最後瀏覽日：2022年12
月16日）。

52 衛生福利部，前揭註50。捐贈者家屬，中國醫藥大學附設醫院 器官捐贈，
2021年11月3日，愛的麥子，愛的蔓延……，https://www.cmuh.cmu.edu.tw/
HealthEdus/Detail?no=5473（最後瀏覽日：2022年12月16日）。

53 衛生福利部／草屯療養院，常見Q&A內容 如何申請重大傷病卡？https://www.
ttpc.mohw.gov.tw/?aid=510&pid=0&page_name=detail&iid=69（最後瀏覽日：
2022年12月17日）。

後將由健保署完成註記。

　　全民健康保險保險憑證製發及存取資料管理辦法第16條明文，保險醫事服務機構上傳資料機制，是以限制健保資料與醫療專區資料安全性；衛生福利部中央健康保險署公告「健保卡登錄及操作說明上傳作業手冊」簡易流程[54]如下[55]：

　　第一步：醫療院所申請健保資訊網，需要準備申請文件，包含醫療院所開業執照、統一編號編配書、負責人雙證件及大小印鑑，洽詢各地電信服務單位，需要臨櫃辦理[56]。

　　第二步：購買健保卡讀卡機，醫療院所依據實際需求選擇適合的款式，接受民眾健保卡及醫事人員憑證卡，醫事人員憑證卡另行向憑證管理中心申辦，讀卡後可讀取就醫資料，配合每日開機認證，確認健康保險署授權並校正時間[57]。

　　第三步：至主管機關網站下載申請表單，填寫讀卡機安全模組（SAM卡）申請表，申請表蓋上特約大小章，申請文件檢具申請表及讀卡機購買證明正本或發票影本，郵寄至當地主管機關，主管機關於收到合約書後十個工作日寄達醫療院所[58]。

　　第四步：每日上傳三步驟，先行讀取健保卡中就醫跟用藥紀錄，接著登錄當次就醫紀錄（參見表3-2-2），於24小時內，經由健保資訊網將紀錄上傳至中央健康保險署留存與備查[59]。

---

[54] 衛生福利部／中央健康保險署—北區業務組—醫務管理科，健保卡登錄及操作說明上傳作業手冊，頁1，http://sc-dr.tw/news/105/05/05180101.pdf（最後瀏覽日：2022年12月14日）。

[55] 第一步醫療院所申請健保資訊網，第二步購買專用讀卡機，第三步申請安全模組，第四步完成每日上傳，第五步結果查驗，第六步異常處理；如果資訊系統超過二日無法正常上傳，待維修後補正上傳，依異常原因處理且留檔備查。

[56] 衛生福利部／中央健康保險署—北區業務組—醫務管理科，前揭註54，頁5。

[57] 衛生福利部／中央健康保險署—北區業務組—醫務管理科，前揭註54，頁6。

[58] 衛生福利部／中央健康保險署—北區業務組—醫務管理科，前揭註54，頁7。

[59] 全民健康保險保險憑證製發及存取資料管理辦法第10條。衛生福利部／中央健康保險署—北區業務組—醫務管理科，前揭註54，頁8。

表3-2-2 保險醫事服務機構應上傳之就醫紀錄內容[60]

基本資料	健保資料	醫療專區資料	衛生行政專區資料
1. 卡片號碼 2. 身分證明文件號碼 3. 出生年、月、日	1. 新生兒依附註記 2. 就醫類別 3. 新生兒就醫註記 4. 就診日期時間 5. 補卡註記 6. 就醫序號 7. 保險醫事服務機構代碼 8. 醫事人員身分證明文件號碼 9. 安全簽章 10. 主、次診斷碼 11. 當次就醫醫療費用紀錄 12. 保險人為突發情事需追蹤管理之就醫相關資料	1. 門診處方箋 2. 重要處方項目 3. 處方簽章 4. 過敏原或過敏藥物 5. 保險人指定之檢驗（查）結果 6. 保險人指定之醫療檢查影像及影像報告 7. 出院病歷摘要 8. 全民健康保險醫療服務給付項目及支付標準規定應上傳者	1. 預防接種資料

資料來源：全民健康保險保險憑證製發及存取資料管理辦法第10條。

---

[60] 2023年1月4日，衛生福利部發布全民健康保險保險憑證製發及存取資料管理辦法第10條修正規定：「一、配合附表一新增保險醫事服務機構應登錄於健保卡內容之項目，併新增於『醫療專區資料』，以促進醫療資訊共享，提升醫療服務品質，防止醫療資源浪費。二、檢驗檢查項目繁多，爰規定由保險人依資料運用目的，及臨床實際作業之考量，指定應上傳檢驗檢查結果、影像及報告之項目。」

　　第五步：查驗五步驟，使用憑證登入健保資訊網，進入每日上傳結果中點選「IC卡就醫上傳檢核結果」，確認接收筆數是否與當日就醫筆數相同，查詢「健保卡就醫上傳檢核結果查詢」、「健保卡醫費勾稽作業」等服務項目，搜尋有無無效明細，如果出現錯誤資料，下載報表或申請，找出錯誤代碼比對欄位，修正錯誤原因，完成「補正上傳」[61]。

　　第六步：異常情形處理，分為三種狀況：狀況一，因設備機械性故障或系統網路等問題，無法執行過卡取號，對照異常代碼對照表找出異常原因，使用異常代碼，以健保身分就醫，排除狀況後，依規定上傳；若超過24小時未上傳，應記載在病歷或將相關資料留存於資料夾，無須向主管機關報備[62]；狀況二，因民眾忘記攜帶健保卡或其他問題，能夠以欠卡、押金或檢附身分證明影本等方式就醫，忘記帶卡者，要在十日內補卡，24小時內上傳；其他情形，以異常代碼掛號，填寫例外就醫名冊送至當地主管機關備查，24小時內上傳[63]；狀況三，因非人為原因超過24小時方上傳至系統，在異常情形解除後重新上傳，補上傳十日內向當地主管機關報備，填寫「健保卡作業異常狀況報備單」附上佐證資料，例如有設備維修單、安全模組簽收單等，共同郵寄至當地主管機關[64]。

　　上傳資料若出現錯誤，在下個月費用申報前都可以進行「補正上傳」，但是醫事機構代碼、就診日期、就診時間、出生日期、身分證字號皆無法變更；倘若修改上傳資料，重新上傳該筆錯誤部分，當

---

[61] 衛生福利部／中央健康保險署—北區業務組—醫務管理科，前揭註54，頁9-17。

[62] 衛生福利部／中央健康保險署—北區業務組—醫務管理科，前揭註54，頁18。

[63] 衛生福利部／中央健康保險署—北區業務組—醫務管理科，前揭註54，頁19。

[64] 衛生福利部／中央健康保險署—北區業務組—醫務管理科，前揭註54，頁20。

出現重複送出資料之情形，系統將存取第一次更正部分；假如醫事人員憑證卡時效到期，需要至憑證管理中心重新辦理，才能進行健保註記[65]。

罕見疾病或特殊疾病患者，如憂鬱症、愛滋病，個案可能要求醫師不要將就醫資料寫入健保卡，此時，醫師選擇異常代碼（其他），便可以在不取得簽章的情況下，上傳就醫資料[66]。除門診醫令外，一定要上傳的醫令為住院的「重要醫令」及「住院手術」，若醫師下達其他住院醫令則無須上傳[67]。跨月、跨日的檢驗，如血液相關生化數值，看診當日能以「累計就醫序號」進行刷卡，其餘尚未完成的檢驗數值將不上傳，待檢查完成後，過卡以「不需累計就醫序號」的方式，上傳時選擇「排程檢查」的類別[68]。

肆、醫療專區資料

醫療專區資料與健保資料同為保險醫事服務機構登錄之內容，共四個類別，著重在處方和藥物，分別為門診處方箋、長期處方箋、重要處方項目及過敏藥物，醫師開立處方內容寫入成功後，控制軟體將處方簽章送至醫療資訊系統（HIS），與其他就醫資料一併上傳。根據醫師法第13條規定，醫師處方應於處方箋上簽章，代表完成病情判斷並確認治療方案[69]，亦可預防重複給藥[70]，而上傳至醫療資訊系

---

[65] 衛生福利部／中央健康保險署—北區業務組—醫務管理科，前揭註54，頁22。

[66] 衛生福利部／中央健康保險署—北區業務組—醫務管理科，前揭註54，頁25。

[67] 衛生福利部／中央健康保險署—北區業務組—醫務管理科，前揭註54，頁23。

[68] 衛生福利部／中央健康保險署—北區業務組—醫務管理科，前揭註54，頁23。

[69] 衛生福利部／桃園療養院，常見問題內容 什麼是處方箋？https://www.typc.mohw.gov.tw/?aid=512&pid=0&page_name=detail&iid=41（最後瀏覽日：2023年4月6日）。

[70] 衛生福利部／中央健康保險署—北區業務組—醫務管理科，前揭註54，頁

統，能夠整合病歷系統、醫囑作業、處置排程[71]。

基於慢性病病情較為穩定之特性，慢性處方箋的存在可提供患者選擇於鄰近的特約藥局取藥[72]，領有慢性病連續處方箋之患者，醫師會於第一次開立時，將處方箋上藥品全部寫入健保卡，如果有其他一般疾病，醫師也可以一併診治及給予處方，減少醫療費用及資源浪費[73]，由於患者每次領藥時間存在差異，仍然要依次登錄領藥資訊[74]。2013年3月27日，我國開始架設健保醫療資訊雲端查詢系統[75]，2019年10月8日，衛生福利部開放藥師得依該系統呈現的處方藥品進行第二次以後之藥品調劑[76]，使遺失連續處方箋且不便回原院所重新開立處方箋之民眾能夠透過其他渠道取得藥物。

藥物過敏發生時，輕微者或將延誤疾病治療進程，嚴重者恐有性命之憂[77]，在無法完全確定任何一種藥物是否會產生特異性反應的前

25。

[71] 劉麗惠，電子時報，2007年7月12日，360°應用：醫療資訊系統（HIS），https://www.kingnet.com.tw/news/single?newId=13921（最後瀏覽日：2022年12月17日）；UE宥懿股份有限公司，醫療資訊系統（HIS）HIS醫療資訊系統圖1，https://www.csh.org.tw/dr.tcj/v2/production_HIS.html（最後瀏覽日：2022年12月17日）。

[72] 龔佩珍、呂嘉欣、蔡文正，某層醫師釋出慢性病連續處方箋之意願及相關因素，台灣公共衛生雜誌，第26卷第1期，頁27，2007年2月；中央健康保險署／全民健康保險醫療品質資訊公開網，慢性病連續處方箋釋出率，https://www.nhi.gov.tw/AmountInfoWeb/iDesc.aspx?rtype=2&Q5C2_ID=842（最後瀏覽日：2022年12月17日）。

[73] 中央健康保險署／全民健康保險醫療品質資訊公開網，前揭註72。

[74] 衛生福利部／中央健康保險署—北區業務組—醫務管理科，前揭註54，頁24。

[75] 衛生福利部／中央健康保險署，健保醫療資訊雲端查詢系統大事紀，https://www.nhi.gov.tw/Content_List.aspx?n=4ECCECAD2500FA7B&topn=5FE8C9FEAE863B46（最後瀏覽日：2022年12月17日）。

[76] 衛生福利部108年10月8日衛部醫字第1081670018號函。

[77] 陳佳南、賴輝雄、陳俊銘、林慧娟，藥物過敏與潛在危險因子之分析與探討，臺灣臨床藥學雜誌，第27卷第4期，頁282，2019年10月31日。

提下，力所能及的紀錄已知產生過敏反應之藥物，可將發生藥物不良反應的風險下降至最低。過往民眾大多使用藥物過敏與用藥紀錄卡[78]，然而，紙質卡片容易遺失或破損，透過健保註記的方式能完善紙本紀錄的缺點，有藥物過敏史的患者就診時主動告知醫師，請醫師協助再次檢核藥物，避免發生誤食情形[79]。

第四項　意義與法律效果

　　隨著科技時代的到來，1995年3月1日我國實施全民健康保險法，與之出現的是健保IC卡，透過內部晶片的運搆，中央健康保險署與地方醫事機構聯手打造全民健康保險制度，增加民眾就醫便利性。根據全民健康保險法第16條第2項、全民健康保險保險憑證製發及存取資料管理辦法第6條規定，健保註記係指將醫療資訊分別存放於不同的專區。

　　基本資料區中之資料，如姓名、性別、照片等，提供業務處理時辨識是否為本人，透過比對晶片中基本資料與卡面上基本資料是否相同，再次確認持有卡片者身分是否正確無誤，而卡片註銷註記可以讓醫療院所、衛生單位等機構確認持有健保卡的人是否是正常授權的狀態，如有其他疑慮，也可以利用讀卡機讀取相關資訊。

　　健保資料區塊多為醫療相關紀錄，而醫療專區資料為各式處方，此乃藥物使用容易產生交互作用，個案身體條件可能會限制手術排程，醫療處置是與性命直接相關的行為，因此醫師於診斷疾病、藥物搭配、安排治療方案時，要更加留意患者的個體差異，盡可能減少不良反應，註記的存在得以協助各科別醫師等臨床醫事人員彙整資訊，

[78] 衛生福利部／桃園療養院，2008年7月3日，衛教資訊內容 藥物過敏與用藥紀錄卡，https://www.typc.mohw.gov.tw/?aid=509&pid=0&page_name=detail&iid=26（最後瀏覽日：2022年12月17日）。

[79] 衛生福利部／食品藥物管理署，2019年6月9日，藥物過敏愛注意 安全用藥才放心，https://www.mohw.gov.tw/cp-4256-47818-1.html（最後瀏覽日：2022年12月17日）。

維持醫療處置即時溝通及資訊對等的原則。

衛生行政專區資料包含預防接種資料、器官捐贈註記、安寧緩和醫療註記，預防接種資料較常運用於特定人群，如孩童時期注射預防性疫苗，或是特殊傳染性疾病時期，如流行性感冒高盛行，後兩類健保註記的存在是爲了尊重每個人對生命的選擇。爲何要將安寧緩和醫療意願及器官捐贈意願註記於健保卡上，而不再像以前一樣使用紙本或意願卡的方式攜帶呢[80]？

過往使用紙本意願書[81]，常發生無意間丟失、受到外界物理性破壞或容易忘記帶出門等意外，使得使用時缺乏立即性，但健保卡是日常生活中隨身攜帶的物品，毀損比例相對較低，鮮少出現字跡模糊而無法判讀之情形。再者，若是患者身體狀況無法出示紙本意願書，且家屬也不清楚他的決定時，健保註記可以減少醫療人員與家屬的溝通與衝突[82]，將意願加註於健保卡上是更爲便利且周全的方式。

根據全民健康保險法第1條第2項明文，本保險爲強制性之社會保險，具公法之性質，屬於一種行政契約，因此，保險人登錄資料爲產生法律效果的單方面行政行爲。而保險醫事服務機構登錄之資料，是人民於醫療機構時發生的醫療契約行爲，完全行爲能力人或無行爲能力人、限制行爲能力人之法定代理人爲意思表示，願意接受相關醫療處置，同意將醫療紀錄登錄於健保系統中，完成健保註記行爲，爲雙方意思表示合致產生法律效果的契約行爲。

依據全民健康保險法第16條第2項，健保註記是一項具備法律效

---

[80] 衛生福利部，預立醫療決定、安寧緩和醫療及器官捐贈意願資訊系統，https://hpcod.mohw.gov.tw/hospweb/RWD/QA/general_p.aspx（最後瀏覽日：2022年12月13日）。

[81] 李羚榕，Smart自學網，2017年7月27日，健保卡註記是否要安寧治療、插管善終不再是夢！https://smart.businessweekly.com.tw/Reading/IndepArticle.aspx?id=32757&p=2（最後瀏覽日：2022年12月13日）。

[82] 楊嘉玲、陳慶餘、胡文郁，醫療預立指示，安寧療護雜誌，第13卷第1期，頁32，2008年2月1日。

力的行為，註記客體為健保IC卡，該卡外觀上可辨識我國特定人民身分，晶片卡中各專區裡的內容代表該人民醫療處置相關內容、健保使用紀錄，為保障我國人民生命權及隱私權，中央健康保險署或保險醫事服務機構進行註記都要為其行為負責，同時，中央健康保險署應監督醫事服務機構，避免人為發生錯誤而使人民致生損害。

就醫資料寫入健保卡可以讓社會大眾清楚我國醫療的資源分布及各地區使用占比，減少資源浪費、重複領藥的現象[83]，確保醫師看診時能夠檢視患者的藥物史、理學檢查項目、血液檢驗生化值，改善異常就醫情事，確保民眾的用藥安全和醫療質量[84]，掌握當下疾病流行程度，有利於制定疾病防治策略，增進全國人民的健康生活品質。

基於每個人對生命都有不同理解，尊重個人意願及尊嚴的前提，器官捐贈及安寧緩和醫療註記是希望患者能於意識清醒且仔細思索過的情形下，完成意願書簽署，當真正遇到危急情況，或經醫師診斷為末期病人時，不會受到外界聲音、自身無法表達等因素，而無法選擇自己生命終了方式的權利，抑或不能遺愛人間，讓醫療系統僅僅是在維持有限生命，而患者已經處於難以甦醒、瀕臨死亡的狀態，對患者的尊嚴有所減損。

綜上所述，健保註記不單只是便宜行事，更能表達選擇臨終方式的意願，有助於未來大數據時代的整合，同時，憑藉網路無遠弗屆的便利性[85]，融合現代科技不斷地更新，每個人過往的所有醫療相關資

83　衛生福利部／中央健康保險署，2013年9月10日，八成民眾認為自己或家人沒有醫療資源浪費，近七成認別人有浪費，https://www.mohw.gov.tw/cp-3216-23022-1.html（最後瀏覽日：2022年12月14日）。

84　李玉春，第三屆全國婦女國是會議論文集，體檢全民健康保險：優缺點分析，https://taiwan.yam.org.tw/nwc/nwc3/papers/forum113.htm（最後瀏覽日：2022年12月14日）。

85　衛生福利部／中央健康保險署，2021年9月8日，遠距專科診療——健保山地醫療再精進，https://www.mohw.gov.tw/cp-5020-63097-1.html（最後瀏覽日：2022年12月14日）。

料將整合到健保卡上小小的晶片中，省略使用紙本病歷、減少自然資源耗損，展露出如何將環保意識、節能減碳運用於醫療體系之中[86]。

再者，自2019年11月新型冠狀肺炎病毒的問世，該病毒株的高傳染性、變異性及未知性，使得全球人民惶惶不安，我國政府面對嚴重特殊傳染性肺炎採取的是隔離政策，在被限制出入且未備有藥物的情況下，多數民眾採取視訊看診的方式[87]，此一行為真正體現出將個人資料、健保資料、醫療資料載入健保資料庫的重要性，徹底打破空間距離對醫療診治的侷限，有利於未來國家深入發展遠距醫療[88]。

---

[86] 衛生福利部／中央健康保險署，2017年12月3日，顧健康、愛地球，處處都有綠生活，https://www.mohw.gov.tw/cp-3250-29057-1.html（最後瀏覽日：2022年12月14日）。

[87] 蔡騰輝，電子時報，2021年3月30日，【遠距醫療專題—資訊篇2】解析健保IC卡4大區段功能，https://www.digitimes.com.tw/iot/article.asp?id=0000607228_C3F375CZ1SWXYT92PWIP0（最後瀏覽日：2022年12月14日）。

[88] 衛生福利部／中央健康保險署，2021年12月15日，虛擬健保卡・遠距好就醫—拉近我們與醫師的距離，https://www.mohw.gov.tw/fp-5023-64429-1.html（最後瀏覽日：2022年12月14日）。

第三章　我國個人資料保護法

　　1995年8月11日公布施行電腦處理個人資料保護法，我國政府欲以此法限縮、規範人民運用電腦及網際網路處理與傳輸個人資料的範疇，避免使用者於資料蒐集時侵害他人隱私權益[1]，伴隨科技的推演，立法者先前保護對象顯有不足[2]；2010年5月26日歷經第一次修法，更名爲「個人資料保護法」，旨在涵蓋舊法未保護領域[3]；2015

---

[1]　中華民國法務部，2020年12月24日，電腦處理個人資料保護法問答手冊內文上，頁1，https://www.moj.gov.tw/2204/2528/2529/2545/12760/post（最後瀏覽日：2023年3月2日）。

[2]　本法保護的資料爲經電腦處理的個人資料。就機器使用的有無而言，可分爲電腦處理與非電腦的人工處理二種。按個人資料之保護，本不應作任何區別，均也包括在資料保護法之內。但是資料保護所以成爲一項重要法律課題，是因爲電腦科技廣泛運用所造成的結果，亦即電腦可大量快速處理個人資料，加以複製、分析、輸出、傳遞等處理，若未對經電腦處理的個人資料妥爲管理，個人隱私甚易受到侵害，所以本法的制定目的主要係針對以電腦處理的個人資料。而非電腦處理的個人資料，除依民法、刑法的規定保護外，亦非不得納入本法保護之列，此時的考量應係執法的效能與社會各界接受的程度，如時機尚未成熟，可待本法施行後，經檢討得失利弊後，再考量應否納入。在立法例上，日本的「電子計算機處理個人資料法」與英國的「資料保護法」（Deta Protection Act），均僅適用於電腦處理的個人資料，並不包括人工資料，均可供參考。中華民國法務部，前揭註1，頁2，https://www.moj.gov.tw/2204/2528/2529/2545/12760/post（最後瀏覽日：2023年3月2日）。

[3]　電腦處理個人資料保護法自1995年8月11日公布施行，由於資訊通信科技發達的結果，透過電腦及網際網路處理與傳輸個人資料之情形已今非昔比，該法的規範顯然已不足夠，且個人資料外洩事件時有所聞，尤其是尚有龐大未適用該法的民間產業，影響個人資料本人的隱私權益甚鉅。鑑此，法務部組成修法專案小組於2004年間完成修正草案，歷經數年審議，終於在2010年4月27日完成三讀，同年5月26日總統公布「個人資料保護法」，除第6條、第54條外，其餘條文行政院指定於2012年10月1日施行。修正重點如下：擴大保護客體、普遍適用主體、增修行爲規範、強化行政監督、促進民眾參與、調整責任內涵、除外適用條款。臺灣澎湖地方檢察署，政令宣導，個人資料保

年12月30日公布第二次個人資料保護法修法，修正第6條、第54條及其他部分條文[4]；2023年5月31日公布第三次個人資料保護法修法，修正第48條、第56條；並增訂第1條之1。

第一節　立法理論基礎

個人資料保護法立法源於憲法保障之隱私權[5]，司法院釋字第585號解釋理由書中闡述：「隱私權雖非憲法明文列舉之權利，惟基於人性尊嚴與個人主體性之維護及人格發展之完整，並為保障個人生活秘密空間免於他人侵擾及個人資料之自主控制，隱私權乃為不可或缺之基本權利，而受憲法第22條所保障。[6]」本節憑藉介紹憲法的基本原則了解個人資料保護法的理論基礎。

第一項　法治國原則

法治國原則[7]核心價值是以民意為基石，法治國家以憲法為最高

護法問答篇，頁1，https://www.phc.moj.gov.tw/media/176380/31017113451963.pdf?mediaDL=true（最後瀏覽日：2023年3月2日）。

[4] 此次2015年之修正重點包括，確定特種資料之蒐集、處理、利用的原則與例外，當事人同意的方式除了特種資料之外，不再侷限於書面形式，非不法意圖違法使用個資之除罪化，及放寬對新法施行前間接蒐集個資之告知期間。2015年修正的個人資料保護法，及法務部於2016年3月2日公布修正之個人資料保護法施行細則，均經行政院指定於2016年3月15日施行。博仲法律事務所，2016年個資法全面完整修正施行，https://winklerpartners.com/zh/2016年個資法修正施行（最後瀏覽日：2023年3月7日）。

[5] 立法院，立法院司法、內政及邊政兩委員會第二屆第三會期審查「電腦處理個人資料保護法草案」第一次全體委員聯席會議紀錄，立法院公報，第83卷第45期2719號下冊，頁525，1994年6月16日，https://lis.ly.gov.tw/ttscgi/lgimg?@xdd!cec9c8c8c8ccc9c8c8c981c7cccbcacfccc4cfcacdcec4cfcacbce（最後瀏覽日：2023年3月5日）。

[6] 司法院釋字第585號。

[7] 司法院釋字第574號、司法院釋字第589號。

位階，由國家制定憲法，以憲法爲綱要決定行政體系發展模式，訂定相關法律及施行細則，鞏固國家運行之基本原則，維持社會秩序的穩定性，維護人民權利免受不法侵害[8]，萬一遭遇國家侵害可採行之救濟方法，同時確保人民皆有自主決定權。

　　理性國家治理是由帝王專制的人治國進化爲法治國的成果[9]，法治國原則由人性尊嚴、法律保留原則、明確性原則、法律優位原則、比例原則、平等原則、公益性原則組成。法治國意謂不論目的，公法、私法行爲皆須依照法律明文之程序及流程，其中，行政法性質係屬國家公法，以實現公共利益爲目的[10]，涵蓋國家行爲之合法性，拘束國家公權力執行限度，規劃行政組織、職權分配、內部關係，規範行政行爲與其外部環境影響。法律限制行政行爲，乃至整個行政權，此處法律一詞係指廣義的法律，概括全部由立法機關訂定之法規，即法規命令、行政規則。

　　我國憲法第23條係法律保留原則之要求，法律保留原則是爲確保行政權執行時，能有國家法律作爲依據，與此同時，行政行爲可以在法律授權下合法限制、干預、剝奪人民基本權利。行政程序法第1條

8　限制國家權力固然也對個人自主決定權提供了保障，因爲不受節制的極權政府往往也恣意干涉或壓制個人外在行爲的自由。但法治國原則對國家權力的限制，在個人行爲自由未直接受侵害的情況下，要求權力的行使仍不得恣意且須符合一定的要件。「法治國原則」在限制國家資訊作爲上除了同樣展現於上述「公正資訊處理原則」中的「目的特定原則」與「蒐集使用限制原則」外，「法治國原則」的另一個基本要求即是法律保留原則。法律保留原則要求涉及人民權利義務事項的國家作爲必須取得立法者明確的授權，不得僅以機關組織之法定執掌充作其合法作爲的依據。邱文聰，從資訊自決與資訊隱私的概念區分——評「電腦處理個人資料保護法修正草案」的結構性問題，月旦法學雜誌，第168期，頁178，2009年4月15日。

9　許育典，學校自治的憲法理論基礎建構，國立臺灣大學法學論叢，第36卷第4期，頁84，2007年12月。

10　司法院釋字第589號。

及第4條建立法律保留原則,為「積極的依法行政原則」[11],作為行政行為正當化之依據,約束公權力代表執行者行為手段及方法;行政程序法第109條及訴願法載明權利受國家侵害時,亦能依法採取對應措施維護自身權利,回復原狀或要求相應數額之賠償。

基於法律保留原則,行政程序法第5條明文,法律構成要件及效果須符合明確性原則,司法院釋字第432號解釋理由書中敘明明確性原則之意涵:「衡酌法律規範生活事實之複雜性及適用於個案之妥當性,意義非難以理解、受規範者所得預見、可由司法審查加以確認。」簡言之,法律的原則為清晰明瞭,具備一般常識之民眾能理解何人、何時、何地及其他特定條件,明確辨別可為之行為與不可為之行為的差異。

法律優位原則又名「消極的依法行政原則」[12],區分法律與行政權層級關係,法律將拘束行政行為,由憲法第171條及第172條得以辨別,我國規範以憲法為首,法律次之,法規命令、行政規則最末;位階低者牴觸位階高者視為無效,例如,法規命令不能逾越現行法授權之範圍,如果行政機關下達之法規命令違反其上位之法律或憲法,其效果為無效。

比例原則應符合「適當性、必要性、衡量性」三大要素,所謂適當性係指採取之行為或方法,應適合或有助於目的之達成;所謂必要性,係指行為不得逾越實現目的之必要程度,其達成目的之方法或手段,應採影響最輕微者,倘有多種同樣能達成目的之方法時,應選擇對人民權益損害最少者;所謂衡量性,係指手段應按目的加以衡量,所採取之方法所造成之損害與欲達成目的之利益間,不得顯失均衡[13]。

---

[11] 顏秀慧,法律櫥窗:法律保留原則~兼介司法院大法官會議釋字第734號解釋,綠基會通訊,第43期,頁35,2016年3月。

[12] 顏秀慧,前揭註11,頁35。

[13] 林洲富,個人資料保護法之理論與實務,元照出版有限公司,頁72,2019年10月二版。

　　基於暴力前科註記可能影響當事人人性尊嚴,本文將檢視是否符合憲法第23條法律保留原則與比例原則,現行法尚無健保註記醫療暴力前科規定,若恣意加註則不合乎法律規定,因此,本文建議以增進公共利益所必要作為修法方向,前科加註有利於醫療人員職業安全與國人就醫安全,故修訂個人資料保護法第6條第1項、全民健康保險法第16條與依其訂定之全民健康保險保險憑證製發及存取資料管理辦法,增加「衛生行政專區資料」中醫療暴力前科欄位。

　　健保註記醫療暴力前科是否符合比例原則,即以適當性、必要性、衡量性進行判定,本文認定採取健保註記有助於預防醫療暴力、減少防禦性醫療行為氾濫,增加其他就醫民眾信任醫療體系;建議排除疾病狀態影響之醫療暴力行為,足見並非每位醫療暴力行為人皆會記錄於健保卡,本文旨在防範出於故意製造醫療暴力行為人;醫療安全是為健保註記欲達成之目的,以提升公共安全為目標,並無針對性,亦無個人謀私之情狀,且得保障醫事人員憲法第15條之工作權,不可謂不符合重大公益。

　　第二次世界大戰後,平等權的解釋由原先形式上平等轉換成實質平等,平等原則是平等權延伸之概念,包含權利、義務、法律適用及界限,為實體法、法律地位、基本權利之平等[14]。我國憲法第7條揭示「實質平等」係屬憲法賦予人民之權利,具備合理範圍與正當理由時,得差別對待[15],透過優惠性差別待遇保障特定族群[16],落實現實生活中「人人平等」的理念;倘若遭遇違背平等原則之情事,得訴請法院保護以免除侵害。

　　為達實質平等,國家可採行消極性手段,如避免基本權受到侵害,亦可實施積極性手段,如制定法規、政策以利特殊群體,此舉意謂衡量特定條件後,盡可能促成人人皆能取得近似的處置結果,最大

---

[14] 司法院釋字第485號。

[15] 前揭註14。

[16] 司法院釋字第649號。

程度保證國人法律地位一致性。

第二項　人性尊嚴與人格權

「人性尊嚴」不可侵犯，是先於國家之自然法的固有法理，亦是最高的法律價值，我國憲法雖未明文宣示普遍性「人性尊嚴」之保護，但此項法益乃基本人權內在之核心概念，為貫徹保障人權之理念，我國憲法法理上亦當解釋加以尊重與保護[17]。

憲法第22條：「凡人民之其他自由及權利，不妨害社會秩序公共利益者，均受憲法之保障。[18]」世界人權宣言（Universal Declaration of Human Rights）「人格尊嚴之維護與人身安全之確保」，乃為我國憲法保障人民自由權利之基本理念；憲法增修條文第10條第6項：「國家應維護婦女之人格尊嚴，保障婦女之人身安全，消除性別歧視，促進兩性地位之實質平等。」均宣示人格尊嚴之理念，憲法秩序不容許侵害「人性尊嚴」，法院應適用人性尊嚴絕對性保障原則[19]。

從憲法增修條文第10條第6項整體條文之邏輯、結構與體系上來看，既是強調兩性平等，在解釋上自不得引用「列舉其一，排除其

---

[17] 司法院釋字第372號。

[18] 憲法保障基本人權，對於每一組織構成社會之個人，確保其自由與生存，最主要目的即在於維護人性尊嚴。蓋人類生存具有一定之天賦固有權利；在肯定「主權在民」之國家理論下，乃將此源諸人類固有之尊嚴，由憲法加以確認為實證法之基本人權。縱使我國憲法未明文論述人性尊嚴之意涵，多數學者仍可藉由理論去詮釋憲法保障人性尊嚴的方式，而基本權是人性尊嚴的顯現，故將人性尊嚴視為基本權成立之基點，參見憲法第22條規範。前揭註17。

[19] 人性尊嚴之權利概念及其不可侵犯性，有要求國家公權力保護與尊重之地位。在個人生活領域中，人性尊嚴是個人「生存形相之核心部分」，屬於維繫個人生命及自由發展人格不可或缺之權利，因此是一種國家法律須「絕對保護之基本人權」。人性尊嚴被侵犯者，國家法律有絕對予以保護之必要，並無以社會性容忍之要求或情事之衡量，為其正當化或阻卻違法之理由。前揭註17。

他」的法理，排斥男性之人格尊嚴保障。正確來說，應是所有「人的尊嚴」皆須保障。該條文中捨人性尊嚴而採人格尊嚴，兩個用語或有其差異。人性尊嚴即是人的尊嚴，或指個人尊嚴，其核心固然是在強調每個人有「人格自我形塑」之自治自決權，從而每個人有其獨立性，以及個人間有其差異性[20]。

　　人性尊嚴，一般並不將之稱為「人類的尊嚴」，主要是在強調個人之獨立性，以及個人間之差異性，但不因而否定多數人的「集體尊嚴」，諸如國家尊嚴、司法尊嚴或其他「動物類」尊嚴之存在[21]。人性尊嚴可謂至上之價值理念，有受國家「優先保護」之地位，法理上並要求人人以自我之責任，對此固有之價值加以肯定。故人性尊嚴無拋棄或任意處分性；對於其侵犯行為，亦不得再待審酌有無社會容忍性，而應直接以客觀評斷是否已經構成危害人性尊嚴，決定是否加以國家保護[22]。康德之人性觀理論對人性尊嚴詮釋影響深遠，其中心思想是「人應為目的」，不允許將人當作一項媒介、一件工具、一種手

---

[20] 惟使用「人格尊嚴」一語，固可排除不具人格之法人或團體等集體尊嚴之討論（例如：國家尊嚴、民族尊嚴、司法尊嚴、各別職業尊嚴等），但「人格」一詞較偏重自治、自決等自主性，而「人性尊嚴」除自主性外，尚包括不得以自主權為前提，將自身物化、商品化、工具化。例如：若尊重個人成為他人工具與奴隸之意願，似乎合於人格自我形塑自由，但卻違反人性尊嚴中不得將人物化、商品化之要求。依此脈絡，人性尊嚴在解釋上應較人格尊嚴內容為寬廣，但若將「人格尊嚴」詮釋為「個人尊嚴」與「人格自由發展」之集合，則尊嚴中有人格，人格中有尊嚴，彼此區分實益不大。李震山，人性尊嚴與人權保障，元照出版有限公司，頁23-24，2020年3月五版。

[21] 人性尊嚴，即是人的尊嚴或指個人尊嚴。人性尊嚴一詞，已從傳統倫理道德、宗教或哲學用語，逐漸演化成法律用語，甚至成為憲法價值之一部分或憲法秩序之基礎，此正足以刻劃出人類爭取基本權利與人性自覺的演進軌跡，並顯示其在民主法治時代下的意義。李震山，前揭註20，頁3。

[22] 前揭註17。

段[23]；人永遠優先於國家，國家無權將人民作爲客體或物品[24]，且個體尊嚴無法被群體尊嚴取代[25]。

　　世界人權宣言[26]序言第一句：「鑑於人類一家，對於人人固有尊嚴及其平等不移權利之承認確保係世界自由、正義與和平之基礎。[27]」同宣言第1條：「人皆生而自由；在尊嚴及權利上均各平等。人各賦有理性良知，誠應和睦相處，情同手足。[28]」上述二者皆提及何謂「人性尊嚴」，由此可見，維護人性尊嚴與人民權利是民主憲政國家立國之基石[29]，人權保障目的是爲建立國際化制度，藉此

23　基本人權保障國際化的觀念起自聯合國成立之時，按在第二次世界大戰結束後，國際社會對於納粹與法西斯政權迫害人權的殘酷事實記憶猶新，乃有建立國際制度藉以確保人權之議，此項呼聲終爲聯合國之肇創者所接受，並在該組織憲章中七處提及基本人權保障國際化的理念。李孟玢，論世界人權宣言之基本性質與法律效力，中正大學法學集刊，第1期，頁335，1998年7月1日。

24　李震山，前揭註20，頁11。

25　李震山，前揭註20，頁12。

26　世界人權宣言是聯合國大會（United Nations General Assembly）於1948年12月10日，在巴黎召開第三屆年會時所通過的一項決議。本宣言是在聯合國全體會員國代表的出席下，以48票同意，0票反對，8票棄權通過。棄權之國家爲蘇聯、白俄羅斯、烏克蘭、波蘭、捷克、南斯拉夫、沙烏地阿拉伯以及南非共和國。李孟玢，前揭註23，頁334。

27　前揭註17。"Whereas recognition of the inherent dignity and of the equal and in-alienable rights of all members of the human family is the foundation of freedom, justice and peace in the world." 聯合國大會，1948年12月10日，「世界人權宣言」序言，https://www.6laws.net/6law/law2/世界人權宣言.htm（最後瀏覽日：2023年3月8日）。

28　前揭註17。"All human beings are born free and equal in dignity and rights. They are endowed with reason and conscience and should act towards one another in a spirit of brotherhood." 聯合國大會，1948年12月10日，「世界人權宣言」第1條，https://www.6laws.net/6law/law2/世界人權宣言.htm（最後瀏覽日：2023年3月8日）。

29　世界人權宣言是會員國本身及其所轄人民均應永享咸遵之國際憲章，我國亦爲簽署國之一。爲維護民主憲政國家之形象，國家亦應盡保障國際人權之義務。前揭註17。

督促世界各國重視國民之人格尊嚴，而其最高宗旨在於維護世界和平[30]。

　　德國聯邦憲法法院闡釋人性尊嚴之方法如下[31]：首先「反面強調」，運用「物體公式[32]」判斷；其次「正面闡明」[33]；最後「保護內在領域自由」[34]。人格自由發展權（一般人格權）核心內容在於「自我決定」及「行為自由」，蘊含人性尊嚴之保障，而其與人性尊嚴之關係有三：

一、一般人格權並非完全不得干預，惟限制之條件由憲法親自律定[35]，兩相對照，人性尊嚴並未設置限制要件，顯然受到憲法較高之保護。

二、人性尊嚴與一般人格權之保障除競合外，亦可能產生衝突，或無法通過憲政秩序、人性尊嚴之檢驗，可見人性尊嚴係為承受一般人格權之意義。例如：一個人在自由意志下，自願將不可讓渡的人格轉化為商品，自願將自我物化或工具化，形式上合於一般人

---

[30] 李孟玢，前揭註23，頁342。

[31] 德國聯邦憲法法院早已體認，人性尊嚴並無絕對性定義，必須視具體案件之情況而為適當之詮釋。李震山，前揭註20，頁15。

[32] 客體公式，當人不再成為國家行為之目的，反之，成為手段、客體時，人性尊嚴即受侵害。李震山，前揭註20，頁15。

[33] 例如：對拒絕服兵役替代役者之制裁，並未摧毀人之本質；對謀殺者判處無期徒刑，依目前認識之情況，尚不能確認其已傷害人性尊嚴。李震山，前揭註20，頁15-16。

[34] 例如：國家以不當或非法方式蒐集、儲存、傳遞、利用個人資料，已侵害資訊自決權，該權屬人之內在自由權領域，當然傷及人性尊嚴。德國聯邦憲法法院強調，不能把人當成物，重視自由內在領域，皆是肯定人應自治、自決的另外一種表達方式。李震山，前揭註20，頁16。

[35] 憲法保留，依德國基本法第2條第1項規定，一般人格權之行使以「不侵害他人之權利、不違犯憲政秩序或習慣法」為前提，既由憲法自定限制條件，原則上即不授權由法律限制之（法律保留），立法者縱有限制，也只是在憲法預設條件範圍內。李震山，前揭註20，頁16。

格權之「自我決定」精神及行為自由，但卻無法通過憲政秩序或人性尊嚴的檢驗[36]。

三、適用一般人格權仍有不足時，可與人性尊嚴條款並用；德國聯邦憲法法院在人口普查案件中，即謂「資訊自決權」，係共同以人性尊嚴與一般人格權為本。因為個人資訊之自決權，固以一般人格權為主要依據，若不侵害他人權利、不違反憲政秩序或道德規範，自願拋棄個人資訊，固然不侵犯一般人格權，但有可能因國家或其他私人違法不當使用個人資訊，使個人喪失主體性之虞[37]。

人格權係以人格為內容的權利，為實現人性尊嚴及促進人格自由發展[38]，我國多以民法第195條解釋人格權，其涵蓋所有維護人的價值與尊嚴的權利，如生命、身體、健康、姓名、名譽、自由、信用、隱私、貞操等。國民權利意識日益增強，人格權保護規範趨於全面，過去隱私權限於保護個人私生活不受干擾，近代則擴大至保護個人資訊的自主決定權[39]。

第三項　隱私權與資訊隱私權

司法院釋字第603號解釋理由書揭示「隱私權」雖非憲法明文列舉之權利，然基於人性尊嚴與個人主體性之維護及人格發展之完整，

---

[36] 又例如，在基因科技發展下，人們若在被充分告知且同意之自我決定精神下，從事無性生殖（如複製人）、胚胎、幹細胞之產製、研究或利用，雖合乎人格自我發展精神，但遇有爭議，仍需逐案考量是否有侵犯人性尊嚴。這背後當然尚有複雜不可忽視的生命價值觀，容不得只依「一般人格權」或「民主多數決」為行事依據。李震山，前揭註20，頁16-17。

[37] 此時，應引進人性尊嚴的保護機制。至於在他律或不知情下，遭蒐集個人資料，就更不在話下，甚至依法蒐集資訊之利用亦不可輕忽人性尊嚴的保障。李震山，前揭註20，頁17。

[38] 陳聰富，人格權的保護，月旦法學教室，第132期，頁42，2013年9月15日。

[39] 陳聰富，前揭註38，頁43。

並為保障個人生活私密領域免於遭受他人侵擾，及個人資料之自主控制，隱私權[40]為國人不可或缺之「基本權利」，屬於憲法第22條保障範疇[41]。時至今日，隱私權概念逐漸擴展[42]，「個人資料」屬於個人「資訊隱私」，具有私密性，本質上與隱私權之保障密不可分，故隱私權中攸關個人資料的部分，通常被稱為「資訊隱私權」[43]。

　　資訊自決權[44]可視為資訊隱私權之前哨，所稱「資訊自決權」，係指每個人基本上有權自行決定是否將其個人資料交付與供他人利用。易言之，個人資料非經本人許諾及依誠實信用的方法，不得任意蒐集、儲存、運用、傳遞，若其於公益的理由，必須限制該項權利，當然須遵循民主法治國之諸多原則[45]。

　　不論個人資料蒐集是否涉及隱私，皆須尊重當事人之自決或自主權利，釋字第603號解釋若能以「資訊自主權」作為基調，則較為周

---

[40] 以美國法為例，若論及「隱私權」用語及概念之形成，皆會提及100多年前美國的華倫（Samuel D. Warren）與布蘭迪斯（Louis D. Brandeis）在哈佛法律期刊（Harvard Law Review）所發表之「隱私的權利」（The Right to Privacy）一文，其將隱私權定義為「獨處而不被外界干擾之權利」。李震山，「電腦處理個人資料保護法」之回顧與前瞻，中正大學法學集刊，第14期，頁40，2004年1月1日。

[41] 前揭註6。

[42] 除本文涉及之資訊隱私外，尚包括身體隱私（physical privacy）、具財產價值之隱私（proprietary privacy）、自主決定隱私（decisional privacy）等。李震山，前揭註40，頁40。

[43] 隱私權本係私法上之概念，屬於人格權之一部分，晚近已擴及為公法保障權利之一，且成為國際人權條款規範之內容。李震山，前揭註40，頁40。

[44] 當事人就其個人資料依個人資料保護法規定行使之下列權利，不得預先拋棄或以特約限制之：1.查詢或請求閱覽；2.請求製給複製本；3.請求補充或更正；4.請求停止蒐集、處理或利用；5.請求刪除。我國個人資料保護法第3條、第6條第1項第3款當事人同意原則、第8條、第9條告知義務、第28條至第31條損害賠償請求權，與資訊自決權有高度關聯性。

[45] 李震山，前揭註20，頁244。

延[46]；基於個人資料必然涉及資訊自主權，故以「資訊自主」的角度出發，便不會產生界限劃定之爭議問題；考量其與隱私敏感程度的高低，得作為法律規範強度和密度之依據[47]。「資訊隱私權[48]」意指個人自主控制其個人資料之權利，保障人民決定是否揭露其個人資料，以及在何種範圍內、於何時、以何種方式、向何人揭露之決定權，保障人民對其個人資料之使用有知悉與控制權，以及資料記載錯誤之更正權[49]。

　　資訊隱私權蘊含維護人格內在的形成[50]，防止國家發生濫權行為[51]、侵害人性尊嚴[52]。其以「個人資訊之保護」為權利之外顯態

---

[46] 李震山，前揭註20，頁254。麥爾荀伯格（Viktor Mayer-Schönberger）（林俊宏譯），大數據 隱私篇：數位時代，「刪去」是必要的美德，遠見天下文化，頁179，2015年7月初版。

[47] 李震山，前揭註20，頁255。

[48] 「個人資料保護法」之規範，以保障「人格權」為核心，包括消極面的資訊隱私不受侵犯及積極面的個人資訊自我決定權，即尊重人格自我形塑的權利。資訊隱私權是美國法上之用語，資訊自決權是德國法上之用語，人格權是我國法上之用語，但都因使用者之背景及認知，夾雜使用。李震山，前揭註40，頁40。

[49] 司法院釋字第603號解釋。維護人性尊嚴與尊重人格自由發展，乃自由民主憲政秩序之核心價值。隱私權雖係基於維護人性尊嚴與尊重人格自由發展而形成，惟其限制並非當然侵犯人性尊嚴。憲法對個人資訊隱私權之保護亦非絕對，國家基於公益之必要，自得於不違反憲法第23條之範圍內，以法律明確規定強制取得所必要之個人資訊。至該法律是否符合憲法第23條之規定，則應就國家蒐集、利用、揭露個人資訊所能獲得之公益與對資訊隱私之主體所構成之侵害，通盤衡酌考量，並就所蒐集個人資訊之性質是否涉及私密敏感事項，或雖非私密敏感但易與其他資料結合為詳細之個人檔案，於具體個案中，採取不同密度之審查。

[50] 邱文聰，前揭註8，頁176。

[51] 邱文聰，前揭註8，頁177。

[52] 有關人有自治自決之權，與資訊自決權關係最為密切。其中，自決權即是自己決定權。從憲法學意義上言，其屬於人格自我發展權之一，即個人或社會團體就其自我地位有自治（自行負責）形成之，因為每一個人皆應有機會依

樣，惟其中心思想係個人資訊與人格，或個人資訊與其主體性形成間的關聯性，美國聯邦最高法院O'Connor大法官、Kennedy大法官與Souter大法官在Planned Parenthood of Southeastern Pennsylvania v. Casey一案[53]中所闡述的隱私權概念，即以保障人格權為核心[54]。

　　資訊時代的到來，多數人有知的渴望及獲取資訊之權益，再者，人人皆有保護個人資料或資訊隱私等需求，此類權益的落實與保障人性尊嚴及人格權息息相關。該項權利主體係為每個人，乃至跨國界，在不妨害社會秩序、公共利益的前提下，即具備人權或基本權利，值得以憲法保障[55]。

　　資訊權之保障已部分落實在國內法制上，以公法中行政法為例，即可歸納為[56]：

一、**資訊蒐集法制**：包括個人資料保護法、通訊保障及監察法、行政調查相關法令。

二、**資訊秘密保護法制**：包括國家機密保護法、檔案法、營業秘密

　　己意決定自己的未來，決定幸福追求之方向，質言之，凡涉及自我人格發展與形塑的部分，個人應有自決權，在此部分原則上排斥他決、他律或他治，個人資訊即屬自決權之範圍。因此，資訊自決權肯認每一個人對於涉及自己資料提供、利用之決定過程中，皆有積極參與及形成自我決定之可能，並且尚得以作為抗拒他人恣意干涉之消極自由權，惟有如此，作為主體性之個人，其人性尊嚴，才不致受損。李震山，前揭註20，頁250-251。

[53] Planned Parenthood of Southeastern Pennsylvania v. Casey, 505 U.S. 839 (1992), https://supreme.justia.com/cases/federal/us/505/833/case.pdf (last visited: 2023/3/29).

[54] 邱文聰，前揭註8，頁175-176。

[55] 李震山，資訊時代下「資訊權」入憲之芻議，律師雜誌，第307期，頁17，2005年4月1日。

[56] 民法：涉及民法通論部分，約有契約法、侵權行為法、損害賠償法等，具體則以著作權、專利、商標、積體電路電路布局保護、公平交易等法律為骨幹，這些具體之法律，性質上已有公私法混同之現象。訴訟法、賠償法：民事訴訟、行政救濟、國家責任（損害賠償，損失補償）。基礎法令大都具備，由下而上，在憲法中架構「資訊權」，應不致流於空談，且使資訊權保障體系更為完整。李震山，前揭註55，頁17。

法、職業秘密保護相關法令等。

三、**資訊公開法制**：包括行政程序法、政府資訊公開法等。此外，刑
事法、民事法、訴願法、訴訟法與國家責任法，亦不乏保障人民
「資訊權」之規範。刑法除傳統洩密罪外，主要係以防制電腦或
資訊之犯罪行為為規範對象，為防止或制裁電腦犯罪，又有資訊
安全法之整合性探討趨勢。

第二節　立法目的與沿革

1980年代，資訊科技的突飛猛進、電腦設備的普及使用，使得利
用電腦處理大量資料逐漸日常化，有助於提升各國經濟快速成長。
1980年9月，經濟合作暨發展組織（OECD）為防範電腦濫用而不斷
侵害人民權益之情事，通過「管理保護個人隱私及跨國界流通個人資
料之指導綱領」，主張八項基本原則[57]以供各國依循、制定法律以保
護個人隱私[58]；1981年1月，歐洲理事會通過「保護個人資料自動化

---

[57] 經濟合作暨發展組織「管理保護個人隱私及跨國界流通個人資料之指導綱
領」（OECD Guidelines Governing the Protection of Privacy and Transborder
Flows of Personal Data）中，第7條至第14條涵蓋八大原則：限制蒐集原則
（Collection Limitation Principle）、品質確保原則（Data Quality Principle）、
目的明確化原則（Purpose Specification Principle）、限制目的外使用原則
（Use Limitation Principle）、安全保護原則（Security Safeguards Principle）、
公開性原則（Openness Principle）、個人參與原則（Individual Participation
Principle）、責任義務原則（Accountability Principle）。OECD Legal Instru-
ments, Sep. 23, 1980, *Guidelines Governing the Protection of Privacy and Trans-
border Flows of Personal Data, Part Two. Basic Principles of National Application*,
https://legalinstruments.oecd.org/en/instruments/OECD-LEGAL-0188 (last visited:
2023/3/6)。

[58] 截至2023年3月1日，共計38個成員國參與，此外，非成員國亦將此綱領奉為
圭臬。OECD Legal Instruments, Jun. 12, 2007, *Recommendation of the Council
on Cross-border Co-operation in the Enforcement of Laws Protecting Privacy*,
https://legalinstruments.oecd.org/en/instruments/OECD-LEGAL-0352 (last visited:
2023/3/6)。

處理公約」[59]。

第一項　立法目的

我國個人資料保護法第1條開宗明義，揭示本法之立法目的，參考日本「保護行政機關所保有電子計算機處理個人資訊之法律」、德國「聯邦個人資料保護法」、英國「個人資料保護法」，規範我國人民個人資料被進行蒐集、處理及利用[60]等行為。首重是為避免人格權受侵害[61]，同時促進個人資料之合理利用。個人資料保護法的存在不僅是保護隱私權[62]，更應顧及個人資料是否在法律准許之限度內被止

---

[59] 1981年，歐洲理事會通過「保護個人資料自動化處理公約」（通常稱為「第108號公約」），這是資料保護領域第一份具有法律約束力的國際文書；2018年，發布現代化「第108+號公約」。Council of Europe Portal, Jan. 28, 1981, *Convention for the Protection of Individuals with Regard to Automatic Processing of Personal Data*, https://rm.coe.int/1680078b37 (last visited: 2023/3/10); Council of Europe Portal, May. 5, 2018, Convention 108 and Protocols, *Convention for the Protection of Individuals with Regard to the Processing of Personal Data*, https://rm.coe.int/convention-108-convention-for-the-protection-of-individuals-with-regar/16808b36f1 (last visited: 2023/3/10); Council of Europe Portal, Apr. 4, 2020, Joint Statement on Digital Contact Tracing by Alessandra Pierucci, *Chair of the Committee of Convention 108 and Jean-Philippe Walter*, Data Protection Commissioner of the Council of Europe, https://rm.coe.int/covid19-joint-statement-28-april/16809e3fd7 (last visited: 2023/3/10)。

[60] 個人資料保護法第2條第3款至第5款，蒐集：指以任何方式取得個人資料；處理：指為建立或利用個人資料檔案所為資料之記錄、輸入、儲存、編輯、更正、複製、檢索、刪除、輸出、連結或內部傳送；利用：指將蒐集之個人資料為處理以外之使用。

[61] 「人格權」之範圍廣泛，「個人資料保護法」中的人格權，應係與個人資料有關。個人資料之立法定義，依「個人資料保護法」第2條第1款之規定：「個人資料：指自然人之姓名、出生年月日、國民身分證統一編號、護照號碼、特徵、指紋、婚姻、家庭、教育、職業、病歷、醫療、基因、性生活、健康檢查、犯罪前科、聯絡方式、財務情況、社會活動及其他得以直接或間接方式識別該個人之資料。」李震山，前揭註40，頁38。

[62] 個人資料保護法的立法目的究竟何在？個人資料保護法是為了保護個人隱私權，促使個人具有資訊自主權，已排除外在不當干擾。再加以細分，個人資

1995年8月11日制定公布
電腦處理個人資料保護法，全文45條

1996年5月1日訂定發布
電腦處理個人資料保護法施行細則，全文46條

2010年5月26日修正公布、更名
個人資料保護法第一次修法，全文56條

2012年9月26日修正發布
個人資料保護法施行細則第一次修法，全文33條

2015年12月30日修正公布
個人資料保護法第二次修法，第6～8、11、15、16、19、20、41、45、
53、54條條文

2016年3月2日修正發布
個人資料保護法施行細則第二次修法，第9～15、17、18條

2023年5月31日修正公布
個人資料保護法第三次修法，第48、56條，增訂第1-1條

圖3-3-1　個人資料保護法立法沿革

資料來源：本文自行製作。

料保護法所保障之個人資料有很多態樣，其中最常見的，就是保護居住住家
的隱私，意即關於個人身體的資訊，避免個人資料無故外洩。曾勇夫，「個
人資料保護法」有這麼可怕嗎？南台科技大學財經法律研究所專題講座，法
務部法律事務司審核，吳尊賢文教公益基金會出版，頁12，2012年12月14
日。

當運用，避免隱私權受到不法侵害，取得資料後發揮最大效益，同步增加科技文明與社會文化的躍進[63]。

　個人資料保護法立法之初，因應世界趨勢，經濟合作暨發展組織成員國參照「管理保護個人隱私及跨國界流通個人資料之指導綱領」訂定各國相關法律，立法目的側重該綱領八大準則，如下所列[64]：

一、**限制蒐集原則**：資料取得地點應屬公開場所，以合法手段獲得當事人同意。

二、**品質確保原則**：資料內容完整、正確、保持最新狀態，與使用目的具關聯性。

三、**目的明確化原則**：資料蒐集目的於蒐集時點明確化，嗣後利用不得逕自變更目的或作他用。

四、**限制目的外使用原則**：未經當事人同意或法律授權，不得為其他目的進行使用、揭露。

五、**安全保護原則**：給予安全保護措施、危險通報作業，避免資料丟失、毀損、破壞、竄改等不當使用。

六、**公開性原則**：個人資料開發、運用、政策，應有公開資料之政策，確立資料所在及性質。

七、**個人參與原則**：當事人有權確認資料管理者或他人是否保有原資料，合理期間內以合理方法接觸資料之去向，當事人遭管理者拒絕時可提出異議，管理者應賦予正當理由，異議成立後當事人得要求刪除、修正、完備、補充資料。

八、**責任義務原則**：管理者負擔管理資料責任，制定處理程序，推行國家政策。

---

[63] 個人資料保護法前兩次修法重點為：保護客體觸及人工處理資料；適用主體從原先的行業限制，轉變為自然人、法人、團體；嚴格限制特種個資的使用範圍，修訂中央主管機關與地方政府的職權劃分，重新增訂裁罰標準，鼓勵民眾與社會大眾進行監督，增進全民具備個人隱私保護意識。

[64] 陳秀峰，線上個人隱私的保護，月旦法學雜誌，第82期，頁209，2002年3月。

第二項　電腦處理個人資料保護法

　　當時通訊科技業處於起步階段，電腦設備與網際網路的使用比例逐漸上升，過往對於電腦、網路、處理器等所有規範顯有不足，1995年8月11日，立法者制定公布「電腦處理個人資料保護法」，全文共45條。電腦處理個人資料保護法第3條定義，本法所稱「個人資料」，指自然人之姓名、出生年月日、身分證統一編號、特徵、指紋、婚姻、家庭、教育、職業、健康、病歷、財務情況、社會活動及其他足資識別該個人之資料。

　　基於尊重當事人權益及誠實信用原則，資料蒐集或利用不得超越目的明確化及比例原則，故將範圍限縮於使用電腦或自動化機器輸入、儲存、編輯、更正、檢索、刪除、輸出、傳遞或其他處理之資料，而人工資料及未經過電腦處理或儲存之資料則不適用本法[65]，所受規範之對象涵蓋依法行使公權力之公務機關及非公務機關[66]；考量平衡公共利益與私人利益，倘若具備特定目的、正當理由，例如維護國家安全、學術研究必要，得作原有目的外之利用；允許當事人得行使如下權利：查詢及請求閱覽、請求製給複製本、請求補充或更正、

---

[65] 劉佐國，我國個人資料隱私權益之保護——論「電腦處理個人資料保護法」之立法與修法過程，律師雜誌，第307期，頁43，2005年4月。

[66] 另考量個人資料蒐集之數量與利用情形，除公務機關外，僅限制大量蒐集個人資料作成個人資料檔案，以供利用之徵信業及以蒐集或電腦處理個人資料為主要業務之團體或個人（例如財團法人金融聯合徵信中心）、醫院、學校、電信業、金融業、證券業、保險業及大眾傳播業等八類事業，為適用本法之非公務機關。另為怕掛一漏萬，爰授權法務部會同中央目的事業主管機關指定特定之事業、團體或個人亦得適用本法。至2005年1月底止，業經指定適用者計有：期貨業、中華民國人壽保險、產物保險商業同業公會、臺灣更生保護會、犯罪被害人保護協會、百貨公司業、零售式量販業（大賣場）、不動產仲介經紀業及開放網際網路登錄之就業服務業（人力銀行）等九個事業或團體。非屬上開法定之八類事業或經指定適用本法者，則均不受本法規範。劉佐國，前揭註65，頁43。

請求停止電腦處理及利用、請求刪除[67]。

第三項　個人資料保護法

　　鑑於網際網路的連接和串流，電腦使用不再侷限於硬體設施，網路的盛行與普及跨越既有地理位置之障蔽，促進各國間文化知識、金融貿易、科學發展的流動，因為網路的無遠弗屆，人類對資訊的依賴性提升，科技縮短許多作業流程，減少時間消耗，增加生活便捷性，降低錯誤發生率。審酌先前法規規範之範疇過於狹小，2010年5月26日，立法者公布個人資料保護法第　次重大變革，同時將「電腦處理個人資料保護法」更名為「個人資料保護法」，全文共計56條[68]。

　　此次修法重點共計七項：

一、**擴大保護客體**：落實保護措施，避免保護對象疏漏，不以電腦處理之個人資料為限，增加其他依系統建立，得以自動化機器或非自動化方式取得之資料集合；參見本法第1條、第2條第2款、第4款[69]。

二、**普遍適用主體**：刪除原先行業別限制[70]，放寬標準至自然人、法

---

[67] 陳秀峰，前揭註64，頁215。

[68] 臺灣澎湖地方檢察署，前揭註3，頁1。

[69] 劉佐國、李世德，個人資料保護法釋義與實務——如何面臨個資保護的新時代，碁峰資訊股份有限公司，頁6，2015年10月二版；臺灣澎湖地方檢察署，前揭註3，頁1。

[70] 法務部92年7月4日法律字第0920026192號函：「電腦處理個人資料保護法第3條第7款規定受該法規範之『非公務機關』為：『非公務機關：指前款以外之左列事業、團體或個人：（一）徵信業及以蒐集或電腦處理個人資料為主要業務之團體或個人。（二）醫院、學校、電信業、金融業、證券業、保險業及大眾傳播業。（三）其他經法務部會同中央目的事業主管機關指定之事業、團體或個人。』上開第一目所稱『以蒐集或電腦處理個人資料為主要業務之團體或個人』，係指以蒐集或電腦處理為其『主要業務』者而言，若該團體或個人非以蒐集或電腦處理個人資料為主要業務，而係於從事其他業務時附隨或伴隨地從事蒐集或電腦處理個人資料，則尚非以蒐集或電腦處理個

人或團體，避免造成民眾生活不便，排除自然人基於私生活目的所為之單純個人或家庭活動，蒐集、處理或利用個人資料與其職業或業務職掌無關，例如社交活動、拍攝照片、建立通訊錄；為防範國人隱私權於我國領域外遭受違法侵害，域外蒐集、處理或利用國人之個人資料，亦適用本法；參見本法第2條第8款、第51條[71]。

三、**增修行為規範**：嚴格限制五類「特種資料」之蒐集、處理及利用，涵蓋醫療、基因、性生活包括性取向、健康檢查、犯罪前科等；「經當事人書面同意」當事人須單獨以書面意思表示同意，不得與其他事項作不當連結，或列為定型化契約之約定條款，倘合約中出現概括同意則視為不法要件；「明確告知當事人」資料蒐集、處理與利用之合法要件、告知義務、書面同意函、外洩通知等規範；「拒絕接受行銷權利」尊重當事人之拒絕權利，非公務機關應立即停止二次利用個人資料進行行銷；參見本法第6條、第7條、第8條、第9條、第20條第2項、第3項[72]。

四、**強化行政監督**：明定中央主管機關與地方政府之行政檢查權，違法者處以罰鍰與行政處分。各行業別均有其「目的事業主管機關」，個人資料蒐集、處理或利用，與業務經營密不可分，從而界定個人資料之性質屬其附屬業務，應由原主管機關一併監督管理。

原條文「目的事業主管機關」修正為「中央目的事業主管機關或直轄市政府、縣政府、市政府」辦理。賦予監督機關有命令、檢

人資料為主要業務之團體或個人（本部89年6月28日(89)法律字第020741號參照）；另目前經本部會同中央目的事業主管機關依該規定指定之事業、團體計有：期貨業、中華民國產物保險商業同業公會、中華民國人壽保險商業同業公會、財團法人臺灣更生保護會等。」

[71] 劉佐國、李世德，前揭註69，頁6-7；臺灣澎湖地方檢察署，前揭註3，頁1。
[72] 劉佐國、李世德，前揭註69，頁7-8；臺灣澎湖地方檢察署，前揭註3，頁1。檢

查及處分權，監督機關得派檢查人員查核非公務機關，要求說明或提供相關保護措施資料。因網際網路與電腦設備可快速損毀、消滅或轉移原始檔案，爲符合比例原則，檢查時不得查扣全部儲存設備，但得依法沒入、扣留或複製作爲證據之個人資料或檔案；參見本法第22條、第52條[73]。

五、**促進民眾參與**：推動民間公益團體參與保護個人資料，發揮民間團體影響力凝聚國人行動力，提升民眾對資料保護的意識，鼓勵國民行使本法規定之權利；然礙於當前社會民間公益團體數量龐大、種類繁多，部分組織性質良莠不齊，倘若均有權爲被害者提請團體訴訟，恐滋生濫訴、浪費司法資源，故增訂財團法人與公益社團法人提起團體訴訟相關規定，貫徹保護當事人之立法目的；參見本法第32條、第34條[74]。

六、**調整責任內涵**：加重資料蒐集者、持有者維護資料安全之責任，提升被害人可得賠償之總額，增加意圖營利犯罪刑責，加強打擊盜賣個人資料等不法行爲；擴大適用至國際傳輸、域外犯罪；提高非公務機關罰鍰限額，及代表人、管理人或其他有代表權人之併罰；參見本法第28條第4項、第41條、第45條[75]。

七、除外適用條款，豁免本法適用[76]。

第四項　現行法規範

　　2023年5月31日，個人資料保護法公布第三次修法，現行法分爲六章，第一章「總則」，第二章「公務機關對個人資料之蒐集、處理及利用」，第三章「非公務機關對個人資料之蒐集、處理及利用」，第四章「損害賠償及團體訴訟」，第五章「罰則」，第六章「附

---

[73] 劉佐國、李世德，前揭註69，頁8；臺灣澎湖地方檢察署，前揭註3，頁1。

[74] 劉佐國、李世德，前揭註69，頁8-9；臺灣澎湖地方檢察署，前揭註3，頁1。

[75] 劉佐國、李世德，前揭註69，頁9；臺灣澎湖地方檢察署，前揭註3，頁1。

[76] 臺灣澎湖地方檢察署，前揭註3，頁1。

則」，共計56條法條[77]；依個人資料保護法第55條訂定「個人資料保護法施行細則」，共計33條法條[78]。

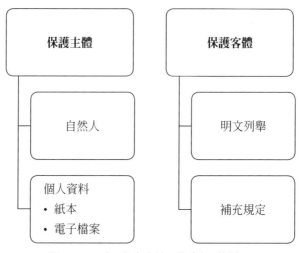

圖3-3-2　個人資料保護法保護對象

資料來源：本文自行製作。

---

[77] 1.追加病歷為特種資料：為了避免對於病歷是否屬於醫療的特種個人資料有所爭執，決定將之明文列入第6條關於特種資料的規定之中，名列為特種資料的一種；2.原則與例外：2015年新修正之個人資料保護法第6條規定，有關病歷、醫療、基因、性生活、健康檢查及犯罪前科之個人資料，原則上不得蒐集、處理或利用，僅在例外情形下得以為之；追加了兩項例外情形：為協助公務機關執行法定職務或非公務機關履行法定義務必要範圍內，經當事人書面同意。博仲法律事務所，前揭註4；3.補行告知義務：刪除一年期間的限制，並規定如於本次修正施行後擬繼續處理或利用該等資料，則僅須於首次利用時再為告知即可；4.刑事責任規定：為避免處罰過嚴，本次修正將非意圖營利違反個人資料保護法規定之刑事責任一併刪除。理律法律事務所，2016年1月5日，個人資料保護法修正，https://www.leeandli.com/TW/NewslettersDetail/5554.htm（最後瀏覽日：2023年3月7日）。

[78] 林洲富，前揭註13，頁1。

壹、保護主體

　　個人資料保護法欲保護之主體[79]，可依其性質大致歸為兩種類別：

一、**自然人**：中華民國領域內本國人及外國人；中華民國領域外公務機關及非公務機關，於我國領域外蒐集、利用、處理中華民國人民資料者[80]；旨在保護有生命之自然人人格權，自然人權利始於出生終於死亡[81]，已故者個人資料不列入本法保護範疇[82]。

二、**個人資料**：日常生活得觸及之基本資料，所稱之基本資料得辨識個人身分等資訊，非具特殊性、敏感性。蓋因本法為普通法，依特別法優先適用之原則，當有特別法適用之情事，主管機關可於適當範圍、合法授權提供各機關利用。

　　隨著現代科技技術的進步、環保意識的抬頭，永續發展、無紙化政策成為我國當下追求的一大目標，系統性規劃電子設備與備份檔案的存放，可以更大程度地減少人力，簡化作業的流程，建立自動化的資料整合。綜觀數據電子化為日常生活帶來高層次的躍進，仍然存在無法避免的網路犯罪，例如：網路容易出現病毒攻擊、駭客侵入等難以防備之危害；因此，如何保護個人資料檔案，降低人為破壞、竊取或系統自身威脅，是日後立法者需要著墨的課題。

貳、保護客體

　　個人資料保護法欲保護之法益為人格權[83]，保護客體概括電腦處

---

[79] 個人資料保護法第2條第9款、第3條第1款與第2款、第51條第2項；個人資料保護法施行細則第2條。

[80] 防範公務機關及非公務機關在我國領域外違法侵害國人個人資料之隱私權益，以規避法律責任。林洲富，前揭註13，頁3。

[81] 民法第6條。

[82] 林洲富，前揭註13，頁2。

[83] 著墨於保護個人資料與隱私權，避免出現資料外洩的情形；個人資料保護法第1條。林洲富，前揭註13，頁6。

理與人工處理之個人資料[84]，依其定義分為兩類：

一、**明文列舉**：自然人之姓名、出生年月日、國民身分證統一編號、護照號碼、特徵、指紋、婚姻、家庭、教育、職業、病歷、醫療、基因、性生活、健康檢查、犯罪前科、聯絡方式、財務情況、社會活動。

衡量我國歷史及文化背景，敏感性個資洩漏可能會引起社會大眾的不安及恐慌，更有甚者產生偏見與歧視，基於保護當事人之隱私權與安全性，從而詳加制定特種資料相關規範[85]，立法者將醫療、基因、性生活、健康檢查及犯罪前科歸類為特種個資，以更為嚴格之標準保障當事人權益不受侵害。

個人資料保護法第2條第1款所稱「病歷」，指醫療法第67條第2項所列之各款資料。同條款所稱「醫療」，指病歷及其他由醫師或其他之醫事人員，以治療、矯正、預防人體疾病、傷害、殘缺為目的，或其他醫學上之正當理由，所為之診察及治療；或基於以上之診察結果，所為之處方、用藥、施術或處置而產生之個人資料。同條款所稱「基因」，指由人體一段去氧核醣核酸構成，為人體控制特定功能之遺傳單位訊息。同條款所稱「健康檢查」，指進行診斷或治療之目的，而以醫療行為施以檢查所產生之資料[86]。

---

[84] 個人資料保護法第2條第1款與第2款、第3條、第51條第1項；個人資料保護法施行細則第3條至第6條。

[85] 個人資料保護法第6條。個人資料中部分資料性質較為特殊或具敏感性，如任意蒐集、處理或利用，恐會造成社會不安或對當事人造成難以彌補之傷害。1995年歐盟資料保護指令（95/46/EC）、德國聯邦個人資料保護法第13條及奧地利聯邦個人資料保護法等外國立法例，均有特種（敏感）資料不得任意蒐集、處理或利用之規定。

[86] 個人資料保護法第2條第1款規定之「病歷」與第6條規定敏感性個人資料「醫療、基因、健康檢查」等名詞並列，二者規範之範圍是否一致？個人資料保護法施行細則第4條第1、2、3、5款規定參照。曾勇夫，前揭註62，頁56。

二、**補充規定**：其他得以直接或間接方式識別該個人之資料，即該資訊對當事人而言具有保護隱私之合理期待性，一般人得透過對照、組合其他資料，或以連結方式而識別出特定個人[87]，皆應受到個人資料保護法之保護，例如指紋[88]。

　　是否具直接特定個人識別性，應以社會一般人為判斷對象，單依該當資料內容本身得將其所指涉之人與他人區別而予以特定者，即屬個人資料。蓋具有直接識別性個人資料之認定上，應不容許發生因解讀人不同而生識別性相對化之問題，以確保法律適用之公平與安定性，且亦較不易對表現自由造成不必要之限制[90]。

　　其次，對屬數字符號、電磁紀錄或匿名資料等，無法直接單依該當資料內容本身判讀該當資料與特定個人之連結時，該資料是否具「間接識別性」之判斷，則應以蒐集、處理個人資料者為對象，依其蒐集處理該當個人資料時之技術能力、蒐集處理個人資料之規模及資料管理方式，有無將該資料與其他資料進行組合、比對而識別出特定個人之可能性而為判斷，採「原蒐集、處理者基準說」；原個人資料之蒐集、處理者如將匿名化之資料提供給他人時，該匿名資料有無間接特定個人識別性判斷，仍以原蒐集、處理個人資料者為判斷對象，依上述基準進行該匿名資料有無間接識別性之判斷，亦即採「提供人基準說」[90]。

---

[87] 邱忠義，談個人資料保護法之間接識別，裁判時報，第30期，頁103，2014年12月15日。

[88] 前揭註49。

[89] 范姜真媺，談大數據時代下個人資料範圍之再檢討——以日本為借鏡，東吳法律學報，第29卷第2期，頁32，2017年10月。

[90] 范姜真媺，前揭註89，頁32。

第四章　國內外制度與案例評析

綜合我國個資法與健保制度，運用健保資料庫案探討我國個人資料的使用限制，藉由論述歐盟一般資料保護規則（General Data Protection Regulation，下稱GDPR）、美國健康保險流通與責任法（The Health Insurance Portability and Accountability Act，下稱HIPAA），探尋其他地區個人資料保護制度和我國的差異，補足我國現行制度缺失之處。

第一節　我國健保資料庫案

憲法法庭111年憲判字第13號判決，就健保資料庫案，聲請人因個人資料保護法事件，受敗訴判決確定，經用盡審級救濟途徑後，主張最高行政法院106年度判字第54號判決所適用之個人資料保護法第6條第1項但書第4款、全民健康保險法第79條及第80條等規定，有牴觸憲法之疑義，於2017年12月向司法院聲請解釋憲法。

第一項　案件事實與爭點

壹、案件事實

中央健康保險署（當時為中央健康保險局）[1]曾於1998年委託財

---

[1] 我國自1995年起實施全民健康保險制度，全體國民合於法定加保要件者，均一律參加全民健康保險。全民健康保險對象接受特約醫事服務機構之醫療照護服務，並由醫事服務機構依全民健康保險法第80條規定，向保險人即衛生福利部中央健康保險署提供相關資料（含保險對象之相關病歷與藥歷資料、處方箋、診療紀錄等），以申報醫療費用。因之，健保署為辦理全民健康保險業務（下稱健保業務），多年來已蒐集累積數量與種類均極其可觀之全民健康保險資料（下稱健保資料），其中包含個人健康保險資料（下稱個人健保資料）。健保署所蒐集之健保資料內容包括：健保醫療服務申報類總表、明細、醫令檔案；健保承保類檔案；健保卡上傳類檔案；檢驗檢查上傳類檔

團法人國家衛生研究院建置「全民健康保險研究資料庫」[2]，健保署後於2016年成立「全民健康保險保險人資訊整合應用服務中心」[3]，政府機關若因公務需求，或學術研究及其他專業機構因研究需求而使用該中心之資料者，得檢具相關文件[4]，向健保署提出申請，由該署

案（包含醫學影像資料）；VPN（虛擬私人網路）上傳類檔案；特約醫事機構類檔案；健保給付項目及支付標準類檔案等。憲法法庭111年憲判字第13號健保資料庫案，「原因案件背景事實」。我國目前全民健保納保率達到99%以上，使得健保資料成為醫藥衛生相關領域研究中具有代表性的實證資料，其研究成果可作為醫藥衛生政策的參考，為重要的研究資源。自1998年起，中央健康保險局即委託國衛院推動「全民健康保險研究資料庫」之建置，經過兩年籌備，國衛院自2000年起提供學界健保資料庫加值服務，以利相關研究。國家衛生研究院，全民健康保險研究資料庫—服務簡介，個人資料保護法修正，https://nhird.nhri.edu.tw/brief_01.html（最後瀏覽日：2023年4月14日）。

[2] 自2000年起對外提供使用，此一全民健康保險研究資料庫委託建置利用關係，已於2016年6月28日終止且不再由國衛院對外提供，國衛院並已將原始資料及光碟資料檔等交予健保署。國家衛生研究院，前揭註1。

[3] 依其自訂之全民健康保險保險人資訊整合應用服務中心作業要點、全民健康保險保險人資訊整合應用服務申請案件審核作業原則等規定，對外提供前開健保資料，該對外提供之健保資料均已透過加密演算法以假名化處理。國家衛生研究院，前揭註1。中央健康保險署為辦理健保業務，持續蒐集建置健保資料檔案，包含承保資料、醫療資料及健保卡資料等，而為將個別健康資料予以加值以產生具應用價值之集體資訊，以強化統計支援決策功能、增進學術研究量或醫療保健服務業等相關產業研發創新之參據，故在「保障個人健康隱私，促進健保資訊共享，減少資源重複投入」之核心價值下，成立「全民健康保險保險人資訊整合應用服務中心」。考量健保資料檔案涉及全國民眾個人資料，為保護其資料之隱私，全民健康保險保險人資訊整合應用服務中心係供申請者於具資安且封閉之服務作業區應用去識別化之健保資料，申請者僅可攜出符合研究目的之聚合式資料。衛生福利部中央健康保險署，2022年12月7日，全民健康保險保險人資訊整合應用服務中心—中心簡介，https://www.nhi.gov.tw/Content_List.aspx?n=40E530FA5316BE38&topn=787128DAD5F71B1A（最後瀏覽日：2023年4月14日）。羅俊瑋、江禹霆，開放健保資料應用之探究，全國律師，第26卷第3期，頁24，2016年12月1日。

[4] 包含倫理審查委員會證明。衛生福利部中央健康保險署，前揭註3。

進行審查[5]。

　　該案聲請人認健保署將健保資料交由國衛院建置全民健康保險研究資料庫對外提供使用，以及將健保資料傳輸予衛生福利部衛生福利資料科學中心[6]對外提供使用，係將健保資料中所包含之受憲法隱私權保障之個人健保資料用於健保業務以外之目的，為原始蒐集目的外之使用，有違法之情事；於2012年5月至6月間，分別再以存證信函向健保署表示，拒絕健保署將聲請人之個人健保資料釋出給第三人，用於健保相關業務以外之目的；同年6月至7月間，健保署函復聲請人拒絕其主張[7]。

　　聲請人遂以健保署為被告，向臺北高等行政法院起訴，請求撤銷原處分及訴願決定，並命健保署准予聲請人所請，停止將聲請人之個

---

[5] 如健保署無法辨識或產生疑義之申請案，則由外部專家辦理複審；如有申請醫學影像，則另由全民健康保險影像資料應用審議會審議。衛生福利部中央健康保險署，前揭註3。

[6] 此外，健保署並將健保資料中之健保醫療服務申報類總表、明細、醫令檔案以及健保承保類檔案，以金鑰加密後，提供予衛生福利部（下稱衛福部）所建置之衛生福利資料科學中心（前稱為健康資料加值應用協作中心）。該中心除健保資料外，尚包含其他衛生福利資料（包括出生通報檔、死亡通報檔、身心障礙者檔、國民健康訪問調查等），自2011年開始對外提供使用。依其2010年5月12日訂定發布之行政院衛生署健康資料加值應用協作中心使用資料作業要點第6點，請求提供資料供使用者，應檢具文件向該署統計室申請。該中心更名為衛生福利資料科學中心後，則設置衛福部衛生福利資料統計應用管理審議會，並訂有衛福部衛生福利資料應用管理要點、衛福部衛生福利資料申請案件審核作業原則等。該中心所蒐集之一級資料（具編號欄位且經處理使其無從識別特定個人之資料）僅有政府部門、學研單位或取得當事人書面同意使用衛生福利資料之衛生福利相關產業得申請使用，申請時應檢附之文件包含倫理審查委員會證明；申請案由衛福部就程序進行初審後，再由外部專家就內容進行複審。衛生福利部中央健康保險署，前揭註3。

[7] 其理由略以：健保署辦理健保業務，而擁有全國民眾之納保及就醫資料，為促進健保相關研究，以提升醫療衛生發展，對外提供資料時，均依行為時即1995年制定公布之電腦處理個人資料保護法規定辦理；且其資料之提供，已有嚴格之資料管理措施，足資保障研究資料之合理使用等語。聲請人不服，提起訴願，遭駁回。衛生福利部中央健康保險署，前揭註3。

人健保資料，提供予國衛院之全民健康保險研究資料庫及衛生福利資料科學中心作學術或商業利用；臺北高等行政法院以102年度訴字第36號判決駁回聲請人之訴，聲請人上訴後經最高行政法院103年度判字第600號判決廢棄原判決，發回臺北高等行政法院更審；嗣臺北高等行政法院作成103年度訴更一字第120號判決仍駁回聲請人之訴，聲請人上訴後，經最高行政法院106年度判字第54號判決（下稱確定終局判決）以無理由駁回聲請人之上訴。

聲請人認確定終局判決所適用之個人資料保護法第6條第1項但書第4款等規定，有違憲疑義，於2017年12月5日依司法院大法官審理案件法第5條第1項第2款規定聲請解釋憲法，請求宣告法規範違憲[8]。

8　聲請意旨，聲請人主張略謂：1.個人資料保護法第6條第1項但書第2款及第5款、第15條第1款、第16條但書第5款，及有重要關聯性之同法第11條第3項但書、健保法第79條與第80條，允許國家僅依公務機關之組織法，即可強制蒐集、處理或利用人民之一般或私密敏感性個人資料（下稱個資），或大規模強制蒐集、處理或利用個資，或於原始蒐集目的外強制留存個資，違反法律保留原則；2.個人資料保護法第6條第1項但書第2款、第4款及第5款，第15條第1款、第16條但書第2款、第5款，未區別大規模、建立資料庫與小規模、個別性之個資蒐集、處理或原始蒐集目的外之利用行為，分別訂定不同之合法要件，與比例原則不符，侵害資訊隱私權；3.個人資料保護法第6條第1項但書第4款、第16條但書第5款，及有重要關聯性之個人資料保護法施行細則第17條，允許公務機關未經個資當事人同意，即一律得對仍具有間接識別可能性之個資，為強制蒐集、處理或進行原始蒐集目的外利用，違反比例原則，侵害資訊隱私權；4.具重要關聯性之個人資料保護法第11條第2項、第3項及第4項，因立法規範不足導致國家於正確性有爭議、特定目的消失或期限屆滿、違反個人資料保護法以外之情形，均得恣意禁止當事人對其個資進行事後控制之權能，侵害資訊隱私權；5.司法院釋字第603號解釋應予補充等語。衛生福利部中央健康保險署，前揭註3。

表3-4-1　健保資料庫案歷審判決結果

裁判日期	法院	案號	結果
2014/05/14	臺北高等行政法院	102年度訴字第36號判決	駁回
2016/05/19	臺北高等行政法院	103年度訴更一字第120號判決	駁回
2018/01/25	最高行政法院	106年度判字第54號判決	駁回
2022/08/12	司法院	111年憲判字第13號	違憲

資料來源：本文自行整理。

貳、本案爭點

一、**本案主要爭議**：針對健保署將健保資料含個人健保資料，交予國衛院建置資料庫[9]，以及交予衛生福利部之衛生福利資料科學中心設置資料庫，並對外提供學術研究此一超越原始蒐集健保資料目的（辦理健保業務）之行為。

二、**受理部分及審查範圍**：個人資料保護法第6條第1項但書第4款規定，本件審查範圍就個資部分僅以病歷、醫療、基因及健康檢查資料為限，而目的部分僅以法定之醫療、衛生目的相關者為限。查聲請人主張應以重要關聯性，將健保法第79條及第80條規定納入審查範圍[10]。

三、**原因案件所生爭議**[11]：（一）保險人將個人健保資料傳輸於衛福部及對外提供利用等措施，是否應滿足憲法第23條所定法律保留原則之要求？哪些事項應屬法律保留範圍？（二）系爭規定一[12]

9　現已停止，而由健保署設置全民健康保險保險人資訊整合應用服務中心。憲法法庭111年憲判字第13號健保資料庫案，「本件主要爭議」。

10　聲請人於原因案件訴訟中，並未對健保署因辦理健保業務，而蒐集、處理、自行利用個人健保資料之合法性有所爭執。前揭註9。

11　憲法法庭111年憲判字第13號健保資料庫案，「部分協同、部分不同意見書」，主文第3項部分。

12　查聲請意旨所主張之個人資料保護法第6條第1項但書第4款規定：「有關病歷、醫療、基因……健康檢查……之個人資料，不得蒐集、處理或利用。但

得否爲保險人或衛福部將個人健保資料對外提供利用之法律依據？（三）健保法第九章所定第79條及第80條之規定，得否爲保險人或衛福部將個人健保資料對外提供利用之法律依據？

第二項　判決理由與本文評析

壹、判決理由[13]

一、個人資料保護法第6條第1項但書第4款規定，與法律明確性原則[14]、比例原則[15]尚屬無違，不牴觸憲法第22條保障之人民資訊隱私權[16]。

二、由個人資料保護法或其他相關法律規定整體觀察，欠缺個人資料

有下列情形之一者，不在此限：……四、公務機關或學術研究機構基於醫療、衛生……之目的，爲統計或學術研究而有必要，且資料經過提供者處理後或經蒐集者依其揭露方式無從識別特定之當事人。」（下稱系爭規定一）爲確定終局判決所適用，且聲請人就此部分之聲請符合司法院大法官審理案件法第5條第1項第2款規定之要件，經司法院大法官於110年間決議受理。憲法法庭111年憲判字第13號健保資料庫案，「受理部分及審查範圍」。

[13] 下列判決理由第1點至第4點皆爲憲法法庭判決主文。憲法法庭111年憲判字第13號健保資料庫案，「主文」。

[14] 容許公務機關或學術研究機構爲醫療或衛生之法定目的，於統計或學術研究之必要時蒐集、處理及利用個人健保資料，並規定相關要件，其意義尚非難以理解、受規範者所不能預見，或無從經由司法審查加以認定及判斷，與法律明確性原則尚無違背。憲法法庭111年憲判字第13號健保資料庫案，「形成判決主文第1項至第4項之法律上意見」。

[15] 審查時，應視所蒐用之個資屬性及其對隱私之重要性，而採不同寬嚴之審查標準，以定其是否合於比例原則。前揭註14。

[16] 資訊隱私權保障當事人原則上就其個資，於受利用之前，有同意利用與否之事前控制權，以及受利用中、後之事後控制權。除當事人就獲其同意或符合特定要件而允許未獲當事人同意而經蒐集、處理及利用之個資，仍具事後控制權外，事後控制權之內涵並應包括請求刪除、停止利用或限制利用個資之權利。前揭註14。

保護之獨立監督機制[17]，對個人資訊隱私權之保障不足，有違憲
之虞。

三、就個人健康保險資料得由衛生福利部中央健康保險署以資料庫儲
　　存、處理、對外傳輸及對外提供利用之主體、目的、要件、範圍
　　及方式暨相關組織上及程序上之監督防護機制等重要事項，於全
　　民健康保險法第79條、第80條及其他相關法律中，均欠缺明確規
　　定，於此範圍內，不符憲法第23條法律保留原則之要求，違反憲
　　法第22條保障人民資訊隱私權之意旨。

四、衛生福利部中央健康保險署就個人健康保險資料之提供公務機關

---

[17] 確保個資蒐用者對於個資之蒐用，均符合相關法令之規定，以增強個資蒐用
之合法性與可信度，尤其個人健保資料業已逸脫個人控制範圍，如何避免其
不受濫用或不當洩漏，更有賴獨立機制之監督。設置一個統籌性之獨立監管
機制，或於各相關法律設置依各該專業領域設計之獨立監督機制，屬立法形
成自由，例如：GDPR即規定各會員國應設置至少一獨立監管機關（supervi-
sory authority），職司個人資訊隱私權之保障；該監管機關應依照GDPR規定
獨立行使職權（GDPR第51條及第52條參照）。各國依上開規定，多於聯邦或
國家層級設置個資監管機關。前揭註14。"Our main tasks and duties are: provid-
ing general guidance (including guidelines, recommendations and best practices)
to clarify the law and to promote a common understanding or EU data protection
laws; adopting binding decisions addressed to the national Supervisory Authorities
and aiming to settle disputes arising between them when they cooperate to enforce
the GDPR, with the purpose of ensuring the correct and consistent application of
the GDPR in individual cases; promote and support the cooperation among national
Supervisory Authorities; adopting opinions addressed to the European Commission
or to the national Supervisory Authorities: to advise the European Commission on
any issue related to the protection of personal data and new proposed legislation in
the European Union." (Art. 70 GDPR); "In some instances, we issue Joint Opinions
together with the EDPS." (Art. 42 of Regulation 2018/1725); "to ensure consis-
tency of the activities of national Supervisory Authorities on cross border matters."
(Art. 64 GDPR). If authorities fail to respect an opinion issued by the EDPB, we
may adopt a binding decision. European Data Protection Board (EDPB), *Who We
Are*, https://edpb.europa.eu/about-edpb/about-edpb/who-we-are_en (last visited:
2023/3/14)。

或學術研究機構於原始蒐集目的外利用，由相關法制整體觀察，欠缺當事人得請求停止利用之相關規定；於此範圍內，違反憲法第22條保障人民資訊隱私權之意旨。

貳、本文評析

針對判決理由一為個人資料保護法第6條第1項但書規定，法律明文規定去識別化後得用於學術目的或基於研究必要使用，該案採取嚴格程度的審查標準，經由目的審查及手段審查，以去識別化蒐集個人資料為最小侵害手段，判定與憲法保障之資訊隱私權尚屬無違。

判決理由二側重我國個人資料保護法現行缺乏部分，本文建議可參照歐盟GDPR設置獨立監管公務機構，避免持續分散式管理，造成各事業單位主管機關群龍無首。設置監管機構不僅能夠標準化監督機制，更能夠提升公務機關、非公務機關與國人重視個人資料，規避不當使用、處理、外洩的風險。

判決理由三著重憲法第23條法律保留原則，現行全民健康保險法與個人資料保護法並無具體訂定個人健康保險資料使用、處理、傳輸等利用細部規則，該案健保資料利用範圍超出原有蒐集目的，且欠缺法律明文規定，故違反憲法第23條，建議修正全民健康保險法與個人資料保護法。

判決理由四說明中央健康保險署委託國家衛生研究院建置健保資料庫已超出原始目的，法律應保障當事人有請求停止利用的權利，然而現行法未定有明文，故有違憲法保障隱私權之宗旨，建議修正個人資料保護法，強化當事人請求權，完善當事人資訊自主權與資訊隱私權。

第二節　歐盟

　　1995年10月24日，歐盟公布個人資料保護指令（Data Protection Directive）[18]，1998年10月24日生效[19]；2016年5月24日，歐盟通過GDPR以取代個人資料保護指令，於2018年5月25日生效，用以提升並確保當事人權利保護高度一致性，排除個人資料流通障礙[20]，強化個人資料專責機關權限[21]，歐盟會員國[22]政府及人民均受此規則約

---

[18] 歐洲聯盟基本權利憲章（Charter of Fundamental Rights of the European Union）第8條第1項及歐洲聯盟運作條約（Treaty on the Functioning of the European Union）第16條均規定，任何人均有保護其個人資料之權利。蔡柏毅，國家發展委員會，歐盟「個人資料保護規則」導讀，頁1，https://ws.ndc.gov.tw/Download.ashx?u=LzAwMS9hZG1pbmlzdHJhdG9yLzEwL3JlbGGZpbGUvMC8xMTY4OC8yZTAzODExMS02NGRkLTRlZGMtYWZlZC05N2MzOTNhYzE5ZjUuUuc GRm&n=5q2Q55uf5YCL5Lq66LOH5paZ5L%2Bd6K236KaP5YmH5bCO6K6AL nBkZg%3D%3D&icon=..pdf（最後瀏覽日：2023年3月21日）。

[19] 歐洲議會及歐盟理事會於1995年10月24日公布，並於三年後之1998年10月24日生效，歐盟指令第95/46/EC號，英文全稱為「Directive 95/46/EC on the protection of individuals with regard to the processing of personal data and on the free movement of such data」，中文翻譯為「第95/46/EC號關於個人資料處理及此類資料自由流通的個人保護指令」；英文簡稱為「Data Protection Direction」，中文翻譯為「個人資料保護指令」。李世德，GDPR與我國個人資料保護法之比較分析，台灣經濟論衡，第16卷第3期，頁70，2018年9月。

[20] 法務部，歐盟資料保護一般規則（General Data Protection Regulation, GDPR）與我國個人資料保護法之重點比較分析，頁1，https://ws.ndc.gov.tw/Download. ashx?u=LzAwMS9hZG1pbmlzdHJhdG9yLzEwL3JlbGGZpbGUvMC8xMTY5NC8 2N2Q4YmI1YS1kYzJlLTRhNzktYmFkYi1jMWQxNGRlZDc4YzEucGRm&n=5 q2Q55ufR0RQUuiIh%2baIkeWci%2bWAi%2bS6uuizh%2baWmeS%2fneitt%2ba zleS5i%2bmHjem7nuavlOi8g%2bWIhuaekC5wZGY%3d&icon=.pdf（最後瀏覽日：2023年3月21日）。

[21] 國家發展委員會，歐盟GDPR簡介與我國政府因應推動方向，台灣經濟論衡，第16卷第3期，頁5，2018年9月。

[22] 截至2023年3月21日，歐盟會員國共27個，包含德國、法國、義大利、荷蘭、比利時、盧森堡、愛爾蘭、丹麥、希臘、西班牙、葡萄牙、奧地利、芬蘭、瑞典、波蘭、匈牙利、捷克、斯洛伐克、愛沙尼亞、拉脫維亞、立陶宛、斯

束[23]。

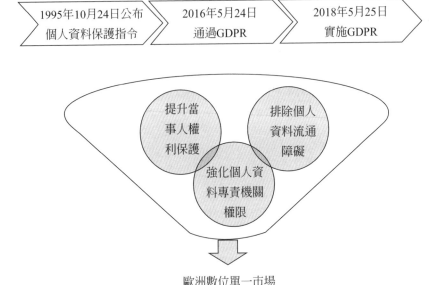

圖3-4-1　歐盟個人資料保護法規沿革及說明

資料來源：本文自行製作，參考國家發展委員會，前揭註21，頁5。

第一項　一般資料保護規則（GDPR）

　　GDPR稱為最嚴格的個人資料保護法，保障個人資料自主權，同時不妨礙歐盟境內資訊交流，兼顧個人資料保護與資料自由流通[24]；

洛維尼亞、塞普勒斯、馬爾他、保加利亞、羅馬尼亞及克羅埃西亞。European Union (EU), Jan. 28, 1981, *Country Profiles*, https://european-union.europa.eu/principles-countries-history/country-profiles_en (last visited: 2023/3/21)。

23　李世德，前揭註19，頁70。

24　李世德，國家發展委員會，2019年9月，個資法執行現況——GDPR適足性認證，頁5，https://www.ncc.gov.tw/chinese/files/19120/5162_42306_191202_2.pdf（最後瀏覽日：2023年3月21日）。

法律位階由原先的「指令」上升至「規則」[25]，此項變革代表即使歐盟境內會員國不制定內國法，當事人仍得爰以GDPR為其法律依據[26]，作為防禦手段之一，GDPR重點規範如下：

一、**擴大適用範圍**：適用範圍涵蓋三種情形，歐盟境內設立據點者，無論處理個資的行為是否發生在歐盟境內；歐盟境內未設立據點，但對歐盟境內當事人提供商品或服務；歐盟境內未設立據點，但監控歐盟境內當事人於歐盟內的行為[27]。

二、**擴大個人資料定義**：分別為「一般個人資料」與「特種個人資料」。一般個人資料係指得直接或間接識別該當事人，諸如姓名、身分證統一編號、位置資料、網路識別碼，一個以上當事人生理、基因、心理、經濟、文化、社會地位等具體因素，或透過IP地址、搜尋紀錄、瀏覽紀錄等數位軌跡，得追蹤特定當事人身分均屬之；特種個人資料係指揭露人種、血統、政治意見、宗教、哲學信仰、工會身分、基因、生物特徵、健康相關、性生活

---

[25] 規則（regulation）、指令（directive）、決定（decision）等三者具有法律拘束力，另有建議（recommendation）與意見（opinion）二者則不具拘束力。「規則」係針對未來事務所為之一般抽象規定，能直接普遍適用於會員國，對會員國政府與人民有全面拘束力。「指令」與規則不同，通常以會員國為發布對象，只作原則性指示，要求會員國達成一定結果，容許會員國自己選擇執行之形式與方法。故指令不能直接適用但並不等於不具直接的法律效力。指令一般都規定有完成的期限，逾期不達成所要求之結果，須受司法審查之追究。「決定」是具體實施法規的行政措施，頒發對象可能是會員國或個人（自然人或法人），只具有特定的適用性，但受有全面的法律拘束力。王玉葉，歐洲聯盟法研究，元照出版有限公司，頁9，2015年5月初版。

[26] 國家發展委員會，前揭註21，頁5。

[27] 我國個人資料保護法將個資的使用區分為蒐集、處理及利用等行為態樣，GDPR統稱為「processing」，本文於此統一使用「處理」的用語，其定義可觀諸GDPR第4條第2項規定：「不論是否透過自動化方式，對個人資料或個人資料檔案執行任何操作或系列操作，例如蒐集、記錄、組織、結構化、儲存、改編或變更、檢索、查閱、使用、傳輸揭露、傳播或以其他方式使之得以調整或組合、限制、刪除或銷毀。」無論個資控管者或受託處理者，符合上述三種情形之一且處理個人資料，就須受GDPR規範。國家發展委員會，前揭註21，頁6-7。

與性傾向等資料[28]，非例外情況下禁止使用[29]。

三、**明確當事人同意**：當事人提供個人資料時，具備自由意志，具體、知情且明確同意提供；倘若單純以沉默表示同意，預設選項為同意或當事人不為表示等，皆不該當為同意；假設個人資料的處理具有多重目的，應就全部目的取得同意；給予當事人簡易的撤回同意方式[30]。

四、**加重企業責任**：書面委託歐盟境內代表、個人資料保護措施設計及預設、個人資料侵害事故通報與通知、個人資料保護影響評估、指定個人資料保護長、記錄個資處理責任[31]。

---

[28] "Processing of personal data revealing racial or ethnic origin, political opinions, religious or philosophical beliefs, or trade union membership, and the processing of genetic data, biometric data for the purpose of uniquely identifying a natural person, data concerning health or data concerning a natural person's sex life or sexual orientation shall be prohibited." Art. 9 GDPR Processing of Special Categories of Personal Data, https://gdpr-info.eu/art-9-gdpr (last visited: 2023/4/27).

[29] 國家發展委員會，前揭註21，頁7。

[30] 國家發展委員會，前揭註21，頁7。

[31] 1.書面委託歐盟境內代表：非設立於歐盟境內，但對於歐盟境內當事人提供商品或服務或監控其行為者，除偶然性地處理或公務機關外，均應以書面委託歐盟境內的代理人作為代表，受理主管機關或個資當事人提出的要求；2.個人資料保護措施設計及預設：應考量現有技術、執行成本及處理個人資料行為的性質、範圍、內容、目的及對當事人權益所生的不同風險等，在技術上及組織上納入隱私保護措施，以確保個人資料處理符合GDPR要求並保護個資當事人的權利；3.個人資料侵害事故通報與通知：發生個人資料侵害事故，應於知悉後72小時內通報當地個人資料主管機關；若對個資當事人的權益有重大危害之虞，亦應通知該當事人；4.個人資料保護影響評估：個人資料處理可能造成個資當事人高度風險者，應於處理前執行個人資料保護影響評估，尤其是大規模的個人特質評估、處理特殊類型或犯罪個人資料、監控公共領域者；5.指定個人資料保護長：公務機關處理個人資料或處理個人資料之核心業務，涉及大規模監控個資當事人或大規模處理特種個人資料與犯罪個人資料的情形，應指定個人資料保護長。因此企業是否應設置個人資料保護長，並非依據企業的規模大小，而是應視企業本身所涉及的業務而定；6.記錄個資處理責任：員工人數在250人以上的企業或組織，應負責維護資料處理活動之紀錄，惟員工人數低於250人的企業或組織，如係經常性處理個人資料或涉及處理特種或犯罪個人

五、**強化當事人權利**：個資當事人具有拒絕權、更正權、刪除權、個
　　人資料可攜權[32]。

六、**個人資料國際傳輸**：原則禁止，例外允許。將歐盟境內個資傳輸
　　至歐盟以外國家，應符合下列條件之一：（一）取得適足性認
　　定的國家[33]；（二）企業已採行符合規範的保護措施[34]；（三）

資料者，仍有該責任的適用。國家發展委員會，前揭註21，頁7-8。

[32] 1.拒絕權：倘處理個人資料的依據為「基於公共利益」或「基於正當利益」
時，個資當事人有權依具體情形，隨時拒絕該等個人資料之處理，包含對個
資當事人進行剖析的行為。另倘係為直接行銷之目的而處理個人資料時，該
個資當事人有權隨時拒絕為行銷而處理其個人資料，包括拒絕與該直接行銷
有關範圍內的剖析行為；2.更正權：個資當事人有權請求資料控管者即時更正
不正確的個人資料，且慮及個人資料處理之目的，個資當事人有權請求補充
其有欠缺的個人資料；3.刪除權（被遺忘權）：在符合特定情形下，包括對於
原本蒐集或處理個人資料之目的已無必要、個資當事人撤回同意，且無其他
法律依據、個資當事人依GDPR規定對處理個人資料行為表示反對、個人資料
遭違法處理、個資控管者依法律規定有義務刪除個人資料、個資控管者對兒
少提供資訊社會服務等情形。個資當事人有權請求，且資料控管者亦有義務
即時刪除個人資料或連結；4.個人資料可攜權：在符合特定情形下，包括個
資控管者處理個人資料的法律依據為「當事人同意」或「與當事人有契約關
係」、個資控管者以自動化方式處理個人資料等情形。個資當事人有權要求
以「結構的」、「普遍使用的」、「機器可讀的」形式，接收其原提供予個
資控管者的個人資料，並有權傳輸予其他控管者。國家發展委員會，前揭註
21，頁9。

[33] 取得適足性認定國家或地區清單：安道爾、阿根廷、法羅群島、根西島、以
色列、馬恩島、澤西島、紐西蘭、瑞士、烏拉圭、加拿大、日本（民間機
構）、美國（隱私盾協議）。李世德，前揭註24，頁13。適足性認定評估面
向，依GDPR條文、第29條工作小組WP 254、WP 237號文件、歐盟法院Sch-
rems案內容評估，1.節制因執法和國安干預基本權利：個資之運用應有法律依
據、應表明關於合法目的之必要性及合比例性、個資之運用應受獨立監督、
應予個資當事人有效之救濟；2.個資法重要原則：個資保護基本概念、合法公
平合理之方式運用個資、目的拘束原則、個資品質之確保、個資運用須符合
比例原則、限制個資持有期間原則、個資安全與保密原則、透明原則、個資
當事人權利、跨境傳輸之限制、特殊運用原則；3.個資法執行程序與機制：
適當的獨立監督機關、個人資料保護機制須確保具有良好的合規性、課責機
制、當事人行使權利及救濟機制。李世德，前揭註24，頁14。

[34] 1.標準個資保護契約條款（Standard Contractual Clauses）：經常性接收某一歐

其他情形，例如取得個資當事人明確同意、基於公共利益目的等[35]。

七、**提高罰則金額**：第一級違規行為最高可處以1,000萬歐元或企業全球營業總額2%的罰鍰；第二級違規行為最高可處以2,000萬歐元或企業全球營業總額4%之罰鍰[36]。

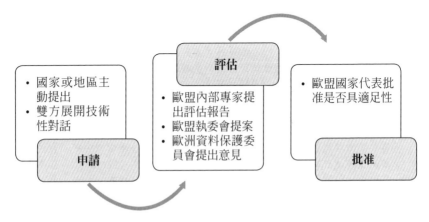

圖3-4-2　歐盟GDPR適足性認定程序

資料來源：本文自行製作，參考李世德，前揭註24，頁15。

盟境內公司個資企業適用；2.拘束性企業規則（Binding Corporate Rules）：歐盟境內企業集團內或從事於共同經濟活動之企業集團間，移轉個資應遵守之保護政策；3.行為守則（Codes of Conduct）：由公協會或代表特定資料處理活動之機構申請；4.取得特定認證（Certification）：目前歐盟層級之認證尚未施行，歐盟會員國已各自有認證機制。李世德，前揭註24，頁16。

[35] 國家發展委員會，前揭註21，頁10-11。

[36] 國家發展委員會，前揭註21，頁11。適用對象限於企業，未針對自然人或公務機關之違反行為制定處罰規範，而係委由各會員國自行訂定有效、適當且具懲戒性的罰則。法務部，前揭註20，頁6。

表3-4-2　歐盟GDPR與我國個人資料保護法之比較

	歐盟GDPR	我國個人資料保護法
規範對象適用地域	境外資料管理者及處理者對於歐盟境內資料當事人基於提供商品、服務或對於資料當事人在歐盟境內之行為監控所為之資料處理活動者，仍有該法之適用。	我國之公務機關及非公務機關於境外對於我國人民個人資料之蒐集、處理及利用，亦適用我國個人資料保護法。
保護客體（個人資料類別）	有關識別或可得識別自然人之任何資訊，並明文涵蓋網路識別碼。	得以直接或間接方式識別該個人之資料，因此亦涵蓋網路識別碼。
	禁止處理與民族或種族來源、政治見解、宗教或世界觀確信或所屬工會相關之個人資料；得明確識別特定人之基因資料、生物特徵資料；個人之健康資料、性生活或性傾向資料。使用原則禁止，例外允許。	明定病歷、醫療、基因、性生活、健康檢查及犯罪前科等六種特種個人資料。使用原則禁止，例外允許。
資料刪除權（被遺忘權）	個人資料當事人有特定情事者，得請求資料管理者及處理者刪除連結。	個人資料當事人於蒐集之特定目的消失或期限屆滿時，得請求資料保有者刪除其個人資料的權利。
資料可攜權（以可共同操作之格式提供資料）	資料當事人於特定情形，有權要求以結構的、通常使用的、機器可讀的形式，接收其提供予管理者之資料，並有權將之傳輸給其他管理者。依此，未來網際網路資料服務業者應提供使用者可將所儲存之個人資料以通用格式存取，並提供給其他業者之服務。	無相關規範。

表3-4-2　歐盟GDPR與我國個人資料保護法之比較（續）

	歐盟GDPR	我國個人資料保護法
資料管理者義務	**資料保護評估（DPIA）** 特別使用新科技之處理方式，且考量該處理之本質、範圍、使用情形及目的後，認為該處理可能導致自然人之權利及自由的高度風險時，控管者應於處理前，實行該處理對於個人資料保護之影響評估。 **資料保護長（DPO）** 有下列情形之一者，管理者及處理者應指定資料保護長： 1. 除法院行使其司法權外，公務機關或機構。 2. 管理者或處理者之核心活動，包括依其本質、範圍及／或其目的，須要定期且系統性地大規模監控資料主體。 3. 管理者或處理者之核心活動，涉及大規模處理特種個人資料。	適當安全維護措施，指公務機關或非公務機關為防止個人資料被竊取、竄改、毀損、滅失或洩漏，採取技術上及組織上之措施。而上開措施，依個人資料保護法施行細則第12條第2項規定，得包括所列11款事項，並以與所欲達成之個人資料保護目的間，具有適當比例為原則。上開個人資料保護法及其施行細則規定，已就公務機關及非公務機關得採取之安全維護措施之程序及內容為例示規範，而各中央目的事業主管機關並可將上開安全維護措施項目列為例行性業務檢查之項目。
主管機關監督機關	各會員國除法院及司法權外，應設立至少一個獨立公務機關。	分散式管理，由非公務機關之中央目的事業主管機關執行下列權限：國際傳輸之例外禁止、行政檢查權、糾正權、行政裁罰權。
跨境傳輸	原則禁止，例外允許。	原則禁止，例外允許。

資料來源：本文自行整理，參考法務部，前揭註20，頁2-6。

第二項 英國連鎖藥局案

英國藥物及保健產品管理局（Medicines and Healthcare products Regulatory Agency, MHRA）接獲投訴，前往倫敦當地一家連鎖藥局調查藥品，意外發現藥局後院存放大量敏感性個人資料，文件上面記載名字、地址、出生日期、NHS號碼、醫療資料及處方箋等個人資料，約50萬份文件皆未作任何資料檔案保護措施，檔案日期為2016年6月至2018年6月，而部分檔案因未採保護措施致生損壞；調查人員旋即通報英國資訊專員辦公室（Information Commissioner's Office, ICO）展開調查；2019年12月17日，英國資訊專員辦公室最終以違反歐盟GDPR第5條第1項第f款、第24條第1項及第32條，裁罰27.5萬英鎊[37]。

該案係英國資訊專員辦公室[38]首次依據GDPR確定裁罰之案例且涉及敏感性個資，有其指標性。裁罰理由如下：一、隱私政策並不符合要求，如未述明蒐集個人資料之類別、未訂定個人資料保存期限、當事人告知聲明不完備、無當事人權利行使等；二、無適當安全維護

---

[37] European Data Protection Board (EDPB), Dec. 12, 2019, *London Pharmacy Fined after "Careless" Storage of Patient Data*, https://edpb.europa.eu/news/national-news/2019/london-pharmacy-fined-after-careless-storage-patient-data_en (last visited: 2023/4/18)；衛星羽，財團法人資訊工業策進會科技法律研究所，2020年3月，英國資訊專員辦公室對連鎖藥局違反GDPR存放敏感個資作成裁罰首例，https://stli.iii.org.tw/article-detail.aspx?no=67&tp=1&d=8409（最後瀏覽日：2023年4月18日）。

[38] 英國資訊專員辦公室維護資訊權利的公共利益、公共機構和個人資料隱私促進，透過監督，使一般民眾可以看到政府單位持有個人資訊和個人資料權利保護的相關法律規範，資料保護法和隱私及電子通信條例讓民眾了解哪些法律保護了個人資料，以確保這些資訊得到妥善處理的權利，英國資訊專員辦公室是目前英國有關個人資料與隱私保護的獨立機關。財團法人資訊工業策進會科技法律研究所，2014年11月，英國資訊專員辦公室，https://stli.iii.org.tw/article-detail.aspx?no=83&tp=4&d=6734（最後瀏覽日：2023年4月18日）；ICO, *About the ICO/Our Information/Regulator's Code*, https://ico.org.uk/about-the-ico/our-information/regulators-code (last visited: 2023/4/18)。

措施；三、涉及敏感性個人資料，違法情狀嚴重；四、未積極配合調查；五、影響層面甚深，導致該藥局配合之上百家療養院，近千名當事人個資受損害[39]。

基於行為人身分是英國連鎖藥局，所涉資料為諸多地區療養院住民就醫資料，且因紙本資料較電子資料易受物理性因素破壞，然而保護措施相對而言得臻於完善，若能有安全的保護舉措，則可大幅降低洩漏風險。本文認為，上述案件當事人在低風險條件下，並未採行適切管理機制，案發後亦無積極改正意願，顯見當事人缺乏個人資料重要性的認知，政府部門若能於裁罰後加強企業內部教育訓練，方可推進個人資料保護的全民意識。

第三節　美國

1996年8月21日，美國為打擊健康保險和醫療保健給付的浪費、欺詐和濫用，提高醫療系統效率和有效性，以電子化醫療形式簡化行政作業流程，聯邦政府頒布HIPAA，作為美國衛生及公共服務部（Department of Human and Health Services, HHS）制定健康資訊法律的依據[40]，國家同時意識到電子技術侵害人民隱私權的可能性，因此於2000年提出、2002年8月14日完成「隱私規則」（Privacy

---

[39] 衛星羽，前揭註37。

[40] Public Law 104-191, Aug. 21, ASPE (Assistant Secretary for Planning and Evaluation), *Health Insurance Portability and Accountability Act of 1996*, https://aspe.hhs.gov/reports/health-insurance-portability-accountability-act-1996 (last visited: 2023/4/11); HHS, *Summary of the HIPAA Security Rule*, https://www.hhs.gov/hipaa/for-professionals/security/laws-regulations/index.html (last visited: 2023/4/11)；葉錫誼，個人健康醫療資訊之美國與歐盟法規管理方向，當代醫藥法規月刊，第92期，頁7，2018年6月8日。

Rule）[41]，2003年2月20日釋出「資安規則」（Security Rule）[42]。

第一項　健康保險流通與責任法（HIPAA）

　　本法案旨在建立關於電子傳輸健康資訊的標準與規範，鼓勵發展健康資訊系統，從而改善「社會保障法案」（Social Security Act）中醫療保險計畫、醫療補助計畫以及醫療保健系統的效率和有效性，各州法律未經美國國務卿確認為特殊目的所必要之法律時，將優先適用本法案作為健康保險的最高準則[43]，內容如下：

一、隱私規則

　　核心蘊含四大原則，包含原則禁止例外允許、最少必要原則、分級授權使用原則、採取適當隱私保護措施。

　　未經當事人以書面明示同意，不得使用或洩漏個人健康資料；例外情況下得允許未經當事人同意，使用或揭露個人受保護健康資訊，例如：治療、給付與健康照護之運作，基於其他被允許行為之意外使用或揭露；公共利益有關之活動，基於研究、公共衛生與健康照護目的提供之有限資料（limited data set）[44]。

---

[41] 即個人可識別健康資訊隱私標準（Standards for Privacy of Individually Identifiable Health Information），確立國家保護健康資訊的標準。67 FR 53182. HHS, *Summary of the HIPAA Privacy Rule*, https://www.hhs.gov/hipaa/for-professionals/privacy/laws-regulations/index.html (last visited: 2023/4/11)。

[42] 即保護電子受保護健康資訊之資安標準（Security Standards for the Protection of Electronic Protected Health Information），建立國家安全標準，用於保護以電子形式持有或傳輸的健康資訊。68 FR 8334. HHS, *Summary of the HIPAA Security Rule*, https://www.hhs.gov/hipaa/for-professionals/security/laws-regulations/index.html (last visited: 2023/4/11)。

[43] Public Law 104-191, Aug. 21, ASPE (Assistant Secretary for Planning and Evaluation), *Health Insurance Portability and Accountability Act of 1996*, https://aspe.hhs.gov/reports/health-insurance-portability-accountability-act-1996 (last visited: 2023/4/11).

[44] 葉錫誼，前揭註40，頁8。

　　當事人有權向管轄機構要求使用或結算個人健康資料檔案，並得要求提供近六年之資料，完全由當事人自費的特定醫療處置行為，當事人有權限制該機構處理此筆醫療資料之形式；美國衛生及公共服務部基於調查或研究等目的，可要求其管轄機構提供健康資料；管轄機構所持有之健康資料至少保存六年[45]。

　　管轄機構僅能使用或揭露為達特定目的所需之最少且必要之健康資料；為符合此原則，管轄機構須建立制度與評估機制，並提供隱私保護政策之說明，以達到法規要求的合理使用與揭露範圍[46]。針對內部人員制定分級使用個人受保護健康資料的機制，依職務身分之不同，限制其能接觸使用的資料範圍[47]。

　　為確保個人健康資料之隱私安全，HIPAA明文要求管轄機構制定相關之隱私保護措施，概括隱私保護政策與施行步驟，並指定一位專司隱私保護業務之管理人員，且具備人員教育訓練和管理制度，確保機構落實執行隱私保護政策；機構內部須針對資料安全設置適當的保護工具及電子技術，為及早獲得資料外洩之訊息，便於擬定與施行危害減輕措施，管轄機構應建置一套完整的客訴體系與流程，降低承辦人和顧客之間訊息傳遞的時間差。考量各管轄機構存在規模與資源分布的差異，因此未強制要求各機構完全執行所有安全項目，而是賦予管轄機構有權視其自身條件，評估、分析加以記錄，完成合理性說明後，自由選擇執行必要之安全措施[48]。

二、資安規則

　　基礎原則有三，針對以電子形式留存之健康資料，機構要保持檔案之機密性、完整性與可取得性；具備資訊安全維護措施；執行風險分析與危害管控。未經授權不得於製作、接收、維護、傳輸時恣意使

45　葉錫誼，前揭註40，頁8。

46　葉錫誼，前揭註40，頁9。

47　葉錫誼，前揭註40，頁9。

48　葉錫誼，前揭註40，頁9。

用或揭露，保證檔案的完整性，禁止修改或破壞，得依授權使用、傳輸或存取。管轄機構須符合以下三項維護要求：識別並預防可預期的資安威脅、預防可預期的無權使用或洩漏情形、確保員工符合資安規則的要求[49]。

　　為達上述資訊安全目標，管轄機構必須具備三種類型的資訊安全維護措施，即行政管理層面、物理性防護、資訊技術方法，例如：指定專責人員擔任主管，進行工作場所及儀器設備的管控機制、安保措施，監測電子檔案存取紀錄、傳輸途徑、設置使用權限。風險分析需要納入資安管理程序中，規定風險分析過程應包含但不限於下列事項：評估潛在風險發生可能性與發生風險後的影響程度、針對已鑑別風險實施合適的安全處置策略、針對採取的安全維護措施作出合理性說明、持續維持適當的安全保護措施；定期檢視和追蹤使用紀錄，偵測危害事件發生次數，定期評估安全維護措施的有效性，管控可能發生的潛在風險，採取合理的處置方式以緩解並降低危害程度[50]。

三、危害通報

　　規範個人健康資料外洩時的通報責任；可能發生危害的未加密檔案外洩時，須於60日內將外洩情形與處置方法通知當事人；倘若資料外洩致生損害人數達500人以上，必須同時通報美國衛生及公共服務部；若是影響人數於該州或特定行政區內超過500人，管轄機構須於60日內通知當地媒體；若單一資料外洩事件波及人數未超過500人，可於當年度結束後60日內，合併其他事件共同向主管機關進行申報[51]。

四、相關罰則

　　為避免危害資訊安全事件發生，當發生違規事件時，若未於30日內修正危害，將面臨最高5萬美元之罰鍰；違反事件重複發生，單一

---

[49] 葉錫誼，前揭註40，頁10。

[50] 葉錫誼，前揭註40，頁10-11。

[51] 葉錫誼，前揭註40，頁11。

年度罰鍰最高達150萬美元；涉及詐欺或為取得商業或個人利益而販售、傳輸或使用個人健康資料等犯罪行為，可能面臨最高25萬美元罰鍰與十年有期徒刑[52]。

第二項　倡導健康公司案

2016年7月8日，伊利諾州帕克嶺的倡導健康公司（Advocate Health Care）與美國衛生及公共服務部民權辦公室（Office for Civil Rights, OCR）達成協議，同意支付555萬美元的罰款，迄今，該公司仍為違反HIPAA中裁罰最高金額的案件，也是有史以來最嚴重的醫療保健資料洩漏案件，共計三份違規通知，高達400多萬名患者醫療資料遭逢洩漏危機，最嚴重者為2013年7月15日，倡導健康公司行政大樓被盜竊的四臺筆記型電腦[53]。

州總檢察長依據該公司涉嫌違規展開調查，民權辦公室於三個月內報告後續兩起違規事件，分別為2013年9月13日，第三方公司未經授權訪問其內部網站，危害2,027名患者；同年11月1日，一臺未加密筆記型電腦自一名員工車輛中被盜取，影響2,237名患者。倡導健康公司調查結果中發現：患者資料潛在風險性評估錯誤、沒有適當的安全政策和程序、數據資料庫無法以物理手段控管訪問者、未與商業夥伴達成安全協議[54]。

縱無跡象表明個人健康資料曾遭逢濫用，該公司除罰鍰外仍須改

---

52 葉錫誼，前揭註40，頁12。

53 HIPAA Journal, Aug. 5, 2016, *Largest Ever HIPAA Settlement: Advocate Health to Pay OCR $5.5 Million*, https://www.hipaajournal.com/largest-ever-hipaa-settlement-advocate-health-5-5-million-3537 (last visited: 2023/4/18); HHS, *Advocate Health Care Settles Potential HIPAA Penalties for $5.55 Million, Resolution Agreement*, https://www.hhs.gov/sites/default/files/Advocate_racap.pdf (last visited: 2023/4/18).

54 Susan D. Hall, Aug. 5, 2016, *OCR Hits Advocate Health Care with $5.55 Million HIPAA Fine*, https://www.fiercehealthcare.com/privacy-security/ocr-slaps-advocate-health-care-5-55-million-hipaa-penalty (last visited: 2023/4/18).

善患者隱私保護工作，諸如審查、修訂硬體設備和電子媒體的使用程式，制定、實施、監控、修正風險管理計畫與設備加密措施，增加員工資訊隱私教育培訓課程，完成適切的內部監控與風險評估，定期將結果呈報給主管機關，所有文件與紀錄自生效日起應存放六年[55]。

　　本文認為，上述案件核心問題，在於個人健康資料並未採取良好保護措施，該公司並未重視個人資料的隱私權，短時間內發生三起大量個人健康資料外洩事件實屬罕見，美國衛生及公共服務部以高額罰鍰裁罰倡導健康公司，彰顯美國政府對個人健康資料的重視；從而得見，我國當前個人資料保護法中罰鍰規定限額仍有不足。

第四節　小結

　　健保資料庫案彰顯國人意識個人資料的重要性，我國自1995年創立全民健康保險制度以來，期間健保署蒐集諸多衛生福利與醫療資料，涉及種類數量龐大未受管控，本文認為，該案關鍵在於國衛院未經當事人同意，逕自將資料提供予其他研究單位使用，縱為提升國家醫療水平、促進國人健康、預防疾病流行，非以國人資料為營利目的之介質，仍逾法定目的之健保業務範疇；再者，彼時資訊技術尚未成熟，資訊系統與數據保護手段乏善可陳，資訊安全意識和隱私教育普及程度低，從而個人資料濫用風險攀升。

　　資訊隱私權係屬憲法保障隱私權之一態樣，資料數位化已成世界趨勢，本文認為，維護隱私權的手段並非故步自封，侷限數據庫用於資料分析的發展，如何妥善運用個人資料，憑藉去識別化手段與特殊加密技術，透過律法制定作為預警及懲戒之舉措，防範數據資料成為個人謀私的媒介，增進公共利益才是權衡的良策。

55　HHS, *Advocate Health Care Settles Potential HIPAA Penalties for $5.55 Million, Resolution Agreement*, https://www.hhs.gov/sites/default/files/Advocate_racap.pdf (last visited: 2023/4/18).

　　本文論述歐盟GDPR、美國HIPAA法規，作爲我國修訂個人資料保護法的參照制度，增加我國法規尚未規範之要件，歐盟與美國案例涉及健康資料皆爲敏感性個人資料，英國連鎖藥局與當地多家療養院患者合作，留存個人資料檔案不計其數；倡導健康公司案爲美國迄今罰鍰總額最高的案件，共計三起違規事件，足見該公司並未重視個人資料的重要性。

第五章　結論

　　本文總結健保註記醫療暴力前科的問題爭議，論述註記目的與必要性，權衡公益性原則、明確性原則，符合我國憲法所揭示之比例原則，提出修法建議方向，限縮註記客體條件、註記權人、讀取權限，增加醫療暴力界定標準，設置監管機關監督註記權人，預防濫權行為。

第一節　問題爭議

　　資訊科技時代的到來，全人健康照護[1]的興起，展現醫療以病人為中心的醫療體系，不再是治療疾病，更要從預防疾病展開；我國目前雖有醫療暴力通報系統，依舊無法有效降低醫療暴力事件，更有嚴重醫療暴力事件頻傳的趨勢，因此，本文希冀將全人醫療概念類比至安全醫療，不僅是事後處理暴力事件，更能從事前防範著手，以健保註記作為促成就醫安全的媒介。

第一項　註記目的

　　醫療暴力前科註記旨在維護就醫安全，非剝奪人民就醫權利，抑或侵犯人民隱私權，存在前科註記將維繫醫病關係的正向發展，當醫療人員讀取健保紀錄出現前科註記，首要任務為「和緩情緒、疏散群眾」，避免急性、偶發性的誘發因子，導致過激的自傷、傷人行為；行政人員、護理人員、傳送人員儘量減少直接接觸病人，維護患者自

---

[1] 涵蓋生理、社會、心理及經濟層面的醫療，整合性的健康照護。全人照護不僅強調生病後提供以病人為中心之醫療照護，更要在生病前提供正確有效的預防方法。鄭昌錡，林口總院——醫教電子報，2019年11月30日，從全人醫療談全方位的全人照護教學，https://www1.cgmh.org.tw/intr/intr2/ebm-link/36100/enews/me_epaper_108-11.htm（最後瀏覽日：2023年4月27日）。

身安全與醫事人員人身安全；若行為人非就醫者本人，或非因疾病影響的狀態，醫療暴力健保註記存在亦會箝制暴力行為的效果。

為保障當事人權益，本文建議健保加註暴力前科30日前，由中央健保署先行通知當事人，列舉過往醫療暴力發生時點，當事人得於此期間提出異議；本文建議，五年內若無再犯醫療暴力事件，則可申請刪除健保註記。

第二項　執行程序

排除經疾病診斷當下無辨識或無自我控制能力，本文希冀建立因應醫療暴力健保註記標準作業流程，所謂醫療暴力，一定要有界定標準，避免醫療暴力健保註記資料流於形式，本文建議執行標準界定策略應具備如下三要件：

一、**對應醫療暴力態樣**：註記醫療暴力型態與傷害等級，如肢體強暴行為、脅迫，或其他妨礙醫療業務執行之非法行為，造成醫事人員或一般民眾物理傷害，不論情節輕重皆須註記於健保資料；如言語脅迫、恐嚇、公然侮辱者，得視情節輕重進行註記。

二、**健保資料讀取限制**：非所有醫事人員皆有權讀取該類別資料，醫事人員須為住院醫師或主治醫師等第一線醫療從業人員。

三、**依暴力前科型態與等級採行相應措施與預防方案：**

下述四點可供參考，其中第四點須會診精神科醫師，經精神科醫師診斷有必要性方可執行：

（一）**舒緩氣氛，移除威脅**：面臨情緒高漲的病患或家屬，首先避免與其產生正面衝突，減少用字遣詞可能造成的刺激，適時移除環境中潛在危害性物品，如尖銳物品、易碎物品[2]。若患者仍無法在短時間內平復狀態，可會診精神科醫師，視情況將其安

---

[2] 臺北榮民總醫院健康e點通，護理指導>目錄總覽>精神科，2021年10月5日，暴力之預防，https://ihealth.vghtpe.gov.tw/media/813（最後瀏覽日：2023年4月6日）。

置於保護室，保護室內部則置有監控與通訊設備，護理師透過監視器實時觀測患者情緒狀態，利用通訊設備、緊急呼救鈴和患者交談，保護室牆面與地面則以海綿軟墊包覆，避免患者受傷[3]。

（二）**檢傷分級，空間區隔**：利用天花板、牆板延伸空間，配合燈光隱喻和採光良好的窗戶、等候座椅的重新排列，維持等候區良好秩序、避免壅塞推擠；限制診間人數與身分，硬體隔間、門禁管制區隔不同傷病等級的留觀區，增加非屬醫療空間的人文氣息，適時安撫病人及家屬情緒[4]，同時急診室醫護人員得依據傷病嚴重程度安排就診順序[5]。

（三）**警察巡查，保全待命**[6]：配置專用電話、巡邏箱，保持警民高度聯繫，醫療暴力事件發生時，警察及時抵達現場協調，落實醫療暴力事件通報作業，調查事件原因、人物背景、現場情境；增列醫療機構內部與外部巡邏時段，增設全天候保全人員，透過各式渠道宣傳反暴力內涵，提升國人醫療暴力嚴重性認知，加強就醫環境保護和支持。

（四）**藥物治療，約束手段**：該手段用以治療特殊情況誘發精神症狀之患者、非過往疾病史曾記錄精神類疾病的個案。倘若當事人

---

[3]　衛生福利部／基隆醫院，精神科>本科介紹，https://www.kln.mohw.gov.tw/?aid=52&pid=62&page_name=detail&iid=164（最後瀏覽日：2023年4月6日）。

[4]　大漢室內裝修有限公司，衛生福利部雙和醫院急診室空間設計工程，https://www.dayadesign.com.tw/shuang-han-yi-yuan-ji-jhen-shih（最後瀏覽日：2023年4月17日）；三軍總醫院，急診醫學部>環境及設施設備，https://wwwv.tsgh.ndmctsgh.edu.tw/unit/10029/17464（最後瀏覽日：2023年4月17日）。

[5]　中國醫藥大學附設醫院，急診部>特色介紹，https://www.cmuh.cmu.edu.tw/Department/Feature?depid=82（最後瀏覽日：2023年4月16日）。

[6]　衛生福利部／桃園療養院，2011年5月17日，強化醫院急診室之安全防暴措施，https://www.mohw.gov.tw/cp-16-25420-1.html（最後瀏覽日：2023年4月25日）。

一段時間內無法自行調節自身情緒，主治醫師得會診精神科醫師，依患者情緒、身體狀況修正用藥，如增加精神穩定劑、抗憂鬱藥物、情緒穩定劑、抗焦慮藥物、鎮靜類藥物、安眠類藥物[7]，達到短時間快速緩和情緒的效果，防止病人情緒起伏過大，以利會談進行。上述方法都無法產生安撫效果，得依精神衛生法以約束手段限制病人人身自由，該限制手段為侵害最小的方式，有助於達成醫療、復健或病人安全之目的[8]，約束期間注意患者是否保持舒適姿勢，且適時解除約束裝置。

第二節　註記規則

本文希冀建立醫療暴力前科註記制度以達到「犯罪預防」之成效，中央健康保險署係屬公務機關，可預見其以追求公益最大化為目的，因此，本文建議修法方向為增修個人資料保護法第6條第1項例外情事，確保不得恣意使用健保資料的前提下，促進全民就醫安全與醫療院所暴力預防。

---

[7] 衛生福利部／桃園療養院，2011年11月1日，認識精神科用藥及副作用處理，https://www.typc.mohw.gov.tw/?aid=509&pid=84&page_name=detail&iid=427（最後瀏覽日：2023年4月6日）。

[8] 2022年11月29日修法理由：「……四、限制病人之人身自由，須符合我國憲法所揭示之比例原則，意即該限制手段必須有助於達成醫療、復健或病人安全之目的；手段與欲達成之目的相當；此外，該手段必須是侵害最小的方式（即『最小侵害原則』）。爰強化執行者應遵循上述原則，爰修正為『於最小限制之必要範圍內為之』。五、又本條所定相關法律規定包括身心障礙者權益保障法、醫療法及其他相關法律規定，併予說明。」精神衛生法第31條：「精神照護機構因醫療、復健或安全之需要，經病人同意而限制病人之居住場所或行動者，應遵守相關法律規定，於最小限制之必要範圍內為之。」

第一項　限制條件

　　勞動部指引定義醫療暴力為廣義之暴力行為，由各類型職場危害中所延伸，指稱醫事機構可見的高風險危害性行為；醫療法所規定者為狹義的醫療暴力，屬於較為重大妨害醫療業務執行之行為。本文認應限縮醫療暴力於刑事責任部分，準用醫療法第24條第2項、第106條第2項與第3項規定範圍。

　　個人資料保護法之保護目的為個人資料的隱私性，前科定義為廣義範圍，係因本文將限縮個人資料保護法之保障內容，故採用警察刑事紀錄證明核發條例第3條之規定，考量警察刑事紀錄證明書標準相對嚴苛，實難保障醫療院所及從業人員之安全，故而排除警察刑事紀錄證明核發條例第6條但書第2款至第7款之規定，將相關紀錄予以健保註記。

　　審酌醫療暴力前科的隱私性，本文建議該紀錄登載於「衛生行政專區資料」，以介面分區方式作為保護手段，經衛生福利部中央健康保險署（保險人）完成註記，中央健保署行政人員作業地點僅可位於健保署固定IP地址，利用轉譯碼連結內政部警政署內部系統，人員不得以可識別方式得知該個人資料，而作業人員紀錄亦載於健保署系統中。

　　醫事人員於保險醫事服務機構中，透過醫療機構固定IP地址，由中央健保署評定醫事機構風險管理，核發特定健保資訊網，預防帳號出現異地登錄之情形，使用專屬憑證卡讀取之醫療暴力前科紀錄，非在職當班醫事人員不得恣意讀取健保資料，而中央健保署將存取讀取紀錄之醫事人員憑證代碼。

第二項　監管機制

　　我國目前個資監管機關以中央目的事業主管機關為主，其中並以行政院為首進行資料安全維護；多數企業組織有內部查核制度，迄今各事業單位尚無統一獨立監管單位。為避免企業內部稽查流於形式，

本文建議，我國應參照歐盟GDPR於衛生福利部內部體系設立獨立監管單位，專司承辦醫療事業機構個人健康資料業務，落實個資外洩作業通報，隨機抽查與定期稽查，制定相關施行規則，確保執行層面一致性，監督醫事機構完備技術性、物理性和行政保密措施。

監管單位具備獨立裁罰權，裁罰對象涵蓋各類型醫事機構，可行使權利諸如警告、糾正、限期銷毀、刪除、廢止、撤銷等。綜合歐盟與美國案例，可知悉業者保護措施完善的重要性，本文建議修法方向為提高罰鍰金額，強化企業領導推進醫事機構自主管理，降低健保資料外洩危機，保護個人資訊隱私權；同時規範業者自主檢核紀錄留存與銷毀辦法，任命各單位安全檢查員，協辦機構內部教育訓練與實體評估，最大限度保證隱私權與人性尊嚴不受侵害。

參考文獻

壹、中文文獻（按作者姓氏筆畫排序）

一、專書

1. 王玉葉，歐洲聯盟法研究，元照出版有限公司，2015年5月初版。
2. 李惠宗，行政法要義，元照出版有限公司，2020年9月八版。
3. 李震山，人性尊嚴與人權保障，元照出版有限公司，2020年3月五版。
4. 林洲富，個人資料保護法之理論與實務，元照出版有限公司，2019年10月二版。
5. 張陳弘、莊植寧，新時代之個人資料保護法制：歐盟GDPR與臺灣個人資料保護法的比較說明，新學林出版有限公司，2019年6月初版。
6. 張嘉尹，憲法學的新視野（三）基本權利，五南圖書出版股份有限公司，2022年1月初版。
7. 許育典，憲法，元照出版有限公司，2019年9月九版。
8. 陳鋕雄，智慧醫療與法律，翰蘆圖書出版有限公司，2021年1月。
9. 麥爾荀伯格（Viktor Mayer-Schönberger）（林俊宏譯），大數據隱私篇：數位時代，「刪去」是必要的美德，遠見天下文化，2015年7月初版。
10. 曾勇夫，「個人資料保護法」有這麼可怕嗎？南台科技大學財經法律研究所專題講座，法務部法律事務司審核，吳尊賢文教公益基金會出版，2012年12月14日。
11. 劉佐國、李世德，個人資料保護法釋義與實務——如何面臨個資保護的新時代，碁峰資訊股份有限公司，2015年10月二版。

二、學位論文

1. 吳昌翰，政風機構適用個資法之實務研究，國立中興大學法律學系碩士論文，2020年。

2. 李振瑋，英國資料保護法中資料所有人權利之研究——兼論我國個資法之相關規範及案例，中原大學財經法律學系暨研究所碩士論文，2008年。

3. 李翊宸，法治國的原初基礎——康德與憲法「人格尊嚴」條款之研究，國立高雄大學政治法律學系碩士論文，2013年。

4. 林昱宏，健康資料於人工智慧應用下之個人資料保護議題，國立政治大學科技管理與智慧財產研究所碩士論文，2020年。

5. 張詠忻，論我國金融控股公司共同行銷下之個人資料保護法制，國立東華大學財經法律研究所碩士論文，2007年。

6. 梁憶芳，基於個人資料保護法的個人資料檔案風險管理資訊系統，國立中興大學資訊科學與工程學系碩士論文，2014年。

7. 陳家靖，歐美個人資料保護法之比較，東吳大學國際經營與貿易學系碩士論文，2020年。

8. 陳慧文，企業治理與個人資料保護法之研究——以人臉辨識為中心，東吳大學法律學系碩士論文，2019年。

9. 曾冠傑，新冠肺炎期間防疫措施與個人資料保護之權衡——比較歐盟與我國個人資料保護法，國立高雄科技大學科技法律研究所碩士論文，2021年。

10. 黃惠玲，個人資料保護法之研究——以公務機關個人資料保護為中心，佛光大學公共事務學系碩士論文，2014年。

11. 劉芸昕，金融帳戶資訊自動交換規範下個人資料保護法制之適用與爭議——以歐盟和我國為例，國立政治大學國際經營與貿易學系碩士論文，2019年。

12. 蔡佳綾，論醫療暴力行為之隱形被害人——從外部醫療暴力犯罪探討醫療法第24條與第106條規定之立法，國立中興大學法律學系碩士論文，2020年。

13. 蔡昀知，歐盟個人資料保護治理之變遷：從《資料保護指令》到《一般資料保護規則》，國立臺灣大學政治學研究所碩士論文，2019年。

14. 蔡杰廷，大數據時代下我國個人資料保護法之修正建議，東吳大學法律學系碩士論文，2019年。

15. 鄭雅玲，論個人資料保護法對金融機構稽核之影響，國立中正大學法律學研究所碩士論文，2015年。

16. 蕭偉成，從健保資料庫案談個資法規範疑義，靜宜大學法律學系碩士論文，2021年。

17. 蕭翠瑩，我國個人資料保護法施行成效之探討，嶺東科技大學財經法律研究所碩士論文，2015年。

18. 蘇峻毅，論非公務機關違反個人資料保護法上義務之損害賠償責任，東海大學法律學系碩士論文，2021年。

三、期刊

1. 王嘉斌，晶片IC卡的應用，科學研習月刊，第48卷第8期，頁2-5，2011年。

2. 石富元、林奕廷，預防暴力事件與因應，臺灣醫界雜誌，第61卷第2期，頁18-20，2018年2月。

3. 江東亮、文羽苹、謝嘉容，全民健康保險制度的發展與問題，台灣醫學，第18卷第1期，頁33-42，2014年1月25日。

4. 吳俊穎、楊增暐、賴惠蓁、陳榮基，醫療事故損害賠償之規範目的及法律原則，台灣醫學，第15卷第1期，頁75-85，2011年1月25日。

5. 李世德，國家發展委員會，GDPR與我國個人資料保護法之比較分析，台灣經濟論衡，第16卷第3期，頁69-93，2018年9月。

6. 李沃牆，新冠肺炎疫情擴散，全球經濟恐難樂觀，會計研究月刊，第412期，頁16-20，2020年3月1日。

7. 李孟玢，論世界人權宣言之基本性質與法律效力，中正大學法學集刊，第1期，頁333-361，1998年7月1日。

8. 李震山，「電腦處理個人資料保護法」之回顧與前瞻，中正大學法學集刊，第14期，頁35-82，2004年1月1日。

9. 李震山，資訊時代下「資訊權」入憲之芻議，律師雜誌，第307

期，頁15-25，2005年4月1日。

10.林小玲、尹祚芊、黃惠美，某醫學中心護理工作職場暴力評估之研究，榮總護理，第29卷第2期，頁176-186，2012年6月1日。

11.林霏儀、黃麗華，某醫學中心護理人員職場暴力發生率及其相關因素探討，秀傳醫學雜誌，第15卷第3、4期，頁79-91，2016年12月1日。

12.邱文聰，從資訊自決與資訊隱私的概念區分——評「電腦處理個人資料保護法修正草案」的結構性問題，月旦法學雜誌，第168期，頁172-189，2009年4月15日。

13.邱忠義，談個人資料保護法之間接識別，裁判時報，第30期，頁95-103，2014年12月15日。

14.侯文萱，以病人為中心的實證健康照護——共同決定模式，醫療品質雜誌，第9卷第5期，頁4-9，2015年9月1日。

15.范姜真媺，談大數據時代下個人資料範圍之再檢討——以日本為借鏡，東吳法律學報，第29卷第2期，頁1-38，2017年10月。

16.國家發展委員會，歐盟GDPR簡介與我國政府因應推動方向，台灣經濟論衡，第16卷第3期，頁1-156，2018年9月。

17.張孟源、盧言珮，醫療暴力——不能忽視的公共危險犯罪，臺灣醫界雜誌，第54卷第8期，頁37-42，2011年8月1日。

18.許育典，學校自治的憲法理論基礎建構，國立臺灣大學法學論叢，第36卷第4期，頁61-122，2007年12月。

19.陳秀峰，線上個人隱私的保護，月旦法學雜誌，第82期，頁208-216，2002年3月。

20.陳佳南、賴輝雄、陳俊銘、林慧娟，藥物過敏與潛在危險因子之分析與探討，臺灣臨床藥學雜誌，第27卷第4期，頁281-288，2019年10月31日。

21.陳聰富，人格權的保護，月旦法學教室，第132期，頁42-53，2013年9月15日。

22.陳麗琴、黃集仁，台灣醫療職場暴力事件之省思與安全防範，榮

總護理，第33卷第4期，頁419-424，2016年12月1日。

23. 楊智傑，歐盟、美國與臺灣個資保護法規中之研究利用，興大法學，第26期，頁1-91，2019年11月。

24. 楊嘉玲、陳慶餘、胡文郁，醫療預立指示，安寧療護雜誌，第13卷第1期，頁30-41，2008年2月1日。

25. 葉錫誼，國際醫藥法規新知 個人健康醫療資訊之美國與歐盟法規管理方向，當代醫藥法規月刊，第92期，頁6-20，2018年6月8日。

26. 趙恩、陳國緯、李思賢，台灣公民面對新冠肺炎疫情初期之焦慮症狀與防疫作為之趨勢，台灣公共衛生雜誌，第40卷第1期，頁83-96，2021年2月。

27. 劉佐國，我國個人資料隱私權益之保護——論「電腦處理個人資料保護法」之立法與修法過程，律師雜誌，第307期，頁42-51，2005年4月。

28. 劉秉鈞，台刑事訴訟法：第一講——刑事訴訟上不告不理的「告」在第一審的意義與法律效果（上），月旦法學教室，第83期，頁45-52，2009年9月。

29. 劉秉鈞，台刑事訴訟法：第一講——刑事訴訟上不告不理的「告」在第一審的意義與法律效果（下），月旦法學教室，第85期，頁56-60，2009年11月。

30. 鄭展志、張孟玲、陳穎瑜、黃曉玲、蔡衣帆，急診暴力的原因分析與預防因應措施，北市醫學雜誌，第14卷第2期，頁139-146，2017年6月30日。

31. 賴尚儀、魏玉雲、吳美慧、林绣珠、石富元，醫療暴力之樣態與防範，澄清醫護管理雜誌，第10卷第4期，頁4-11，2014年10月1日。

32. 謝京辰、廖興中、楊銘欽、董鈺琪，全民健康保險醫療資源潛在空間可近性分析——以台灣北部四縣市為例，台灣公共衛生雜誌，第38卷第3期，頁316-327，2019年6月21日。

33. 謝雪女、翁欣蓉、莊昭華，以文獻回顧方式探討醫療職場暴力之預防，彰化護理，第27卷第1期，頁29-39，2020年3月1日。

34. 顏秀慧，法律櫥窗：法律保留原則——兼介司法院大法官會議釋字第734號解釋，綠基會通訊，第43期，頁35-36，2016年3月。

35. 羅俊瑋、江禹霆，開放健保資料應用之探究，全國律師，第26卷第3期，頁24-38，2016年12月1日。

36. 龔佩珍、呂嘉欣、蔡文正，基層醫師釋出慢性病連續處方箋之意願及相關因素，台灣公共衛生雜誌，第26卷第1期，頁26-37，2007年2月。

貳、外文文獻（按字母A-Z排序）

網際網路

1. 67 FR 53182. HHS, *Summary of the HIPAA Privacy Rule*, https://www.hhs.gov/hipaa/for-professionals/privacy/laws-regulations/index.html (last visited: 2023/4/11).

2. 68 FR 8334. HHS, *Summary of the HIPAA Security Rule*, https://www.hhs.gov/hipaa/for-professionals/security/laws-regulations/index.html (last visited: 2023/4/11).

3. Council of Europe Portal, Convention 108 and Protocols, May. 18, 2018, *Convention for the Protection of Individuals with Regard to the Processing of Personal Data*, https://rm.coe.int/convention-108-con-vention-for-the-protection-of-individuals-with-regar/16808b36f1 (last visited: 2023/3/10).

4. Council of Europe Portal, Jan. 28, 1981, *Convention for the Protection of Individuals with Regard to Automatic Processing of Personal Data*, https://rm.coe.int/1680078b37 (last visited: 2023/3/10).

5. Council of Europe Portal, Joint Statement on Digital Contact Tracing by Alessandra Pierucci, Apr. 28, 2020, *Chair of the Committee of Convention 108 and Jean-Philippe Walter, Data Protection Commissioner*

of the Council of Europe, https://rm.coe.int/covid19-joint-statement-28-april/16809e3fd7 (last visited: 2023/3/10).

6. European Data Protection Board (EDPB), Dec. 20, 2019, *London Pharmacy Fined after "Careless" Storage of Patient Data*, https://edpb.europa.eu/news/national-news/2019/london-pharmacy-fined-after-careless-storage-patient-data_en (last visited: 2023/4/18).

7. European Data Protection Board (EDPB), *Who We Are*, https://edpb.europa.eu/about-edpb/about-edpb/who-we-are_en (last visited: 2023/3/14).

8. European Union (EU), Jan. 28, 1981, *Country Profiles*, https://european-union.europa.eu/principles-countries-history/country-profiles_en (last visited: 2023/3/21).

9. HHS, *Advocate Health Care Settles Potential HIPAA Penalties for $5.55 Million, Resolution Agreement*, https://www.hhs.gov/sites/default/files/Advocate_racap.pdf (last visited: 2023/4/18).

10. HHS, *Summary of the HIPAA Security Rule*, https://www.hhs.gov/hipaa/for-professionals/security/laws-regulations/index.html (last visited: 2023/4/11).

11. HIPAA Journal, Aug. 5, 2016, *Largest Ever HIPAA Settlement: Advocate Health to Pay OCR $5.5 Million*, https://www.hipaajournal.com/largest-ever-hipaa-settlement-advocate-health-5-5-million-3537 (last visited: 2023/4/18).

12. ICO, *About the ICO/Our information/Regulator's Code*, https://ico.org.uk/about-the-ico/our-information/regulators-code (last visited: 2023/4/18).

13. OECD Legal Instruments, Sep. 23, 1980, *Guidelines Governing the Protection of Privacy and Transborder Flows of Personal Data, Part Two. Basic Principles of National Application*, https://legalinstruments.oecd.org/en/instruments/OECD-LEGAL-0188 (last visited: 2023/3/6).

14. OECD Legal Instruments, Dec. 6, 2007, *Recommendation of the Council on Cross-border Co-operation in the Enforcement of Laws Protecting Privacy*, https://legalinstruments.oecd.org/en/instruments/OECD-LEGAL-0352 (last visited: 2023/3/6).

15. Planned Parenthood of Southeastern Pennsylvania v. Casey, 505 U.S. 839 (1992), https://supreme.justia.com/cases/federal/us/505/833/case.pdf (last visited: 2023/3/29).

16. Art. 9 GDPR Processing of Special Categories of Personal Data, https://gdpr-info.eu/art-9-gdpr/ (last visited: 2023/4/27).

17. Public Law 104-191, Aug. 21, 1996, ASPE (Assistant Secretary for Planning and Evaluation), *Health Insurance Portability and Accountability Act of 1996*, https://aspe.hhs.gov/reports/health-insurance-portability-accountability-act-1996 (last visited: 2023/4/11).

18. Susan D. Hall, Aug. 5, 2016, *OCR Hits Advocate Health Care with $5.55 Million HIPAA Fine*, https://www.fiercehealthcare.com/privacy-security/ocr-slaps-advocate-health-care-5-55-million-hipaa-penalty (last visited: 2023/4/18).

|第四篇|

企業因應營業秘密侵害之研究

A Study of the Infringement of Trade Secrets in the Enterprise

曾勝珍[*]、邱琬軒[**]

[*] 中國醫藥大學科技法律碩士學位學程專任教授暨社會科學中心主任。
[**] 中國醫藥大學科技法律碩士學位學程法學碩士。

第一章　緒論

第一節　研究動機與目的

　　科技發展是促進一國建設、經濟發展進步之核心，根據2022年國科會公布的「110年全國科技動態調查」，我國研發經費為新臺幣8,206億元，較2020年成長14.2%，且企業研發逐漸朝向大企業集中，亦即企業規模越大、能投入研發之能力越高[1]。

　　然而，在技術不斷進步之時，商業秘密技術被竊取的案件也層出不窮，產業界不斷發生離職員工竊取原任職公司營業秘密並投靠至競爭對手的事件，我國有關營業秘密經濟利益的金額損失自2013年至2022年就達3,120億[2]，顯示出我國必須保護商業秘密之重要性。

　　縱使我國於2013年增訂營業秘密法刑事罰責，期望藉由刑事罰責保護企業秘密，維持產業的公平競爭；然而根據地檢署偵辦之案件統計，自2013年至2022年，檢察官起訴的案件占26%，不起訴的案件占63%，不起訴原因有撤回告訴占20%，罪嫌不足占77.5%。而起訴案件中，有46%無罪，法院判決無罪的理由，多是案件中法官認為欠缺營業秘密三要件[3]。由於營業秘密的特性與一般智慧財產權較不同，

---

[1]　經濟日報，2022年12月30日，去年科技研發經費成長逾14% 占GDP比率創新高，https://money.udn.com/money/story/5612/6877240（最後瀏覽日：2023年2月8日）。

[2]　查獲侵害智慧財產權案件統計，https://ba.npa.gov.tw/npa/stmain.jsp?sys=100&kind=10&type=1&funid=q070202（最後瀏覽日：2023年4月15日），本統計金額為本文自行計算，查詢關鍵字為：查獲侵害智慧財產權概況估計金額（元）、違反營業秘密法（2017年1月新增）、國籍總計、統計時間為2013年至2022年，偵查終結情形合計1,152件，起訴306件、不起訴734件、其他原因112件。地方檢察署執行案件裁判確定件數196件，判定有罪82件、無罪56件、不受理58件。

[3]　吳淑青，立法院法制局專題研究報告——國家安全法修正草案評估報告，法制局，頁7-8，2022年3月。

一旦遭洩漏,將會造成不可逆的損害。不同於專利權能透過專利說明書之請求項界定技術範圍,核發證書給特定權利人,營業秘密反而需要企業內部透過文件或檔案清楚界定其範圍,以利後續遭侵害時舉證上的方便。因此我國在立法上不僅應思考如何保護企業核心技術外,對於企業來說,防範營業秘密遭受侵害亦是重要課題。

　　本文期許透過探討我國實務上受侵害的企業案例,解析法院觀點與我國企業能改進之處,再比較美國法,提出修法建議。

第二節　本文架構

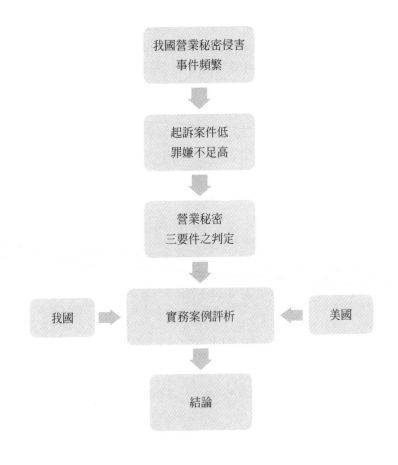

第二章　我國營業秘密法

我國於1996年制定營業秘密法，這項法律的立法背景是為遵循國際間保護智慧財產權的共識。儘管政治因素導致我國無法參與國際組織，但仍需要維持與各國之間的互惠關係。為加入世界貿易組織（World Trade Organization），我國須簽署「與貿易有關之智慧財產權協定」（Agreement on Trade-Related Aspect of Intellectual Property Rights, TRIPS）的附屬協議。該協定要求會員國以法律保護商業秘密，因此在當時中美智慧財產權諮商時，我國承諾制定相關法律。在定義營業秘密時，我國參考了TRIPS第39條第2項的標準。

第一節　基礎理論

隨著時代的發展，營業秘密之保護已逐漸從產業間公平競爭、商業道德，演變至財產權範疇領域，如商業間諜等侵權行為。營業秘密之保護乃是由判例積累而成，其理論隨個案、時代而有所變動，本文將一一介紹營業秘密保護的理論依據。

第一項　契約法理論

契約法理論歷史悠久，早期在營業秘密民事上之保護上乃是以此論為主[1]，此論者認為，營業秘密之所以應給予保護，係因營業秘密擁有者與接觸營業秘密之人因契約所生之保密義務，常見的方式為簽訂契約，如獨立保密契約、僱傭契約、授權契約、代工契約、共同研發契約等。若要運用契約法理論主張營業秘密的保護，必須先證明營業秘密持有者和營業秘密接觸者之間存在契約關係。此契約關係不須

---

[1] 張靜，我國營業秘密法學的建構與開展：第一冊 營業秘密的基礎理論，新學林出版有限公司，頁82，2007年4月。

以明示契約（express contract）方式存在，也可以默示契約（implied-in-fact contract）的形式存在，即雙方之間存在事實上的默示約定。透過默示契約，當事人之間的保密義務可以被確立，以保護營業秘密的機密性。因此，證明契約存在於雙方之間是主張營業秘密保護的關鍵，而契約的存在形式可以是明示或默示[2]。

然而，該理論在保護營業秘密上會產生幾種問題，如默示契約，縱當雙方在接觸營業秘密時未訂定契約，也有可能具有保密義務，若未詳細規範營業秘密的保護範圍該如何界定，是否會有模糊的地帶存在？又或是有契約規範下但內容並不完整時，是否會因契約自由原則下而使特定個案產生無限擴張之可能？保密契約規範不夠明確或不完整時，營業秘密所有人是否能主張或該如何主張[3]？

第二項　侵權行為法理論

此論又稱信賴關係理論，乃將營業秘密案件建立於兩造間的信賴關係，強調當營業秘密所有人遭侵權行為人破壞保密關係，或缺乏契約保護關係時，能以普通法之衡平原則以民事請求賠償，本理論著重於違反信賴關係的不法行為，不需強調營業秘密所有人與接觸營業秘密人間的契約義務或契約關係，且不禁止第三人以合法方式取得營業秘密，因此保護範圍不僅限於營業秘密，更不會探討營業秘密財產性質[4]；該理論以純私法權利本位的體現，直接保護營業秘密所有人的經濟利益[5]。然而此種理論於保護營業秘密時，其範圍將超過營業秘密以外的機密資訊，使侵害營業秘密之行為並不僅是侵害個人的私

---

[2] 對比我國條文可參考民法第153條第1項：「當事人互相表示意思一致者，無論其為明示或默示，契約即為成立。」

[3] 賴文智，營業秘密法制之期末研究報告書，經濟部智慧財產局，頁5-6，2003年。

[4] 王偉霖，營業秘密法理論與實務，元照出版有限公司，頁13，2020年三版。

[5] 張玉瑞，商業秘密法學，中國法治出版社，頁238-239，2000年6月。

益，同時也破壞了市場上之公平交易秩序，而侵權行為理論無法就此問題給予任何解釋[6]。

第三項　不公平競爭法理論

此論源自侵權行為法理論，其出發點是以社會利益作為基準，企業間的競爭關係若是屬於良性競爭，則可以促進社會整體福利；倘若有一方以不公平之方式競爭則反之（如竊取競爭對手之研發技術能減少自己所投入的時間與金錢）。因此，該理論認為營業秘密保護之依據在於營業秘密不應以不公平競爭的手段取得，營業秘密並非其所要保護之重點；交易雙方之信賴關係並不受此侷限，而是規範他人不應以不公平競爭或是不合法的行為取得營業秘密[7]。惟當營業秘密以合法之方式取得，如：逆向工程、獨立推導等方式則不在此限[8]，至於該理論之缺點在於，當取得營業秘密之目的並非為了競爭，竊取後不使用（或讓他人使用）營業秘密，就無法說明何人構成竊用之行為[9]。

第四項　財產法理論

財產法理論乃是將營業秘密之法律性質定位成財產，並以財產法保護，其本質上為無體財產或智慧財產[10]。若要探討營業秘密是否能

---

6 張靜，營業秘密整體法治之研究期末報告書，經濟部智慧財產局，頁17-18，2005年。

7 該理論著重於當不公平競爭之行為發生時會對商業秩序上之影響，因此又有學者將該理論稱為「禁止不當取得說」，參閱賴文智、顏雅倫，營業秘密法二十講，翰蘆圖書出版有限公司，頁111，2004年。

8 張靜，前揭註1，頁110。

9 湯文章，勞工離職後就業禁止與營業秘密之保護，國立東華大學財經法律研究所碩士論文，頁115，2008年6月。

10 李兆環、李洲富、曾勝珍、李傑清、余天琦、施穎弘、謝松穎、孫祥甯、劉齊，營業秘密與競業禁止，新學林出版有限公司，頁37，2017年8月。

作為財產並由法律賦予財產權來保護，則需將角度切換至洛克的勞動理論。洛克的勞動理論源自其所假設的自然狀態，洛克認為在自然之狀態下，所有一切皆來自於上帝，人在自然狀態中所享受的一切都是經上帝同意後從自然狀態中所擷取出來。在這種情況下，每個人都能獲得充足的資源，並在使用這些資源時不侵犯他人對資源的使用權。同時，透過個人的勞動，將資源轉化為私有財產，將勞力投入資源之中。根據該理論來分析營業秘密，一是營業秘密需付出一定之投資與保密措施；二是當營業秘密產生後，他人若是以正當之方法接觸營業秘密，營業秘密所有人則無法主張損害賠償或是禁止使用。換言之，在合法情況下營業秘密所有人無法剝奪他人使用相同營業秘密；三是當營業秘密能為所有人產生淨利時，須已是眾人皆知之事實。目前國際上多數國家皆採用財產理論[11]。

第二節　營業秘密之性質

第一項　權利說

本說認為權利是受到法律保護，得享有特定利益之法律實力，且法律實力係指權利之本質而非目的，權利人得依其意思行使權利，並得以訴訟方式依賴法律力量實現其權利內容[12]。且我國在規範營業秘密法上，認為營業秘密可以轉讓、授權、設定擔保及繼承，而當侵害發生時即屬於侵權行為，適用侵權行為之請求權相關規定，以計算其損害賠償額、請求權時效等，是具有法律實力；因此認為營業秘密應為權利而非利益[13]。惟不論是以不公平競爭法作為專章保護營業秘

---

[11] 王偉霖，前揭註4，頁17。

[12] 鄭玉波，民法總則，三民書局股份有限公司，頁62，2008年十一版。

[13] 章忠信，營業秘密？權利？利益？http://www.copyrightnote.org/ArticleContent. aspx?ID=8&aid=2469（最後瀏覽日：2022年12月28日）。

密，或是透過立專法來保護營業秘密，各國都未明確將其定義為一項「權利」。在我國，營業秘密成為「權利」的結果純粹是出於立法政策的決定[14]。

第二項　利益說

採本學說者觀點如下：一是從立法例的觀察上，大多數國家都是以不公平競爭法加以保護營業秘密[15]，故營業秘密是依法維護產業公平競爭結果下所衍生出來對於相關事業或人員的一種「利益」，不論是以不公平競爭法或是專法保護營業秘密時，都未有「營業秘密權」，或是將營業秘密規定為「權利」；二則是公平交易法第30條、第31條已賦予營業秘密不作為請求權與損害賠償請求權，應是已具有權利性質的存在[16]；三則是營業秘密並未像專利法一樣具有排他性之權利，若是賦予營業秘密排他性，則會違背其欲鼓勵競爭之目的。又其本身不具有供他人確認的保護範圍外觀，在他人難以知悉合法擁有者為誰之情況下，若將其性質定位為權利將會造成企業經營上的困擾，由此認為營業秘密應僅是受到法律所保護之利益[17]。

綜上所述，對於我國營業秘密立法目的的觀察，本文更傾向於利

---

[14] 曾勝珍，我國有關營業秘密立法之評析，臺灣財產法暨經濟法研究協會，第3期，頁39-40，2005年9月；章忠信，前揭註13，該文中提及當時在擬營業秘密草案時各方意見僵持不下，後續決定讓立法院再討論，然，行政部門卻採取權利說，因其認為若能制定本法即可確定為權利，若遭受侵害可請求賠償，有侵害之虞也可以加以排除。另外，受到損害之後的補償，照民法第216條規定，可以請求所受損害與所失利益。前經濟部次長楊世緘並指出：「營業秘密係歸屬於智慧財產權下的一種權，卻有別於專利權。」

[15] 張靜，營業秘密法及相關智慧財產問題，經濟部智慧財產局，頁12，2014年。

[16] 曾勝珍，前揭註14，頁38。

[17] 王偉霖，前揭註4，頁21。

益說的觀點。從本質上來看，營業秘密的立法仍然是爲了給予營業秘密擁有者一種較低程度的保護，使其能夠禁止他人以不正當的手段取得該營業秘密，以維護產業競爭的公平秩序[18]。

第三節　我國營業秘密之要件

第一項　秘密性

所謂秘密性又稱新穎性、非周知性、非公知性。營業秘密要件中所指的新穎性，即是該條文中第2條第1款「非一般涉及該類資訊之人所知者。」對於欲保護之資訊，是指一般公眾所不知之資訊即能成爲營業秘密所保護的客體[19]，學說上對「一般涉及該類資訊之人」又分爲「公眾標準」與「業界標準」。所謂「公眾標準」，係以公眾之範圍作爲基準，即非從事專門領域，或不具專門領域相關知識之普羅大眾無所知者[20]；而「業界標準」則是以由一特定專業領域內之人不知即可。

我國目前對新穎性之標準大部分採「業界標準」，參考智慧財產法院109年度刑智上訴字第12號刑事判決：「所謂秘密性或新穎性，係指非一般涉及該類資訊之人士所知悉之資訊。屬於產業間可輕易取得之資訊，則非營業秘密之保護標的秘密性之判斷，係採業界標準。除一般公眾所不知者外，相關專業領域中之人亦不知悉。倘爲普遍共知或可輕易得知者，則不具秘密性要件。事業爲保護自身之營業秘密，對於可能接觸營業秘密之人，經由保密契約，自得課予接觸者保密義務。」

18　章忠信，前揭註13。

19　王偉霖，前揭註4，頁60。

20　王偉霖，前揭註4，頁61。

第二項　價值性

　　營業秘密須具備的第二個要件是價值性。根據學說的定義，價值性指的是「因其秘密性而具有實際或潛在之經濟價值者」，亦即「經濟價值」[21]。有學者將其分爲兩類，分別是「實際之經濟價值」與「潛在之經濟價值」，前者是在經濟利益上可實際實現；而後者則是目前無法立即實現之經濟價值，但未來會有經濟利益。

　　惟須注意，在特定情形下即便是「消極性資訊」（negative information），亦即企業努力開發某項技術時雖並未成功，但其留下之資料於未來可使其他人以此作爲借鏡，從而減少研發經費[22]，也被認定爲具有經濟上之價值。我國雖有以消極性資訊提告之案例，卻因原告技術過時，法院認爲其競爭對手不會因爲得知該等過時技術內容而享有競爭優勢，且該等資訊不具秘密性，已無任何經濟價值[23]。

第三項　合理保密措施

　　因營業秘密並非他人全然不能知悉，其新穎性也不如專利會因其他人知悉而喪失，營業秘密維持的方式是以秘密所有人採取之措施使同樣知悉秘密者共同保密。

　　而合理之定義，參照智慧財產法院107年度刑智上訴字第14號

---

[21] 王偉霖，前揭註4，頁71。該處指的經濟價值不僅僅是指金錢上之價值，也包括領先技術之資訊、研發能力，指的是該秘密資訊之所有人能因擁有其資訊，利用或創造其潛在或實際之經濟價值，使其擁有比競爭對手更多的競爭優勢。

[22] 王仁君、張永宏，淺論營業秘密之保護及證據保全，全國律師，第22卷第10期，頁33，2018年10月。

[23] 智慧財產法院103年度民營訴字第3號民事判決：「該案之原告所擁有的MRE技術MRE平台係專爲高階功能手機（而非市場趨勢之智慧型手機）而開發之軟體平台，MRE相關技術已屬過時技術，高階功能手機已爲智慧型手機所取代，現實上MRE技術已無使用價值。從而，原告競爭對手自不因得知該等過時技術內容，而得享有競爭優勢，且該等資訊不具秘密性，已無任何經濟價值。」

判決：「營業秘密法第2條規定所謂『所有人已採取合理之保密措施』，係指營業秘密所有人已盡合理之努力，使他人無法輕易地取得、使用或洩漏該秘密資訊。」營業秘密所有人在主觀上有保護之意願，並在客觀上已採取積極的保密措施，以表明其將該資訊視為秘密並予以保守。這包括使他人了解其對該資訊的保密意圖，並採取措施避免他人的隨意或偶然接觸。而依照我國實務見解，也認為合理保密措施尚無須達滴水不漏或銅牆鐵壁之程度，只須依實際情況盡合理努力，使他人客觀上足認為係屬秘密即足當之[24]。其措施可包括：與員工簽署勞雇契約時明定秘密資訊範圍、保密義務等；與接觸秘密資訊之人簽訂保密協議；企業內部制定各項保護營業秘密之方式，如採取放置機密資料的地方、門禁管制；文件分類分級標示、設定接觸、使用機密資訊員工的權限、限制機密資料之存取。

以下綜合整理我國法院實務上對於合理保密措施所認定的八大態樣[25]：

一、將文件檔案註記「機密」、「限閱」或其他顯示機密性的字樣。

二、與員工、合作廠商簽訂保密契約。

三、將機密文件或資訊放置於可上鎖之容具或保管於受管制區域。

四、企業於管理辦法中明定機密資料的範圍。

五、限制特定人士有標的資料內容之存取權限。

六、明確告知員工標的資料內容之保密方法。

七、限制人員接觸機密資料（門禁管制、內部監控）。

八、離職員工不得攜出機密資料。

---

[24] 臺灣高等法院106年度上字第327號民事判決。

[25] 楊雅竹，營業秘密合理保密措施之研究，國立政治大學智慧財產研究所碩士論文，頁48，2013年。

第四節　營業秘密與其他法律之關係

第一項　公平交易法

在我國尚未制定營業秘密法前，與營業秘密性質較相近之法律乃為公平交易法。公平交易法第1條開宗明義以「維護交易秩序與消費者利益，確保自由與公平競爭，促進經濟之安定與繁榮」闡明其目的是為建立公平合理之競爭秩序；而營業秘密法則以「為保障營業秘密，維護產業倫理與競爭秩序，調和社會公共利益」作為立法目的。營業秘密法與公平交易法兩者之立法目的相同[26]，惟兩法若皆是以「維護產業交易公平競爭秩序」作為基準制定且目的相同，何不以修訂公平交易法之內容為主，而是另立專法？有認為是立法者並未清楚理解營業秘密法的內涵，才會導致對本質理解錯誤[27]。

依照舊公平交易法第19條第5款之規定（下稱公交法），凡「以脅迫、利誘或其他不正當方法，獲取他事業之產銷機密、交易相對人資料或其他有關技術秘密之行為」而有限制競爭或妨礙公平競爭之虞者，事業不得為之。惟其適用主體與客體上僅限於競爭之事業，並不包含員工侵害雇主等情形，因此適用對象有限[28]。若違反舊公交法第19條第5款之規定，公平交易委員會得依舊公交法第41條第1項對其競爭事業開罰[29]。

---

[26] 章忠信，營業秘密與公交法之關聯，第19屆競爭政策與公平交易法學術研討會論文集，頁246，2013年12月。

[27] 章忠信，前揭註26，頁246。

[28] 馮震宇，了解營業秘密法——營業秘密法的理論與實務，永然文化出版股份有限公司，頁213，1998年6月再版。

[29] 舊公平交易法第41條第1項：「公平交易委員會對於違反本法規定之事業，得限期令停止、改正其行為或採取必要更正措施，並得處新臺幣五萬元以上二千五百萬元以下罰鍰；屆期仍不停止、改正其行為或未採取必要更正措施者，得繼續限期令停止、改正其行為或採取必要更正措施，並按次處新臺幣十萬元以上五千萬元以下罰鍰，至停止、改正其行為或採取必要更正措施為止。」

　　然而，當營業秘密被侵害時，公交法所提供的補救措施或更正方法是歸還其營業秘密，惟營業秘密被非法獲取後，即喪失其秘密性和經濟價值，對營業秘密持有人所造成的損失是無法彌補的，因此保護重心應著重於不得「使用」與「洩漏」[30]。

　　亦有學者認為，公交法所採取的「先行政，後刑罰」[31]模式之保護力道不如營業秘密法直接採取的刑罰制裁有效，因營業秘密之侵害行為完成將直接產生損害，而公交法還須經行政調查處分等程序，無法直接停止侵害，因此肯認營業秘密法之規範[32]。

第二項　刑事法上之規範

壹、洩漏工商秘密罪

　　按刑法第317條：「依法令或契約有守因業務知悉或持有工商秘密之義務而無故洩漏之者，處一年以下有期徒刑、拘役或三萬元以下罰金。」

　　本條規範的行為主體限於「依法令或契約有守因業務之人」，此為身分犯。若無因法令或契約而有義務守密時，就不構成本罪[33]，本罪的行為主要規範「無故」洩漏，而所謂無故，係指「在法律上無正當事由」，主觀構成要件則是行為人必須具備故意。

　　我國的洩漏工商秘密罪制定於1935年，以工商秘密當時的立法背景與現今營業秘密法比較，其內涵並不相同。

　　所謂「工商秘密」，係指在工業或商業領域中具有不公開性質的

30　章忠信，前揭註26，頁244。

31　依照舊公平交易法第41條之規定，先由公平交易委員會認定是否有構成違法而限期命其停止、改正或採取必要更正措施，若逾期未停止或後續又有相同行為重複發生，才會由法院對行為人科以刑罰處分。

32　林志潔，美國聯邦經濟間諜法之回顧與展望——兼論我國營業秘密法之刑罰化，科技法學評論，第13卷第1期，頁40，2016年6月。

33　曾勝珍，案例式營業秘密法，新學林出版有限公司，頁4，2016年7月。

發明或經營計畫，包括工業方面的製造秘密、專利產品的製造方法，以及商業方面的營運計畫、企業的資產負債情況和客戶名錄等。該等資訊都具有商業價值並被保持為機密，而營業秘密則是須符合前述三要件才屬之。

　　工商秘密罪既在保護工、商秘密事項，則該資訊僅須所有人可用於產出其經濟利益，且所有人主觀上不欲他人知悉該資訊並將之當作秘密加以保護，客觀上使依法令或依契約持有該資訊者能知悉此為所有人之工商秘密，且實際上所有人之保密作為已使得該等資訊確實是尚未對外公開的資訊，即該當刑法第317條之工商秘密[34]。

　　因此有學者認為，工商秘密之範圍較廣泛[35]，按我國實務見解對於營業秘密與工商秘密之間的關係，營業秘密之目的並非用於限縮無故洩漏工商秘密罪，而是刑法上的特別法。再參照最高法院108年度台上字第2152號刑事判決中認為，「工商秘密重在經濟效益之保護」，而營業秘密則是重視「維護產業秩序」[36]，因此不應混為一

---

[34] 參照智慧財產法院108年度刑智上易字第10號判決：「本案被告，於2015年8月19日至2016年12月5日間在甲公司擔任工程師與工務人員之職位，負責代理甲公司聯繫承包商，因而得以持有記載甲公司案件發包秘密資訊之工程管制表及知悉該表內容。詎被告明知有守密義務卻基於妨害工商秘密之犯意，在甲公司之辦公室內，透過通訊軟體『LINE』，無故將載有甲公司工商秘密、製表日期為2016年4月8日之工程管制表翻拍照片發送予甲公司之承包商負責人，而洩漏其因業務所知悉、持有之甲公司工商秘密，涉犯刑法第317條之洩漏工商秘密罪嫌。」

[35] 江彥儀，侵害營業秘密刑事責任之研究，臺北大學法律學系碩士論文，頁40，2005年。

[36] 參照智慧財產法院106年度刑智上易字第19號刑事判決：「刑法第317條洩漏工商秘密罪係以行為人洩漏業務上知悉依法令或契約應保密之工商秘密為其構成要件，然營業秘密法在85年1月17日公布，其目的並非用以限縮無故洩漏工商秘密罪之適用，營業秘密法被定位為民法之特別法；至於刑事責任則依照刑法竊盜、侵占、背信、洩漏業務上工商秘密等罪論處（請參照立法院公報，第84卷，第65期院會紀錄，第76頁），因此，不應以營業秘密法對於營業秘密之定義來限制刑法第317條之適用。我國實務於營業秘密法制定之前，

談。有學者認為，工商秘密均是訴諸秘密與行為人原本既存的內部持有關係，若由外部侵入或侵害營業秘密等行為並不在規制內，且認為秘密所保護的是其秘密性而非秘密財產價值，換句話說，營業秘密所側重的是「經濟上之利益」[37]。此外，因本罪與營業秘密有法條競合之情況，按我國特別法優先於普通法之原則，應僅論特別法。

貳、背信罪

按刑法第342條第1項：「為他人處理事務，意圖為自己或第三人不法之利益，或損害本人之利益，而為違背其任務之行為，致生損害於本人之財產或其他利益者，處五年以下有期徒刑、拘役或科或併科五十萬元以下罰金。」

背信罪之行為主體為「為他人處理事務之人」，學說上有三種見解：

一、**權限濫用說**：此說認為背信罪的本質在於代理權之濫用，即在有代理關係下，以濫用其權利之方式侵害本人財產[38]，始有成立背信罪之可能。例如甲委託乙賣房屋，乙卻以低於市價之價格賣給乙之親戚。

二、**事務處理說**：此說認為背信罪乃對於他人財產之利益負有法律上之維護義務。反之，若行為人對於他人之財產不負有法律上義務者，就無成立背信罪之可能[39]。

認為『所謂工商秘密，係指工業上或商業上之秘密事實、事項、物品或資料，而非可舉以告人者而言，重在經濟效益之保護』（參見臺灣高等法院78年度上易字第2046號判決）。營業秘密法通過之後，就工商秘密之解釋亦未侷限於營業秘密法之定義。換言之，刑法工商秘密之範圍應包含且大於營業秘密法之營業秘密。」

37 李昂杰，智慧財產的刑罰問題（四）營業秘密的刑罰規範，科技法律透析，第15卷第7期，頁6，2003年7月。

38 張天一，論背信罪之本質及定位，中原財經法學，第26期，頁209，2011年6月。

39 張天一，前揭註38，頁202。

三、**違背信任說**：此說認為一般的個人權利義務關係乃透過民法加以
　　規範，惟當事人間有存在著特別的信賴關係時，從事職務者就必
　　須要維持忠實誠信義務，若破壞此一信任而致另一方財產上受有
　　損失時，就等同於破壞了忠實誠信義務[40]。

　　根據我國國內通說及實務見解，目前均採第三說，即行為人與本
人之間無須具有代理或其他法律關係，只要行為人代表本人處理事
務，包括與本人之間的內部事務，無論是法律事務還是實際上的事
務，都包含在內[41]。

　　亦有學者認為背信罪的判斷重點在於行為人是否有違背對本人所
委託的任務，使本人之利益受損，而與行為人是否侵害營業秘密之事
實無絕對的關聯；縱有關聯也是因行為人構成背信罪，違背其對營業
秘密所有人應為之任務，而非侵害營業秘密，因此背信罪無法充分地
評價營業秘密[42]。

---

[40] 張天一，前揭註38，頁199。

[41] 參照臺灣高等法院104年度上易字第999號刑事判決：「凡違背信任關係之財
產侵害皆屬於背信行為，日本通說、判例採此說；『背信的濫用權說』認
為，『權限』不限於法定代理權，而擴大至他人財物的管理權限或事實上
的事務處理權限。觀諸我國背信罪法文僅規定『為他人處理事務』，並未限
定須具有法定代理權之授與，且不論係對外或對內關係，只須獲有本人之委
任，均得為之，另『違背其任務之行為』文義上亦未限定須為法律行為，在
法條構成要件上較符合『違背信任說』（或『背信說』）。再者，將背信行
為限於法定代理權之濫用，過度限縮背信罪之保護範圍。而『刑罰之最後
手段性』應著重於『法秩序的消極一致性』，亦即其他法律明示為合法的，
刑法不可以認為不法，其他法律認為不法的，刑法可以不必認為不法。且立
法者立法時亦未必採最後手段原則，較通常的情況係『一致行動』。對內關
係所造成之損害，固可循民事途徑為事後救濟，惟為事先對信任關係之破壞
可能帶來的損害風險予以控制，仍有以刑法保護之必要。是我國背信罪之本
質，應採『違背信任說』。」

[42] 王偉霖，簡評我國營業秘密新修正刑事規範──兼論美、日、陸營業秘密刑
事規範，台灣法學雜誌，第254期，頁2，2014年8月。

參、侵占罪

按刑法第335條第1項:「意圖為自己或第三人不法之所有,而侵占自己持有他人之物者,處五年以下有期徒刑、拘役或科或併科三萬元以下罰金。」

侵占罪之行為主體主要為因委託或因契約[43]而產生信賴關係持有他人之物者,其規範之對象為原持有人基於法律上之關係而取得對他人之物的支配權。欲符合侵占之行為,必須符合「易持有為所有」的行動,行為人必須要透過客觀的行動,將內心「易持有為所有」的心態表現出來才能算侵占。

而就主觀構成要件之部分,須有侵占故意和「為自己或第三人不法所有之意圖」。而不法所有意圖又可以區分為「所有意圖」與「不法意圖」兩個層面,所謂「所有意圖」,係指行為人對於財產具有排除意思和利用意思,如行為人對於該物品有排斥原持有人的支配,並且以自己自居所有人的心理狀態,若只有使用的意圖卻無排斥即無法成立;所謂「不法意圖」,則是行為人認知到自己在法律上不具備合法的權利能力與客體所有人享有同等的利益。

肆、竊盜罪

按刑法第320條第1項:「意圖為自己或第三人不法之所有,而竊取他人之動產者,為竊盜罪,處五年以下有期徒刑、拘役或五十萬元以下罰金。」

竊盜罪的客觀構成要件,依照竊取之行為解釋,係指行為人違反或未經原持有人同意,以非暴力和平之手段去破壞原持有人與其支配物的關係,其行為客體為他人之動產;而提及動產,有學者認為竊盜罪的客體必須是一個特定的有體物,所謂的有體,係指空間上得以界

---

43 參照最高法院44年台上字第546號判例:「所謂侵占,指的是持有人就其持有中之他人所有物,表現其變為所有之意思而成立;所侵占之物,以先有法律或契約上之原因在其合法持有中者為限。」

定，其物理狀態爲何則非所問[44]。而竊盜罪的主觀構成要件，必須要有竊盜故意與「爲自己或第三人不法所有之意圖」。

---

[44] 蔡聖偉，財產犯罪：第二講竊盜罪之客觀構成要件（上），月旦法學教室，第73期，頁5，2008年11月。

第三章　我國營業秘密法制與修法歷程

第一節　立法背景

　　我國基於以下理由制定營業秘密法。

　　第一，如前章所述，受國際組織的影響，其中，直接對我國有影響的乃是世界貿易組織所附屬之協議「與貿易有關之智慧財產權協定」。我國為了維護與各國之間的互惠關係，並配合國際間對於智慧財產權保護的共識，簽署相關協定。該協定主旨為保護研發人員的創意和發明，並避免和防止不公平競爭的行為，建立公平競爭的環境，鼓勵創新和保護知識產權。

　　第二則是立營業秘密專法前之刑法、民法、公平交易法因規範侵害態樣不周延、適用對象有限、法律效果不直接，使得我國在營業秘密保護上有明顯不足，因此制定營業秘密法。

　　根據營業秘密立法草案，該法立法目的有三：一是提升投資與研發意願之效能，鼓勵我國產業間在特定交易關係中資訊得以有效流通；二是維護產業倫理與競爭秩序，使得員工與雇主、事業體彼此間之競爭秩序有法所循；三則是調和社會公共利益，由於各國法院會於個案中將此因素列為考量，因此認為我國應於個案中斟酌考量社會公共利益[1]。

　　我國營業秘密之定義[2]，認為營業秘密為一種資訊，在民主社會基石下應自由流通，惟對諮詢所有人仍應予以適當之保護以求調和。為避免營業秘密定義上模糊不清，我國參考美國統一營業秘密法第1

---

[1]　立法院第2屆第5會期第1次會議議案關係文書，頁33。

[2]　營業秘密法第2條：「本法所稱營業秘密，係指方法、技術、製程、配方、程式、設計或其他可用於生產、銷售或經營之資訊，而符合左列要件者：一、非一般涉及該類資訊之人所知者。二、因其秘密性而具有實際或潛在之經濟價值者。三、所有人已採取合理之保密措施者。」

條第1項第4款、加拿大統一營業秘密法第1條第2項、日本不正競爭防止法第1條第3項、韓國不正競爭防止法第2條以及TRIPS等相關規定。該等參考標準有助於明確界定營業秘密的範圍及保護措施。

第二節　發展進程

第一項　1996年立法

壹、侵害態樣

有關我國營業秘密的侵害態樣乃是參考德國不正競爭防止法第17條、第18條與日本不正競爭防止法第1條之立法例，並規範於營業秘密法第10條第1項第1款至第5款[3]，若構成下列五款所規範之態樣就屬侵權行為，受侵害人能依營業秘密法第12條作為請求權之基礎。以下就侵害五款態樣分別作說明：

一、以不正當方法取得營業秘密

本款之規範重點在於取得之不法性，亦即以不正當之方法取得[4]。無論行為人與營業秘密所有人間是否有僱傭契約關係，凡是以不正當之手段取得皆屬之[5]（如行為人未經授權擅自影印、拍照、拷貝）。至於不正當方法之定義係規範於本條第2項，以竊盜、詐欺、

---

[3] 營業秘密法第10條第1項：「有左列情形之一者，為侵害營業秘密。一、以不正當方法取得營業秘密者。二、知悉或因重大過失而不知其為前款之營業秘密，而取得、使用或洩漏者。三、取得營業秘密後，知悉或因重大過失而不知其為第一款之營業秘密，而使用或洩漏者。四、因法律行為取得營業秘密，而以不正當方法使用或洩漏者。五、依法令有守營業秘密之義務，而使用或無故洩漏者。」

[4] 黃三榮、林發立、郭雨嵐、張韶文，營業秘密：企業權益之保護，萬國法律基金會，頁60，2002年3月。

[5] 馮震宇，了解營業秘密法——營業秘密法的理論與實務，永然文化出版股份有限公司，頁144、213，1998年6月再版。

脅迫等方法取得他人之營業秘密均構成營業秘密之侵害[6]。

二、知悉或因重大過失而不知其為前款之營業秘密，而取得、使用或洩漏者

此態樣乃規範轉得人之惡意侵害之行為，轉得人固然未以不正當方式取得他人之營業秘密，但當取得該營業秘密時知悉或明知，或因重大過失不知此為惡意取得之營業秘密，為避免營業秘密之流傳進而影響營業秘密所有人之權利，因此有規範之必要。該條文參考日本的不正競爭防止法第1條第3項之規定，其規定較為嚴謹，僅於知悉或因重大過失可得而知之情形始須負責；且若其為善意並無過失，或僅有輕過失而取得、使用或洩漏之行為，除有第3款之情形外，則不構成營業秘密之侵害[7]。

三、取得營業秘密後，知悉或因重大過失而不知其為第1款之營業秘密，而使用或洩漏者

本款屬事後惡意之情形[8]，該款係指行為人於取得時並不知該營業秘密為不正當方法所取得，而是事後才知悉或因重大過失而不知該營業秘密為不正當方法取得而使用或洩漏之情形。與前款之差異在轉得人於取得時可能是合法或不知情該營業秘密所取得之方法為不正當，也無重大過失而不知等情形，然而事後才知道或有重大過失而仍不知者，卻繼續使用該營業秘密（或是洩漏）[9]，此情況發生時，轉得人之行為即構成侵害營業秘密[10]。

四、因法律行為取得營業秘密，而以不正當方法使用或洩漏者

本款乃規範因法律行為取得營業秘密者，亦即營業秘密取得人以

---

[6]　立法院公報，第84卷第65期院會紀錄，頁89。

[7]　立法院公報，前揭註6，頁90。

[8]　王偉霖，營業秘密法理論與實務，元照出版有限公司，頁122，2020年三版。

[9]　趙晉枚、蔡坤財、周慧芳、謝銘洋、張凱娜、秦建譜，智慧財產權入門，元照出版有限公司，頁336，2011年八版。

[10]　王偉霖，前揭註8，頁90。

正當方式取得營業秘密，如僱傭契約、代理、授權等，惟取得後卻以不正當方式加以使用、洩漏。依本款之立法理由，認為本款的營業秘密遭洩漏方式較前三款嚴重，因此予以規範[11]。

　　除此之外，本款並無規範受僱人於離職後之競業禁止問題，在立法理由中認為，該問題涉及受僱人工作權保障，若全面規範將會對受僱人之工作權益有影響，故只規範受僱人合法取得營業秘密再予以使用或洩漏之部分，而受僱人若於受僱前就具有專業知識並不會構成侵害營業秘密[12]。

五、依法令有守營業秘密之義務，而使用或無故洩漏者

　　本款規範的類型係指在法令上有特別守密義務之人，包括本法第9條[13]之特別規範。若上述規範之人使用所知悉之營業秘密即會構成侵權行為，由於本法對營業秘密保護較周延，因此將其列為侵害態樣之一。除了本法第9條所規範之人外，依法須負有保密義務者還包含律師、建築師、會計師等[14]，這些人因執行業務或是參與事務之處理而得知營業秘密者，若無正當理由不得任意使用或洩漏[15]。

貳、民事救濟

　　我國的營業秘密民事救濟途徑規定在第11條與第12條，第13條則是損害賠償之計算與認定。

---

[11] 王偉霖，前揭註8，頁91。

[12] 王偉霖，前揭註8，頁91。

[13] 營業秘密法第9條：「（第1項）公務員因承辦公務而知悉或持有他人之營業秘密者，不得使用或無故洩漏之。（第2項）當事人、代理人、辯護人、鑑定人、證人及其他相關之人，因司法機關偵查或審理而知悉或持有他人營業秘密者，不得使用或無故洩漏之。（第3項）仲裁人及其他相關之人處理仲裁事件，準用前項之規定。」

[14] 王偉霖，前揭註8，頁123。

[15] 趙晉牧、蔡坤財、周慧芳、謝銘洋、張凱娜、秦建譜，前揭註9，頁337。

一、排除侵害、防止侵害請求權

營業秘密法第11條[16]第1項規定營業秘密人之不作為請求權,因營業秘密有其相當之獨特性與排他性,故如有侵害營業秘密情事時,應賦予被害人侵害排除請求權。而此請求權,不以侵害人有故意或過失為必要,只要客觀上有侵害或侵害之虞的情事發生時,營業秘密之所有人即得行使之。我國制定本條係參酌日本著作權法第84條第1項:「著作權或製版權之權利人對於侵害其權利者,得請求排除之,有侵害之虞者,得請求防止之。[17]」

二、銷燬或其他必要處置請求權

按營業秘密法第11條第2項規定,對於侵害行為作成之物或專供侵害所用之物,得請求銷燬或其他必要之處置。增訂此項規定,乃是因法院於判決時可考慮侵害行為之程度與公共利益以作出最適當之判決[18]。其中有關銷燬或其他必要處置,有學者認為專利法[19]、商標法、著作權法有類似之規定,但由於營業秘密之特殊性,其所表現之物與其他智慧財產權所表現之物有所不同,如營業秘密若以記憶方式存在於前員工之腦海中,則該如何銷燬或處置將是一大問題[20]。也有認為,營業秘密與專利、商標法上之銷燬請求權僅能附隨排除侵害或防止侵害請求權一併提出,而無法單獨與損害賠償請求權一併主張,

---

[16] 營業秘密法第11條:「(第1項)營業秘密受侵害時,被害人得請求排除之,有侵害之虞者,得請求防止之。(第2項)被害人為前項請求時,對於侵害行為作成之物或專供侵害所用之物,得請求銷燬或為其他必要之處置。」

[17] 立法院公報,前揭註6,頁93。

[18] 立法院公報,前揭註6,頁94。

[19] 專利法第96條:「(第1項)發明專利權人對於侵害其專利權者,得請求除去之。有侵害之虞者,得請求防止之。(第2項)發明專利權人對於因故意或過失侵害其專利權者,得請求損害賠償。(第3項)發明專利權人為第一項之請求時,對於侵害專利權之物或從事侵害行為之原料或器具,得請求銷燬或為其他必要之處置。」

[20] 馮震宇,前揭註5,頁155-156。

與著作權法[21]之規定不盡相同[22]。

三、營業秘密損害賠償請求權

　　有關於營業秘密被侵害人之損害賠償請求權，係規範於營業秘密法第12條[23]。該條為民法第184條之特別法，當有法條競合之情形下，應優先適用營業秘密法第12條；行使損害賠償請求權時，也應與民法第184條同樣需符合行為人有責任能力、故意過失、侵害行為、不法性、致生權利人實際損害等[24]。惟關於致生權利人有實際損害上之認定仍有疑義，我國實務判決上就曾出現不以實害發生結果為必要之判決[25]，有學者認為最高法院之判決係緣於同法第13條第1項第1款之但書[26]，其條文內所稱之預期利益雖在客觀當下未產生或存在，但若無發生侵權行為之情況下，可在未來「預期可得」之利益。因此，侵害行為發生當下雖未立即產生實體損害，惟損害未來可預期之利益

---

[21] 著作權法第88條第1項：「因故意或過失不法侵害他人之著作財產權或製版權者，負損害賠償責任。數人共同不法侵害者，連帶負賠償責任。」第88條之1：「依第八十四條或前條第一項請求時，對於侵害行為作成之物或主要供侵害所用之物，得請求銷燬或為其他必要之處置。」

[22] 王偉霖，前揭註8，頁139。

[23] 營業秘密法第12條：「（第1項）因故意或過失不法侵害他人之營業秘密者，負損害賠償責任。數人共同不法侵害者，連帶負賠償責任。（第2項）前項之損害賠償請求權，自請求權人知有行為及賠償義務人時起，二年間不行使而消滅；自行為時起，逾十年者亦同。」

[24] 張靜，我國營業秘密法學的建構與開展第一冊營業秘密的基礎理論，新學林出版有限公司，頁535-546，2007年4月。

[25] 參照最高法院97年度台上字第968號民事判決：「依營業秘密法規定，僅須因法律行為（如僱傭關係）取得營業秘密而洩漏者，即為侵害營業秘密，不以發生實害結果為必要。」

[26] 營業秘密法第13條第1項第1款：「依前條請求損害賠償時，被害人得依左列各款規定擇一請求：一、依民法第二百十六條之規定請求。但被害人不能證明其損害時，得以其使用時依通常情形可得預期之利益，減除被侵害後使用同一營業秘密所得利益之差額，為其所受損害。」

仍爲一種實害[27]。

　　同條第2項乃爲損害賠償請求權時效消滅之規範，是爲避免被害人遲不行使其權利，使法律秩序不安定。營業秘密之消滅時效與民法第184條之侵權行爲消滅時效相同。需注意的是，民法第197條第2項[28]之規定，當侵害人因侵權行爲受利益時，被害人仍得於侵權行爲時效完成後，依不當得利之規定返還其所得利益，且不當得利之消滅時效爲15年[29]。

第二項　2013年修法

　　我國在1996年制定營業秘密法後雖有救濟之途徑與正式規範，然而隨國際商業活動日漸活躍，營業秘密侵害行爲頻繁，近年來竊取營業秘密事件益增，不但侵害產業重要研發成果，更嚴重影響產業之公平競爭。此外，來自其他第三國之經濟間諜案件亦時有所聞，這些不法竊取營業秘密之行爲已重挫臺灣產業之國際競爭力，乃至威脅我國國家安全，因此擬定草案增訂營業秘密法之刑事責任[30]。

壹、侵害營業秘密之行爲態樣

　　按營業秘密法第13條之1第1項：「意圖爲自己或第三人不法之利益，或損害營業秘密所有人之利益，而有下列情形之一，處五年以下有期徒刑或拘役，得併科新臺幣一百萬元以上一千萬元以下罰金……」對於本條的主觀構成要件須符合意圖爲下列任一項：爲自己不法之利益、爲第三人不法之利益、損害營業秘密所有人之利益。

---

[27] 王偉霖，前揭註8，頁137。

[28] 民法第197條第2項：「損害賠償之義務人，因侵權行爲受利益，致被害人受損害者，於前項時效完成後，仍應依關於不當得利之規定，返還其所受之利益於被害人。」

[29] 丁中原、古清華、謝銘洋、張凱娜，營業秘密法解讀，元照出版有限公司，頁231，1996年11月。

[30] 立法院第8屆第2會期第8次會議議案關係文書，頁10。

有學者認為，此條具備特殊主觀構成要件要素——意圖，意即除了對客觀構成要件之事實具備「故意」外，侵害人主觀上也須具有「意圖」（如條文中意圖為自己或第三人不法之利益，或損害營業秘密所有人之利益之意圖）的特定目的[31]。此處應注意，意圖犯的成立與否在現實使用上必須格外謹慎，若無明顯透露出，便不應加以推定。亦有學者認為，雖然增訂刑事責任對營業秘密之保障設想周全，也顯現出防禦性意味濃厚，惟主觀歸責範圍是否過廣仍有討論之空間[32]。而構成客觀構成要件的行為主體則為任何人，保護之客體為本法第2條之定義及要件[33]，行為態樣則是第13條之1第1項列舉四款侵害營業秘密的行為態樣。

一、第13條之1第1項第1款

「以竊取、侵占、詐術、脅迫、擅自重製或其他不正方法而取得營業秘密，或取得後進而使用、洩漏者。」

營業秘密之本質屬「資訊」[34]，因此營業秘密能以任何形式或方式保存，如文字、圖檔、繪畫、雲端伺服器等。當侵害營業秘密之行為發生時，該行為方式能以取得該「物」或「動產」之形式進行，而本款也列示了五個行為態樣，分別是「竊取」、「侵占」、「詐術」、「脅迫」、「擅自重製」以及概括行為「其他不正方法」而取得。

有關本款的行為主體之認定未特意限制其身分資格，即未限制行為主體之身分、資格或應具備之特定關係，因此任何人若竊取營業秘密皆可能被認定為行為主體。本款文意中的行為態樣及其定義根據立

---

31 王皇玉，論侵害營業秘密之犯罪行為，月旦法學雜誌，第317期，頁80，2021年10月。

32 王偉霖，我國營業秘密刑事規範的再思考，法令月刊，第68卷第5期，頁7，2017年5月。

33 黃三榮、林發立、郭雨嵐、張韶文，前揭註4。

34 經濟部智慧財產局，營業秘密保護實務教戰手冊，頁2，2013年。

法院會議議案關係文書中說明如下：「實行行為方式，包括以竊取、侵占、詐術、脅迫、擅自重製或其他不正方法而取得營業秘密，或取得後進而使用、洩漏：所謂竊取，指違背他人意願或未得其同意，就他人對營業秘密所有之持有狀態加以瓦解並建立支配管領力之行為。所謂侵占，指易持有為所有之行為，亦即是將自己持有之他人之營業秘密變為自己所有之行為。所謂詐術，指傳遞與事實不符之資訊之行為，包括虛構事實、歪曲或掩飾事實等手段。所謂脅迫，指以語言、舉動之方法為將加惡害之通知或預告，而形成於他人意思或行動之妨害。所謂擅自重製，指行為人未經營業秘密所有人之同意而為重製之行為，又所謂重製，指以印刷、複印、錄音、錄影、攝影、筆錄或其他方法直接、間接、永久或暫時之重複製作營業秘密而言。[35]」

（一）竊取

以竊取對應刑法上之概念，係遵照刑法第320條竊盜罪的構成要件，實務判決認為：「以竊取而取得營業秘密」原即含有竊盜罪之本質，其主觀、客觀要件，實與刑法竊盜罪之構成要件完全重疊[36]。竊盜罪之構成要件行為乃是「竊取」；若要構成「竊取」行為，須符合三個要素。

第一個要素是未經本人同意、違反所有權人或持有人之意思，若是本人同意之狀況下，則屬「阻卻構成要件同意」之情形[37]，不在此討論範圍內。

第二個要素則是指以非暴力和平之手段，破壞他人對物的持有支配關係，對於他人持有之概念，一般則認為持有應具備主客觀面向，即為主觀面之持有支配意思、客觀面事實上之持有支配狀態，前者指的並非是行為能力，而是單純的持有意思；後者則是對於特定物有現

---

[35] 王偉霖，前揭註32，頁14。

[36] 智慧財產法院106年度刑智上訴字第29號刑事判決。

[37] 盧映潔，刑法分則新論，新學林出版有限公司，頁576，2008年8月初版。

實的管領支配力[38]。

第三個要素則是建立一個新的持有支配關係，若是行為人為建立新的持有支配關係，或是本身對該物就具有持有物關係，則不構成竊盜罪。

（二）侵占

以侵占在刑法上之條文，舊刑法第335條第1項規定：「意圖為自己或第三人不法之所有，而侵占自己持有他人之物者，處五年以下有期徒刑、拘役或科或併科一千元以下罰金。」

對於侵占構成要件之分析，規範之行為主體人乃是「持有他人之物之人」，故一般認為本罪是身分犯（且為純正身分犯），意指本罪行為人原本就擁有對該物或財產具有「保管」及「持有」之關係，與竊盜不同之處在於不需存在「破壞持有關係」，而是「易持有為所有」即可符合侵占之構成要件。我國在侵占罪之實務見解為：「凡對自己持有之他人所有物，有變易持有為所有之意思時，即應構成犯罪，縱事後將侵占之物設法歸還，亦無解於罪名之成立。[39]」

惟我國實務見解也非只認持有他人之物者，若無持有關係人與持有關係人共同侵占他人之物，無持有關係人向來都認為可成立侵占罪之共同正犯[40]。而有關本罪所規範之客體，乃行為人持有他人之「物」，而此處所稱之物，為動產或不動產的有體物，無體物則為電能與熱能等其他能量。竊取營業秘密之客體判斷上，有學說認為應區分為直接侵占、竊取營業秘密與侵占、竊取營業秘密附著之物兩

---

[38] 盧映潔，前揭註37，頁575。

[39] 參照最高法院43年台上字第675號判例要旨。

[40] 參照最高法院89年台上字第1082號裁判要旨：「刑法第335條第1項、第336條第2項之侵占罪，均係因特定關係始能成立之犯罪，即須行為人先持有被害人之物之關係始能構成，如無該持有關係，自須依刑法第31條第1項規定，與該持有關係之人共同實施或教唆幫助者，始以共犯論。」

種[41]：

1. **直接侵占、竊取營業秘密**：當侵害營業秘密的行為發生時，被侵害之營業秘密必須以有體物之形式存在（如某樣產品的原形等），且行為人必須竊取該有體物才能達到營業秘密之竊取，否則不能認為是竊盜罪[42]。

2. **侵占、竊取營業秘密所附著之有體物**：營業秘密是以附著於有體物之方式存在（如產品製程配方、紀錄、文件的載具），行為人竊取該有體物便可以達到侵占、竊取營業秘密之目的。惟實際上係因行為人侵占、竊取附有營業秘密的有體物而構成刑事犯罪，並非因侵占竊取營業秘密構成犯罪，因此認為侵占罪、竊盜罪無法充分評價侵害營業秘密的行為[43]。

（三）詐術

對於詐術，係規範於舊刑法第339條詐欺罪第1項：「意圖為自己或第三人不法之所有，以詐術使人將本人或第三人之物交付者，處五年以下有期徒刑、拘役或科或併科一千元以下罰金。」同條第2項：「以前項方法得財產上不法之利益或使第三人得之者亦同。」未遂犯亦有處罰。

詐欺罪的犯罪結構與其他種類較為不同，各個構成要件必須是環環相扣的因果連接。

第一，行為人須施用詐術（即傳遞不實、與事實不符合之資訊，進而使相對人有產生錯誤認知的可能）。

第二，因施用詐術使相對人陷於錯誤（行為人所給予的不實資訊

---

[41] 王偉霖，簡評我國營業秘密新修正刑事規範——兼論美、日、陸營業秘密刑事規範，台灣法學雜誌，第254期，頁2，2014年8月。

[42] 章忠信，2003年12月10日，侵害營業秘密與竊盜罪之關係，http://www.copyrightnote.org/ArticleContent.aspx?ID=8&aid=2484（最後瀏覽日：2022年5月30日）。

[43] 王偉霖，前揭註41，頁2。

之行為使被害人陷於錯誤）。

第三，相對人因陷入錯誤而為財產處分致有損害，且行為人因此獲利[44]。

以上三者之間，必須存在因果關係且行為人須有詐欺之故意，以及為自己或第三人不法所有的意圖，才有可能成立「詐術取得營業秘密罪」。

我國實務見解則是以：刑法詐欺取財罪之成立，係以行為人施用詐術使被害人陷於錯誤，被害人基於此一錯誤而處分其財產，致受有損害，為其構成要件。所謂施用詐術，不限於積極地以虛偽言詞、舉動而為之欺罔行為，於行為人負有告知交易上重要事項之義務而不告知者（學理上稱不作為詐欺）或行為人之言詞舉動於社會通念上可認為具有詐術之含意者（學理上稱舉動詐欺，亦屬詐術之施用）。又所謂錯誤，指被害人對於是否處分（交付）財物之判斷基礎的重要事項有所誤認之意，換言之，若被害人知悉真實情形，依社會通念，必不願交付財物之謂。而此一錯誤，係行為人施用詐術所致，亦即「詐術」與「錯誤」間有相當因果關係[45]。

而在「財產處分」上，「財產」之概念，有學者提出三種見解[46]：第一種是純法律的財產概念：此說認為財產指的是財產權利與財產義務的總和，而財產損害是財產權利的喪失以及財產義務的負擔；第二種是純經濟的財產概念：此說認為財產具有金錢價值的物質或利益以及金錢意義之債務的總和，不論這些物質、情狀或債關係從法律角度來看是否有意義或者是否應受保護；第三種則是法律及經濟折衷的財產概念：此說認為純經濟的財產概念中，必須限制在受法秩

---

[44] 盧映潔，前揭註37，頁661，所謂財產處分指的是一切使財產利益發生變動之行為，包括法律行為與事實行為，因此即便是無行為能力人所為的物之交付，在法律上不生移轉所有權之效力，仍屬財產上之處分。

[45] 最高法院107年度台上字第816號刑事判決。

[46] 盧映潔，前揭註37，頁664-665。

序的保護或至少不受法秩序非難者，才能算是財產。

（四）脅迫

所謂脅迫，意指「以使被害人心生畏懼爲目的，而以不利言詞相威脅」。此亦會因犯罪之不同有所變動，如行爲人對被害人使出肢體上的暴力行爲，就是刑法上所稱之「強暴」，上述之行爲都有可能觸犯刑法「強制罪」或「強盜罪」。

（五）擅自重製

所謂擅自重製，係指「未經同意或授權，而以印刷、複印、錄音、錄影等方法重複製作」。有學者認爲對「重製」一詞之明確定義[47]應參考著作權法第3條第1項第5款：「重製：指以印刷、複印、錄音、錄影、攝影、筆錄或其他方法直接、間接、永久或暫時之重複製作。於劇本、音樂著作或其他類似著作演出或播送時予以錄音或錄影；或依建築設計圖或建築模型建造建築物者，亦屬之。」

對於「重製」以及「擅自重製」學者也加以區分，認爲前者只是將原本之資料、資訊以重複製作之方式，並未破壞其資料紀錄；後者則是以駭客或是非正當手段破解原本保護資料之措施。

（六）其他不正方法

所謂其他不正方法，除條文所提及（竊取、侵占、詐術、脅迫、擅自重製）外，應由法院判斷之。而較有爭議的是「逆向工程」是否能算不正方法規範內？依照最高法院108年度台上字第36號民事判決：「所謂不正當方法，係指竊盜、詐欺、脅迫、賄賂、擅自重製、違反保密義務、引誘他人違反其保密義務或其他類似方法，爲營業秘密法第2條、第10條第1項第4款、第2項所明定。」再依立法理由所載，第10條第2項所列不正當方法之「其他類似方法」一詞並無提及「逆向工程」，因此實施逆向工程技術本身並非當然構成非法侵害營業秘密，仍應依具體個案之關聯證據綜合判斷是否有違反商業倫理秩

---

[47] 王皇玉，前揭註31，頁76。

序之不公平競爭行為。有論者認為，民事上之不正方法與刑事上之不正方法不應作同一解釋，應以違法性程度作區分，而其區分方式論者分別提出三種：1.具有與違反刑事規定之行為同等違法性方法；2.交易通念上認為有不正程度之方法；3.對於被管理的營業秘密無權取得之行為，即為使用不正方法[48]。

二、第13條之1第1項第2款

「知悉或持有營業秘密，未經授權或逾越授權範圍而重製、使用或洩漏該營業秘密者。」

本款「知悉或持有營業秘密」，行為態樣的規範著重於合法知悉或持有該營業秘密之人，而非「取得」，因本款之「取得」係屬合法並不具可罰性，因此著重於「越權」、「重製」與「洩漏」，例如因工作上需求（如僱傭、代理、委任等）與雇主建立契約關係的員工，行為人主觀上須有洩漏所知悉營業秘密給他人之意圖，並在客觀上有實質洩漏行為。

本款「未經授權或逾越授權範圍而重製、使用或洩漏該營業秘密者」，著重於授權之範圍為何、其有無權限的限制等；雖一般以簽署保密契約之方式來防止洩漏營業秘密，仍有認為保密協議必須要有明確的權限概括範圍，如對於在職員工之限制與規範，員工離職後是否還同樣有效[49]？若該員工已在公司重複學習該技術，最後將知識內化再加以運用，是否仍屬違反規定？且應考慮是否有過度限制員工之工作權衝突存在？因此對於本款的重製，有論者認為不需要以明文特別規定，因為若行為人是以合法之方式取得營業秘密，其重製必定具有非法使用或洩漏之使用，否則就不具備不法利益之意圖；因此有關本款的使用與洩漏已包含在重製行為，無須重複規定[50]。

---

48 林依雯，論營業秘密法上之刑事責任──以營業秘密法第十三條之一為中心，國立臺灣大學法律學研究所碩士論文，頁169，2016年。

49 王皇玉，前揭註31，頁78。

50 張靜，營業秘密法及相關智慧財產問題，經濟部智慧財產局，頁508，2014年。

三、第13條之1第1項第3款

「持有營業秘密，經營業秘密所有人告知應刪除、銷燬後，不為刪除、銷燬或隱匿該營業秘密者。」

從條文來看，此款有學者認為是終止授權的保護措施[51]，而其又能有兩種不同的解釋，「不為刪除、銷燬」此乃刑法解釋學上的「純正不作為犯」，而所謂的純正不作為犯即是純粹以消極的不作為為犯罪之內容，例如刑法第306條第2項，他人住居「不退去」，因此在認定上意指行為人違反作為之義務時即構成該當性。然而，有論者指出純正不作為犯究竟該從何時可被認定為已經著手，其著手之時間點判斷無疑是實務上一大困難[52]。

隱匿則是以積極之方式使營業秘密所有人誤以為已將營業秘密刪除，行為人有可能以表面上刪除之方式，再藉由資訊技術還原營業秘密等方式，私下持有電磁紀錄，因此明定「隱匿」有其必要性[53]。

在經濟部智慧財產局於102年度營業秘密法修正宣導說明會Q&A彙整表中第六題曾提到，第13條之1第1項第3款的適用前提是否須被告知人有刪除義務？若僅未刪除就處有五年以下刑責，是否有過重之疑慮？告知須告知到何種程度[54]？關於未刪除就有五年以下刑責，經濟部認為本款是按照國際立法例去制定[55]，其目的是為防止營業秘密

---

[51] 王皇玉，前揭註31，頁79。

[52] 林志潔，我國營業秘密法刑罰化之評析，台灣法學雜誌，第248期，頁65，2014年5月15日。

[53] 謝宛蓁，我國營業秘密法制及爭議問題介紹——以刑事責任為中心，智慧財產權月刊，第178期，頁13，2013年10月。

[54] 經濟部，102年度營業秘密法修正宣導說明會Q&A彙整表，頁4，2013年。

[55] 關於以上之問題，經濟部之回應為：第13條之1第1項第3款規定，持有營業秘密人，經營業秘密所有人告知應刪除、銷燬，被告知人負有刪除之義務。本款係參考國際立法例，並非我國獨有之立法，其主要意旨係避免營業秘密暴露在高度被洩漏之風險中，畢竟秘密一經洩漏，損害即不可回復。必須依照實際個案情形加以認定，才能判斷營業秘密所有人是否確實有告知對方刪除。

被損害以及其損害之不可逆性，至於告知到何種程度，有論者認為若僅以當初員工簽署的保密協議作為告知標準，發動刑罰稍嫌嚴苛，應以行為人作為義務明確化，在員工結束該工作或案件時，予以告之。

在本款適用上，也有學者提出假設情況，如持有營業秘密之人是以合法方式取得，將營業秘密資訊傳送到私人裝置或信箱，但不加以使用或提供給他人是否能算「重製」或「使用」[56]？對於此問題，有認為本罪之成立並非僅以認定違法刪除、銷燬義務即能成立，而是必須對本罪之財產保護法益有侵害或危險，倘若只是單純持有卻無侵害或危險，則不能成立本罪；主觀上要有洩漏意圖、客觀上對擁有此秘密之狀態有洩密或使用之危險，否則若單就不刪除或持有為使用、洩漏之行為就足以成立本罪，會有財產法益侵害之類型化危險性不足之情形[57]。

四、第13條之1第1項第4款

「明知他人知悉或持有之營業秘密有前三款所定情形，而取得、使用或洩漏者。」

此款之立法目的係防止營業秘密被侵害後擴大損害之規範，以及防止企業利用挖角行為竊取營業秘密。本款規定處罰「明知」而實行，即營業秘密之惡意轉讓人，行為人雖不是親自實行或參與前三款之行為，但行為人對於他人違法取得的營業秘密，再加以取得使用或再行洩漏，損害營業秘密的範圍仍會擴大，因此仍有處罰的必要。若本款之行為人對於他人違法取得營業秘密事項是知悉或參與者，則不屬本款之規範而適用前三款，例如A請B取得甲公司之營業秘密，再將B挖角至自家公司並且使用B所竊取的營業秘密，若A一開始就知悉B竊取甲公司之營業秘密，卻仍挖角B，即可能構成本款規定之非法行為。本款的主觀要件在於行為人必須具有「直接故意」，亦即條

---

[56] 王偉霖，前揭註8，頁344。

[57] 林依雯，前揭註48，頁176。

文中之「明知」所取得、使用、洩漏者，若僅是未必故意則不屬之。

　　惟仍有學者認為此種行為屬事後幫助之類型，基於刑法原則上不處罰事後幫助犯，因惡意取得人之處取得、使用、洩漏就以刑法處罰，是否有處罰過當之問題也是其提出的疑問[58]？因此提出應參考德國不正競爭防止法（Gesetz gegen den unlauteren Wettbewerb, UWG）第17條規定[59]，將此種洩漏的行為限制在出於競爭目的或經濟目的者即屬之[60]。

第三項　2020年修法

　　2020年1月15日我國增訂營業秘密法修正條文第14條之1至第14條之4有關「偵查保密令」之制度，其立法理由在維護偵查不公開及發現真實，並兼顧營業秘密證據資料之秘密性[61]。該制度是為防止偵查中二次洩密之情形發生，造成營業秘密所有人之營業秘密被侵害時，不願提告或提供相關營業秘密資料，進而導致檢察官查證上的困難，

---

[58] 饒倬亞，侵害營業秘密之刑事規範研究，國立臺灣大學法律學院法律研究所碩士論文，頁163，2015年。

[59] 德國不正競爭防止法於第17條區分三種犯罪型態：第一種型態為員工在僱傭關係中的背信行為；第二種型態為利用技術性手段刺探秘密；第三種型態為對未被授權之營業秘密在未經授權情況下加以利用或洩漏。以下為翻譯法條，資料來源為林易典副教授譯（國立成功大學法律學系），2017年版本。

1.任職於事業之人，出於競爭之目的、圖利自己、為第三人之利益、或意圖對事業主造成損害，而將於其僱傭關係之範圍內，所被委予或取得之交易或營業秘密，於僱傭關係存續期間，未經允許而告知他人者，處三年以下之有期徒刑或得併科罰金。

2.出於競爭之目的、圖利自己、為第三人之利益、或意圖對事業主造成損害者，而有下列之情形者，其刑罰亦同：(1)透過下列之方式，未經允許而取得或備份交易或營業秘密者：(a)技術工具之使用；(b)將秘密以有體化方式重現後加以製作；或(c)取走內含將機密有體化之物；或(2)將透過第1項所稱之告知之一，或透過依第1款之自己或他人之行為，所得到之交易或營業秘密，或以其他未經允許而取得或備份之交易或營業秘密，未經允許而利用或告知他人者。

[60] 饒倬亞，前揭註58，頁163。

[61] 立法院第9屆第8會期第15次會議議案關係文書，頁20。

因此效仿法院審理程序之「秘密保持命令」制度[62]。

　　該制度使檢察官於偵查過程中能核發保密令，一是能防止已接觸偵查資料之告訴代理人、辯護人等訴訟相關之人洩漏營業秘密；二是為避免競爭者藉由訴訟窺探被提示之偵查內容涉及營業秘密，故禁止或限制為偵查程序以外之目的之使用，或禁止其對未受偵查內容保密令之人揭露，受偵查保密令之人不得將偵查內容為偵查程序以外目的之使用，亦不得將偵查內容揭露予未受偵查保密令之人[63]。

表4-3-1　秘密保持令與偵查保密令之差異比較

	秘密保持令	偵查保密令
核發主體	法官	檢察官
核發對象	限制他造之當事人、代理人、輔佐人或其他訴訟關係人	接觸偵查內容之犯罪嫌疑人、被告、被害人、告訴人、告訴代理人、辯護人、鑑定人、證人或其他相關之人
核發要件	營業秘密應符合三要件，以及該營業秘密在訴訟過程中為避免經開示或供訴訟進行以外之目的使用，有妨礙其營業秘密之事業活動而有限制或使用之必要性時，法官始會准予核發	檢察官於偵辦營業秘密案時認有偵查必要
保護標的	防止營業秘密洩漏	與營業秘密有關之偵查內容

資料來源：本文自行製作。

---

62 偵查保密令與秘密保持令不同之處乃是核發之機關、要件與方式不同，秘密保持令是當法院在審理智慧財產案件時由法官所核發，而偵查保密令則是由檢察官在偵辦營業秘密案件時由檢察官所核發，核發對象主要如接觸偵查內容之犯罪嫌疑人、被告、被害人、告訴人、告訴代理人、辯護人、鑑定人、證人或其他相關之人，詳細的比較本文將以表格呈現。

63 王琇慧，智慧財產權法規概要，宏典文化出版有限公司，頁131，2020年。

第四項　國家安全法相關規範

2022年2月，我國將保護高科技產業之防護再提升，修正國安法，此次與營業秘密有關之修法重點分為下列幾項。

壹、處罰範圍明確化

本次第2條之修正，將條文內原「人民」修正為「任何人」，並就行為人裨益外國、大陸地區、香港、澳門、境外敵對勢力之對象增加「其所設立或實質控制之各類組織、機構、團體」，周延規範行為主體及明確處罰範圍，以符合法律明確性原則之要求，該條乃參考我國反滲透法第2條至第6條之條例制定。

貳、增訂經濟間諜罪與域外使用法則

本法第3條[64]之增訂，乃是為保護我國國家核心關鍵技術之營業秘密並增加刑罰力道之強度，根據該立法理由中明載：「當代國家間

---

[64] 國家安全法第3條：「（第1項）任何人不得為外國、大陸地區、香港、澳門、境外敵對勢力或其所設立或實質控制之各類組織、機構、團體或其派遣之人，為下列行為：一、以竊取、侵占、詐術、脅迫、擅自重製或其他不正方法而取得國家核心關鍵技術之營業秘密，或取得後進而使用、洩漏。二、知悉或持有國家核心關鍵技術之營業秘密，未經授權或逾越授權範圍而重製、使用或洩漏該營業秘密。三、持有國家核心關鍵技術之營業秘密，經營業秘密所有人告知應刪除、銷燬後，不為刪除、銷燬或隱匿該營業秘密。四、明知他人知悉或持有之國家核心關鍵技術之營業秘密有前三款所定情形，而取得、使用或洩漏。（第2項）任何人不得意圖在外國、大陸地區、香港或澳門使用國家核心關鍵技術之營業秘密，而為前項各款行為之一。（第3項）第一項所稱國家核心關鍵技術，指如流入外國、大陸地區、香港、澳門或境外敵對勢力，將重大損害國安全、產業競爭力或經濟發展，且符合下列條件之一者，並經行政院公告生效後，送請立法院備查：一、基於國際公約、國防之需要或國家關鍵基礎設施安全防護考量，應進行管制。二、可促使我國產生領導型技術或大幅提升重要產業競爭力。（第4項）前項所稱國家核心關鍵技術之認定程序及其他應遵行事項之辦法，由國家科學及技術委員會會商有關機關定之。（第5項）經認定國家核心關鍵技術者，應定期檢討。（第6項）本條所稱營業秘密，指營業秘密法第二條所定之營業秘密。」

之競爭已不限於武力裝備，包括全球市場與產業分工關係下，各產業與科技之角力，且國家安全概念亦不限於軍事方面意義，而及於經濟發展與產業競爭力對國家發展之影響。又近年我國高科技產業屢有遭外國、大陸地區、香港、澳門等競爭對手，違法挖角高階研發人才並竊取產業核心技術之案件發生，嚴重影響我國高科技產業之發展與競爭力。[65]」

因此於該條第1項及第2項增訂「為外國等而侵害國家核心關鍵技術營業秘密罪（即經濟間諜罪）」及「任何人不得意圖在外國、大陸地區、香港或澳門使用國家核心關鍵技術之營業秘密，而為前項各款行為之一（國家核心關鍵技術營業秘密之域外使用罪）」。

在此立法結構下，本條在營業秘密保護上形成四個層級化體系，首先是區分秘密程度輕重性：「一般侵害營業秘密罪」（營業秘密法第13條之1）、「為外國等而侵害國家核心關鍵技術營業秘密罪（即經濟間諜罪）（國家安全法第3條第1項）」與域外使用之規範「一般侵害營業秘密之域外使用罪」（營業秘密法第13條之2）及「國家核心關鍵技術營業秘密之域外使用罪」（國家安全法第3條第2項），新增訂之規範被視為與內亂或外患之罪行相同，目的是為更周延保護我國高科技產業競爭力與國家經濟利益。

另外，國家安全法中的所謂侵害國家核心關鍵技術是源自規範於營業秘密法中第13條之1之「意圖為自己或第三人不法之利益，或損害營業秘密所有人之利益」，將其轉為「任何人不得為外國、大陸地區、香港、澳門、境外敵對勢力或其所設立或實質控制之各類組織、機構、團體或其派遣之人」，有該條所列四款行為之一，亦即從一般之侵害營業秘密，提升至為外國利益之經濟間諜行為。第1項所列不得為之行為，完全移列營業秘密法第13條之1第1項各款內容，以使本

立法院第10屆第5會期第13次會議議案關係文書，頁13。

法與營業秘密法保護營業秘密之體系周延並一致[66]。

同條第3項，說明國家核心關鍵技術之定義：「國家核心關鍵技術，指如流入外國、大陸地區、香港、澳門或境外敵對勢力，將重大損害國家安全、產業競爭力或經濟發展」並包含下列兩種情形之一：「基於國際公約、國防之需要或國家關鍵基礎設施安全防護考量，應進行管制」或「可促使我國產生領導型技術或大幅提升重要產業競爭力」，並經行政院公告者。

第4項則是如何認定國家核心關鍵技術之程序，先經由國家科學及技術委員會會商有關機關，訂定發布國家核心關鍵技術之認定程序及其他應遵行事項之辦法，依該辦法進行認定，經行政院公告生效後，再送請立法院備查。並且應定期檢討經認定過的國家核心關鍵技術，以確保其與時俱進，符合上開定義。

惟對此次國家安全法新修正之上述條文，有認為此修正仍存在幾項疑問。其一是國家安全法對營業秘密之定義係完全採用營業秘密法[67]，又同屬智慧財產權，為何不直接在營業秘密法中修正即可？其二是相較於其他智慧財產權之規範，並無因為內容之等級、侵害目的不同而有其他之法律規範，營業秘密有無需要分類秘密的種類（如一般營業秘密與此次修正的國家核心關鍵技術營業秘密[68]）而作不同之處罰？再者，企業於認定營業秘密是否為國家核心關鍵技術時，國家科學技術委員會裡之學者專家至少有10人以上，此程序是否會增加營業秘密洩漏之風險[69]？

---

[66] 章忠信，2022年9月27日，國家安全法與營業秘密有關規定之釋義，http://www.copyrightnote.org/ArticleContent.aspx?ID=8&aid=3105（最後瀏覽日：2023年6月4日）。

[67] 國家安全法第3條第6項：「本條所稱營業秘密，指營業秘密法第二條所定之營業秘密。」

[68] 章忠信，當營業秘密遇見國家安全時，當代法律雜誌，第4期，頁86，2022年4月。

[69] 章忠信，揭前註68，頁87。

參、法人兩罰規定

國家安全法第8條第7項[70]之規定，乃是參考我國營業秘密法第13條之4增訂法人兩罰與舉證免責之規定，其目的乃為落實國家核心關鍵技術之營業秘密不受侵害，課予企業負有監督防止其員工不法侵害他人國家核心關鍵技術之營業秘密之責任，並使企業更加重視法令遵循與改善措施。

在我國刑法體系中，法人因無獨立之罪責能力，必須仰賴自然人之行為始得運作，本項乃透過兩罰規定，使法人承擔罰金刑，以加重法人監督及教育其所屬人員之法律遵循責任[71]。

肆、偵查保密令之適用

國家安全法第9條[72]有關偵查保密令之規範乃是適用營業秘密第14條之1至第14條之3有關偵查保密令之規定，因考量當侵害國家核心關鍵技術之營業秘密之情況發生時，其本質上仍屬侵害營業秘密之案件，且侵害的乃是更核心重要之國家級營業秘密，為更周延保護此類營業秘密於偵查中不致發生二次外洩之風險，並促進偵查效率，增訂此項。

針對違反偵查保密令者，本法認為因涉及的案件乃是侵害國家核心關鍵技術之營業秘密，危害程度尤甚，因此提高對違反檢察官所核發之偵查保密令者之處罰；原法定刑最重本刑僅為三年以下有期徒

---

[70] 國家安全法第8條第7項：「法人之代表人、非法人團體之管理人或代表人、法人、非法人團體或自然人之代理人、受雇人或其他從業人員，因執行業務，犯第一項至第三項之罪者，除依各該項規定處罰其行為人外，對該法人、非法人團體、自然人亦科各該項之罰金。但法人之代表人、非法人團體之管理人或代表人、自然人對於犯罪之發生，已盡力為防止行為者，不在此限。」

[71] 章忠信，同前註68。

[72] 國家安全法第9條：「（第1項）營業秘密法第十四條之一至第十四條之三有關偵查保密令之規定，於檢察官偵辦前條之案件時適用之。（第2項）犯前條之罪之案件，為智慧財產案件審理法第一條前段所定之智慧財產案件。」

刑，修正條文第10條第1項將違反偵查保密令者之法定刑上限，提高至五年以下有期徒刑，以確保受偵查保密令者遵守偵查保密令之效力。

伍、案件管轄之規定

關於案件管轄之規定，乃係規範於國家安全法第18條第1項至第4項[73]：依照刑事訴訟法第4條[74]之規定，對於內亂、外患及妨害國交罪之案件侵害國家法益，情節重大，宜速審速結，以維國家對內之統治、對外之存立與尊嚴，因此第一審管轄權屬於高等法院。

而修正條文第7條第1項規範意圖危害國家安全或社會安定，為大陸地區或大陸地區以外，發起、資助、主持、操縱、指揮或發展組織之行為，雖為內亂、外患及妨害國交罪以外之行為態樣，然國家法益受侵害之程度，實等同於內亂、外患及妨害國交罪。鑑於國家核心關鍵技術之營業秘密，攸關我國高科技產業競爭優勢，更關乎整體經濟發展命脈與國家安全，涉及國家法益之維護。因此，是修正條文第3條第1項規定及修正條文第3條第2項規定，若使用國家核心關鍵技術之營業秘密，而為不法侵害之行為，二者雖非屬內亂、外患及妨害國交罪之行為態樣，然對國家法益之侵害程度，亦應等同視之。爰於第2項規定，該等案件之第一審，由智慧財產及商業法院管轄，以求速審速結，有效維護國家安全及保障整體經濟發展命脈[75]。

---

[73] 國家安全法第18條：「（第1項）第七條第一項及其未遂犯之案件，其第一審管轄權屬於高等法院。（第2項）第八條第一項至第三項之案件，其第一審管轄權屬於智慧財產及商業法院。（第3項）與第八條第一項至第三項之案件有裁判上一罪或刑事訴訟法第七條第一款所定相牽連關係之第一審管轄權屬於高等法院之其他刑事案件，經檢察官起訴或合併起訴者，應向智慧財產及商業法院為之。……」

[74] 刑事訴訟法第4條：「地方法院於刑事案件，有第一審管轄權。但左列案件，第一審管轄權屬於高等法院：一、內亂罪。二、外患罪。三、妨害國交罪。」

[75] 立法院第10屆第5會期第13次會議議案關係文書，頁4。

　　該條也針對檢察官審理案件時將產生的管轄競合之問題作出解答，當案件在國家安全法所規範下分屬「高等法院」與「智慧財產及商業法院」管轄之案件可能有同時起訴、合併起訴之情形，以考量侵害「國家核心關鍵技術之營業秘密」之案件乃涉及「國家核心關鍵技術」及「營業秘密」要件之判斷，具有高度專業性，且審理程序適用智慧財產案件審理法之相關配套制度，較為周延，爰於第4項明定此種情形由「智慧財產及商業法院」管轄，以杜爭議[76]。

第五項　智慧財產案件審理法

壹、查證人制度

　　2022年6月，我國通過智慧財產案件審理法修正草案，新增第19條查證人制度[77]，草案之立法目的是因應近年來技術高度發展下侵害案件增加，而專利權人在舉證上卻困難並且難以自證，以下乃是實務上最常遇見的幾個情形：一、電腦軟體等相關發明、專利被侵害時，無論是調查被控侵權之電腦程式相關軟體本身，或將其技術特徵與系爭專利請求項進行比對都需原始碼，然原始碼可輕易竄改而無法查證；二、專利權人（包含其專屬授權人）須面對舉證相關資訊設備之

---

[76] 章忠信，前揭註68。

[77] 智慧財產案件審理法第19條：「（第1項）專利權侵害事件，法院為判斷應證事實之真偽，得依當事人之聲請選任查證人，對他造或第三人持有或管理之文書或裝置設備實施查證。但與實施查證所需時間、費用或受查證人之負擔顯不相當者，不在此限。（第2項）前項查證之聲請，應以書狀明確記載下列事項：一、專利權有受侵害或受侵害之虞之相當理由。二、聲請人不能自行或以其他方法蒐集證據之理由。三、有命技術審查官協助查證人實施查證之必要。四、受查證標的物與所在地。五、應證事實與依查證所得證據之關聯性。六、實施查證之事項、方法及其必要性。（第3項）前項第一款至第三款事項，應釋明之。（第4項）法院為第一項裁定前，應予當事人或第三人陳述意見之機會。（第5項）准許查證之裁定，應記載下列各款事項：一、查證人姓名及協助查證之技術審查官姓名。二、受查證標的物與所在地。三、實施查證之理由、事項及方法。（第6項）駁回第一項聲請之裁定，得為抗告。」

實際運算方法、涉及資訊量龐雜又容易竄改之原始碼，或需調查儲存在伺服器端之數據資料庫內容等情形，且相關文書或資訊設備，已遭被控侵權人或第三人之持有或管理，專利權人難以接近該文書或勘驗物，蒐集相關證據之難度提高；三、縱被控侵權行為人或主動提供相關文書或勘驗物等證據資料，其實際使用自設備抽離後仍然難以判斷該電腦程式之演算流程方法，是否為實施系爭方法發明專利。

故現行文書提出命令或勘驗等調查證據規定，尚無法解決專利權人之舉證困難問題。此外，對於在市面上難以取得被控侵權產品、方法（通常製造方法皆在工廠內實施，且產品的製造方法、產品之材料、製造方法等常為廠商之營業秘密），同樣使得專利權人舉證不易。為使法院於新興技術與專業之專利侵害訴訟中發現真實，並解決證據偏在一方之舉證不易問題，促進當事人於訴訟上之攻擊防禦武器平等，有必要強化由中立且具備專業知識之專家到現場，執行具有一定法律上強制力之證據蒐集程序，使其能夠基於專業背景協助法院為適正之裁判。又實施查證所需時間過長、費用之耗費過鉅，可能對他造或第三人因工廠停工產生之損害重大。例如，他造為配合查證人實施查證，必須長時間中止工廠運作，或使用昂貴之實驗耗材等情形時，即不應准許。爰參考日本特許法第105條之2第1項規定[78]，增訂

---

[78] 林家珍，日本新特許法引入查證制度及改變損害賠償計算方式間接鼓勵人民以申請專利來保護創意，北美智權，專利工程處，http://www.naipo.com/Portals/1/web_tw/Knowledge_Center/Laws/IPNC_200311_0201.htm（最後瀏覽日：2023年4月20日），日本特許法第105條之2第1項之啟動要件為：原告必須在書狀中說明以下四點理由，並告知法院欲查證之地點、手段以及證物類型等。1.證據取得的必要性；2.侵權的可能性；3.使用其他手段取得證據之困難性；4.不造成被告（被查證人）過度負擔之合理性，法院在認為可以啟動查證後會指派第三方查證人，並發出查證命令。雙方若對查證人之公正性有疑義可提出迴避聲請。查證人必須與法院執行官到指定現場，進行查證命令所指定的證據蒐集行為，包括對被告進行詢問、要求被告提交資料、裝置的確認、計測或實驗等。原告原則上無法參與查證過程，而待查證人查證完畢將製作報告書提交給法院。

第1項，在專利權侵害事件，導入由法院選任中立之技術專家，執行蒐集證據之查證制度[79]。

而電腦程式著作權、營業秘密侵害事件，準用之[80]。在立法說明中，認為涉及電腦程式著作權、營業秘密侵害等事件，屬高度技術與專業，亦存在證據偏在一方而不易蒐證之情形。為協助法院於電腦程式著作權、營業秘密侵害事件中發現真實，並解決受侵害人之舉證不易問題，促進當事人於訴訟上之攻擊防禦武器平等，亦有由中立且具備專業知識之專家，到現場執行具有法律強制力之證據蒐集程序的必要性，爰明定電腦程式著作權、營業秘密侵害事件，亦得準用關於專利權侵害事件之查證制度規定[81]。此外，因訴訟接觸到營業秘密資訊者，法官可核發秘密保持令，並提高違反秘密保持命令罪刑責及引進境外違反秘密保持令罪[82]，以防範營業秘密洩密之可能。

貳、法院徵求第三人意見

新增的徵求第三人意見制度，則是因智慧財產民事事件涉及法律適用、技術判斷或其他必要爭點，為協助法院於具體個案作出正確判斷，有藉由廣泛參酌第三人提出具參考價值的專業意見或資料之必

---

[79] 行政院第3822次院會會議，智慧財產及商業法院組織法總說明及條文對照表——智慧財產案件審理法，頁112-116。

[80] 智慧財產案件審理法第27條。

[81] 行政院第3822次院會會議，智慧財產案件審理法條文對照表第二部分，頁142-143。

[82] 根據立法院第10屆第6會期第5次會議議案關係文書，頁7提到，本次對於提高違反秘密保持命令罪刑責及引進境外違反秘密保持命令罪之方向有下述四項，分別為：1.違反本法秘密保持令之行為，不僅藐視法院所發命令，且恐導致當事人或第三人遭受重大損害，爰提高刑責；且藐視司法係侵害國家法益，應採非告訴乃論（修正條文第76條）；2.增訂違反國家核心關鍵技術之營業秘密所核發秘密保持令之罪責，及境外違反秘密保持命令罪（修正條文第76條）；3.增訂非法人團體因其管理人、代表人、受僱人或其他從業人員執行業務違反秘密保持命令之併罰責任，及法人之負責人、非法人團體之管理人或代表人、自然人已盡監督防免義務之免責規定（修正條文第77條）。

要,故參考憲法訴訟法及日本特許法規定,增訂「徵求第三人意見」制度。

參、案件管轄權之規定

本次修法草案中,修正第59條對案件管轄權之問題,將犯營業秘密法第13條之1、第13條之2、第13條之3第3項及第13條之4之罪的一審刑事案件,改由第一審智慧財產法庭審理。其目的乃考量營業秘密刑事案件具有高度技術與專業特性,該特性涉及對產業具有獨特競爭優勢之技術、商業性營業秘密侵害;為保障產業合法營業權益,鼓勵並保障持續創新研究發展,維護產業倫理與競爭秩序,並避免被害人之營業秘密侵害持續擴大,落實營業秘密第一審刑事案件之專業、妥適及迅速審理目標[83]。

第六項　智慧財產及商業法院組織法

我國於2022年11月提出智慧財產及商業法院組織法部分條文修正草案,並於2023年4月三讀通過,草案內容為將營業秘密第一審刑事案件改由智慧財產及商業法院集中審理,目的有二:一是為配合通過修正的智慧財產案件審理法規定;二是為提升我國產業之國際競爭優勢,建立更具專業、效率及符合國際潮流的智慧財產訴訟制度,同時為回應產業界對專業、妥適及迅速審理智慧財產案件之要求。因此將

---

[83] 行政院第3822次院會會議,智慧財產案件審理法條文對照表第三部分,頁265-271。又本款規定由第一審智慧財產法庭管轄侵害營業秘密之案件,性質上應包含由第一審智慧財產法庭管轄第3項規定之案件。再者,依國家安全法第18條第2項規定,違反第8條第1項至第3項之案件,其第一審管轄權屬於智慧財產法院,爰增訂第2項第2款,明定侵害國家核心關鍵技術之營業秘密案件,由第二審智慧財產法庭為第一審之審理。至於本款規定由第二審智慧財產法庭管轄侵害國家核心關鍵技術之營業秘密案件,性質上亦包含由第二審智慧財產法庭管轄國家安全法第18條第3項規定之案件,亦予敘明。此外,侵害國家核心關鍵技術之營業秘密案件,如與第1項或第2項第1款規定之智慧財產刑事案件,有刑事訴訟法第7條所定相牽連關係者,其偵查、起訴或牽連管轄,依本法第2條規定,應適用刑事訴訟法第6條及第15條規定辦理。

營業秘密第一審刑事案件（含附帶民事訴訟）改由智慧財產及商業法院集中審理；因應專利法及商標法之修正，專利法或商標法所保護之智慧財產權益所生第一審複審及爭議事件，專屬智慧財產及商業法院管轄，國家安全法第18條規定，侵害國家核心關鍵技術之營業秘密行為之刑事案件第一審管轄權屬於智慧財產及商業法院[84]。

---

[84] 行政院第3822次院會會議，前揭註83，頁6。

第四章　美國營業秘密保護法制

　　由於美國法律制度乃是施行憲政聯邦共和制（Constitutional Federal Republic），以聯邦政府及州政府共同組成法律體系。美國法律在保護營業秘密上之法源於普通法（Common Law）、侵權行為法（Torts）、不公平競爭（Unfair Competition）、州法（State Statute）、聯邦法（Federal Laws）、判例法（Case Law）等[1]，但因早期在營業秘密上之保護主要是以普通法作為主要依據，不似其他智慧財產權制定係採聯邦立法方式，而是由各州以不公平競爭禁止原則、契約不履行及侵權行為等州法處理[2]，而衍生各州在營業秘密上認定有差異、審查標準不一等情況。

　　因此1939年由美國法律學會（The American Law Institute）彙整第一版侵權行為法整編（Restatement of Torts, 1st），並將營業秘密之定義、侵害行為態樣規定於第三十六章第757條至第759條，並規範洩漏或使用他人營業秘密之責任、善意發現其後通知或地位改變之效力，以及不正當方法取得資訊等。侵權行為法整編雖不具直接法源效力，但因其定義明確不易混淆，仍有法院引用，應存有實際上之拘束力[3]。

---

[1]　葉雲卿，我國侵害營業秘密刑事責任之規範體系，法令月刊，第63卷第8期，頁64-65，2012年8月。

[2]　王奎，美中商業秘密內涵的思考，政法論壇，第25卷第3期，頁101，2007年；Henry H. Perritt, Jr., *Trade Secrets: A Practicioner's Guide: A Practicioner's Guide*, Practising Law Institute (PLI), p. 1 (2009)。

[3]　曾勝珍，智慧財產權法專論——智財法發展新趨勢，五南圖書出版股份有限公司，頁71，2015年7月。

第一節　美國統一營業秘密法

　　統一營業秘密法（Uniform Trade Secret Act，下稱UTSA）之制定乃源自於美國律師公會（American Bar Association, ABA）在1966年時以營業秘密被侵害、竊盜之問題進行討論，並提出營業秘密因各州法規不一造成營業秘密保護上之困難，故認有必要制定統一法將營業秘密法典化。此建議後被統一州法全國委員會接受，並於1979年正式批准修正通過統一營業秘密法，惟該委員會非公家機關，要使統一營業秘密法發揮法源效力，必須通過各州議會之立法程序才能納入各州州法，且該法只規範營業秘密民事責任，刑事責任上建議各州自行規範。截至2020年為止，除紐約州外已被其他49州採用[4]。

第一項　營業秘密之定義

　　UTSA對於營業秘密之定義規範在該法第1條第4款：「營業秘密係指配方，包括模型、編纂、程式、設計、方法、技術或過程之資訊等，均得為營業秘密之標的，且：(i)其獨立之真實或潛在之經濟價值，來自於非他人所公知，且他人無法以正當方法輕易確知，而其洩漏或使用可使他人獲得經濟上之價值；(ii)當事人必須盡合理之努力以維持其秘密性。[5]」

　　從上述可知，該法規在營業秘密上定義最重要之三個因素為：

---

[4] Thomson Reuters Practical Law, https://content.next.westlaw.com/practical-law/document/I2104de7aef0811e28578f7ccc38dcbee/Uniform-Trade-Secrets-Act-UTSA?viewType=FullText&transitionType=Default&contextData=(sc.Default)&firstPage=true (last visited: 2023/2/5).

[5] 曾勝珍，前揭註3。該段定義原文為：「'Trade secret' means information, including a formula, pattern, compilation, program device, method, technique, or process, that: (i) derives independent economic value, actual or potential, from no being generally known to, and not being readily ascertainable by proper means by, other persons who can obtain economic value from its disclosure or use, and (ii) is the subject of efforts that are reasonable under the circumstances to maintain its secrecy.」

一、秘密性；二、維持其秘密性（合理保密措施）；三、獨立之經濟價值。本文將就其定義作詳細分析：

一、**秘密性**：在UTSA下所規範的新穎性，係指若一構想已被大眾所周知，則不能再由任何人取得排他所有，其通常所保護僅限於新穎之構想，且他人無法以正常方式輕易得知[6]。

二、**維持其秘密性（合理保密措施）**：關於何謂「合理的保密措施」，條文內並未明文規範，通常以營業秘密所有人是否有採取合理保密措施以維持其秘密性為判斷。美國法院曾針對涉及營業秘密案件加以分析何種步驟與措施較符合合理保密措施，如：當員工正在使用營業秘密時，受僱人應加以提醒該具營業秘密之性質、於機密文件上貼上警告或以密碼保存之、限制使用權限、將機密文件上鎖等[7]。

三、**獨立之經濟價值**：意即該營業秘密必須具備商業價值之資訊，若不具備價值之資訊，則不能取得營業秘密之保護。此要件出現於侵權行為法整編中，定義乃營業秘密為一種構想或資訊使營業秘密所有人能獲得較不知或不使用該秘密之競爭人有利之機會[8]。

第二項　侵害營業秘密之行為態樣

UTSA對營業秘密之侵害係規範於該法第1條第2項，所謂侵害行為為：「(i)知悉或可得而知營業秘密係以不正當方法取得，而取得他人之營業秘密；或(ii)凡未經他人明示或默示同意而洩漏或使用他人之營業秘密：(A)使用不正當方法獲知該營業秘密；或(B)於洩漏或使用之時，知悉或可得而知其對營業秘密之知識係：(I)來自或經由利用不正當方法取得營業秘密之人取得；(II)於發生保密或限制其使用義

6　楊崇森，美國法上營業秘密之保護，中興法學，第23期，頁252，1986年11月。
7　楊崇森，前揭註6，頁256。
8　楊崇森，前揭註6，頁256。

務之情況下取得；或(III)來自或經由已受到禁制令而負有保密義務或限制其使用義務之人取得；或(C)於其地位實質變動前，知悉或可得而知其為營業秘密，且由於意外或錯誤而取得。」

從上述條文可知，侵害營業秘密是以不正當方式取得、揭露或使用資訊，其關鍵在於違背信賴關係而來的保密義務（breach of relationally specific confidence）或契約上之關係，其所規範之主體乃針對企業之受僱人員、交易之對象或是否以不正當手段取得競爭對手的營業秘密。

第三項　不正當方法

不正當方法規範於該法第1條第1項：「不正當方法包含竊盜、賄賂、不實表示、違反保密義務或引誘他人違反保密義務，或經由電子或其他方法之間諜行為。[9]」

該處雖有明文規定其行為態樣，然此僅為定義性規定之範例，並非以條文之態樣列舉者為限。當營業秘密被侵害時，原告須有以下事項才能主張營業秘密被侵害：一、原告乃為營業秘密所有人；二、原告曾對被告透露營業秘密，或被告以不法方式取得營業秘密而未經原告授權；三、被告與原告之間存有法律關係，而其使用或洩漏對被告致生損害且是錯誤行為；四、被告已使用或揭露營業秘密致原告受損害，被告已知或應知曉原告對營業秘密的權利，仍使用營業秘密致生原告損害[10]。

9　此處原文為：「"'Improper means' includes theft, bribery, misrepresentation, breach or inducement of a breach of duty to maintain secrecy, or espionage through electronic or other means."

10　饒偉亞，侵害營業秘密之刑事規範研究，國立臺灣大學法律學院法律研究所碩士論文，頁65，2015年。

第二節　不公平競爭整編

不公平競爭整編第三版[11]是由美國法律協會（American Law Institute）在西元1995年所制定於美國法律整編第三版第四章中的不公平競爭防止法，而美國法律整編之目的是為解決美國在判例法[12]中所面臨的不確定性和過分複雜性所進行彙整的條例，其目標是將已存在的大量判例法予以系統化、條理化、簡單化，予以重新整編。法律整編雖在司法上並無法定的拘束力，但仍具極高的權威性和說服力，其在法庭上仍為常見之引用[13]。

不公平競爭整編主要規範競爭自由、欺騙性營銷（deceptive marketing）、商標法以及無形資產與其相關權利的概念。營業秘密則規範於第四章主題2之中，條文共六條（§39-45）。

第一項　定義

不公平競爭整編法對營業秘密之定義規範於第39條：「營業秘密，係指任何可用於營業之資訊，且該資訊具有足夠價值和秘密，足以提供實際或潛在的經濟優勢。[14]」

---

[11] 不公平競爭整編第一版是於1923年至1951年所開始進行的整編，其內容包括代理法、衝突法、契約法、判決法、財產法、歸復法、擔保法、信託法、侵權行為法。第二版包括代理法、契約法、（州際）衝突法、對外關係法、判決法、財產法、土地租佃法、侵權法、信託法。1986年，第三版，題為美國對外關係法重述，總結了美國在國際關係領域的法律與實踐。Restatements of the Law Guide, https://www.washburnlaw.edu/library/research/guides/restatements.html (last visited: 2023/2/15)。

[12] 在英美法系中，存在著一項重要原則，即「遵循先例原則」（Stare decisis）。根據此原則，當任何法院在審理案件時，必須遵循過去已建立的判決先例，並且不得輕易干涉已經解決的法律事務。這個原則的存在旨在確保法律體系的穩定性和可靠性，也是基於對「法律安定」的保障。

[13] 王澤鑑，英美法導論，元照出版有限公司，頁157，2010年7月初版。

[14] 中文乃作者自譯，英文條文乃參閱Restatement (Third) of Unfair Competition,

第二項　侵害營業秘密之行為態樣

不公平競爭整編對營業秘密侵害態樣規範於第40條中，下列情形為侵害營業秘密之態樣：「(a)根據本法第43條之規定，行為人明知或可得而知營業秘密係以不正當方法取得，而取得他人之營業秘密；(b)行為人在未經他人同意的情況下，使用或洩漏他人營業秘密：(1)明知或可得而知該營業秘密為依第41條保密義務而得知；(2)明知或可得而知該營業秘密係透過第43條不正當取得之營業秘密；(3)行為人明知或可得而知該營業秘密係透過第43條不正當取得或透過違反第41條保密義務規定取得之營業秘密；(4)明知或可得而知其為營業秘密，且由於意外或錯誤而取得，除非營業秘密所有人沒有採取合理保密措施來保護營業秘密。」

第三項　保密義務

第41條保密義務之規定：「在第40條中所提及者，自營業秘密所有人方接收秘密者，於下列情形對營業秘密應負保密義務：(a)他人在洩漏營業秘密前明確承諾保密；或(b)於揭露營業秘密時，被揭露人與揭露人之間或與揭露有關之其他事實有下列情形可為判斷：(1)被揭露之人已知悉或可得知悉所揭露資訊有要求保密；(2)被揭露人以外之他人可合理推論其同意負有保密義務。」

第四項　違反保密義務

第42條為員工違反保密義務時，應負之民事責任：「受僱人或前受僱人違反保密義務使用或揭露雇主或前雇主之營業秘密，根據第40條規定對侵害營業秘密之行為負責。」

Current through June 2009, 1995-2010 by the American Law Institute, p. 7, https://is.muni.cz/th/169953/pravf_m/Extract_III.pdf (last visited: 2023/2/15)。

第五項　不正當方法

不公平競爭整編對不正當方法的定義規範在第43條：「依據第40條規定，所謂不正當（improper）取得他人營業秘密，包括竊盜、詐欺、未經同意截取通信、引誘或明知違反保密義務及其他不論自己之不法或依事件具體情況之不法。獨立推導或分析市場公開產品或資訊，非所稱之不正當取得。[15]」

由上述條文可知，不正當取得並不包含以公平誠實之方式發現營業秘密，若在知悉與使用上並非本於他人違背保密義務的行為時，則該營業秘密就不受到保護。第40條中所謂的「使用」並不僅限必須將營業秘密用於販售的商品，任何導致營業秘密人權益受損或使被告獲利等行為皆屬之[16]。

此外，不公平競爭整編將營業秘密視為一種可使用於企業或經營管理的資訊，且為有價值、具有秘密性，並可提供他人實際或潛在的利益價值；利益價值的部分，不需單純以創造自己的利潤或營造商機為目的之竊取、洩漏營業秘密才屬之，若其是為打擊競爭對手而竊取原料、成分、配方等相關營業秘密資訊皆在規範範圍內[17]。

第三節　美國贓物運送法

美國贓物運送法（The National Stolen Property Act）為美國最早

---

[15] 本段原文為：「"'Improper' means of acquiring another's trade secret under the rule stated in §40 include theft, fraud, unauthorized interception of communications, inducement of or knowing participation in a breach of confidence, and other means either wrongful in themselves or wrongful under the circumstances of the case. Independent discovery and analysis of publicly available products or information are not improper means of acquisition."

[16] 饒倬亞，前揭註10，頁73。

[17] 曾勝珍，前揭註3，頁76。

在營業秘密保護上有刑事責任規範之法典，其以盜竊商業秘密行為追究刑事責任[18]。該法規範於美國聯邦法第18號法典第一百一十三章第2311條，規定以下行為犯罪，處1萬美元以下罰金或十年以下監禁，或二者並處：「(1)在州際或對外貿易中運送價值5,000美元以上的貨物、物品、商品、證券貨幣，且明知其為竊盜、侵占或詐騙所得；(2)設計或意圖設計欺騙計謀，透過虛假或欺騙性理由、陳述或承諾取得錢財，運送或導致運送價值5,000美元以上的錢財，或透過執行或隱瞞欺騙性計謀，誘使他人在州際貿易中運送或旅行推銷價值5,000美元以上的錢財；(3)懷有不法或欺騙意圖，明知是偽造、竄改假冒之證券或印花稅，而在州際或對外貿易中予以運送；(4)懷有不法或欺騙意圖，在州際或對外貿易中運送偽造背書的旅行支票；(5)懷有不法或欺騙意圖，在州際或對外貿易中運送任何可用於製造假冒偽造證券或印花稅的工具、機械等設備。」

然而上述之規範，僅將有形財產（如貨品、物品、商品、證券貨幣等）之運送越過州界以規避各州之管轄權，根據美國第十巡迴上訴法院於United States v. Brown, 924 F.2d 1301一案中，認為並不及於智慧財產權此種無形財產，故認本法於營業秘密上之保護不足。

第四節　美國經濟間諜法

第一項　立法緣由

冷戰時期結束後，國家間的對抗不再以軍事活動或戰略勢力為主，經濟上之優勢成為重要因素之一，尤其美國科技業發展乃為全球之領頭羊，已成為不少國家及企業積極刺探商業機密之目標。如著名

---

[18] 李曉明，刑事法律與科學研究一體化，元照出版有限公司，頁511，2012年12月。

的千人計畫[19]與他國人員竊取美國公司之機密資訊[20]等案例。根據美國白宮科技政策辦公室（The White House Office of Science and Technology Policy, OSTP）估計，美國企業每年因外國經濟間諜行為所遭受到的損失接近1,000億美元，據美國廣播公司新聞報導，這種間諜行為更在這十年內損失估計超過600萬個工作機會[21]。美國聯邦調查局長Louis J. Freeh更在國會聽證會上提出聯邦應立法防止經濟間諜，並歸納出三大理由[22]：一、冷戰結束後美國之經濟發展與國家安全具有同等重要性；二、許多國家為其經濟利益，不惜利用各種手段積極竊取美國的商業機密；三、美國既有現行法無法有效起訴或遏止經濟間諜[23]。

---

[19] 林于雯，台灣英文新聞，2021年2月17日，中國「千人計畫」竊智財：台灣至少33人加入，名單亦見44名日本學者，https://www.taiwannews.com.tw/ch/news/4129613（最後瀏覽日：2023年2月8日）。

[20] 潘柏翰，美國華裔工程師經濟間諜案，讓美中在科技領域的針鋒相對再次展現在人們面前，https://www.thenewslens.com/article/179971（最後瀏覽日：2023年2月8日）。該案主要為59歲的美國華裔工程師鄭孝清，因盜竊General Electric Power公司的關鍵技術而被美國政府起訴。

[21] Gerald J. Mossinghoff, J. Derek Mason, Ph.D., & David A. Oblon, *The Economic Espionage Act: A New Federal Regime Of Trade Secret Protection*, https://www.oblon.com/publications/the-economic-espionage-act-a-new-federal-regime-of-trade-secret-protection (last visited: 2023/2/10).

[22] 曾勝珍，論我國經濟間諜法立法之必要性——以美國法制為中心，元照出版有限公司，頁7，2007年12月。

[23] J. Derek Mason, Ph.D., Gerald J. Mossinghoff, & David A. Oblon, *The Economic Espionage Act: Federal Protection for Corporate Trade, Secrets*, https://www.oblon.com/publications/the-economic-espionage-act-federal-protection-for-corporate-trade-secrets#5 (last visited: 2023/2/10)。在該文章中曾提及美國當時的法律完全無法保障商業秘密，因為商業秘密並不構成有形之物、貨物、商品等，且1930年代的州際公路被盜財產運輸法（Interstate Transportation of Stolen Property Act）不適用於經濟間諜活動。郵件詐騙法（Mail Fraud Statute）僅適用於涉及使用郵件的經濟間諜活動，而電匯詐騙法規之主觀要件需有詐欺意圖以及使用有線、無線電或電視。

經過上述因素及考量後，美國於1996年10月11日正式通過美國經濟間諜法案（Economic Espionage Act，下稱EEA），並增訂於第18號法典中（§1831-1839，共九條法條）[24]。

第二項　定義

EEA中所稱之營業秘密規範在第1839條第(a)項第(3)款：「營業秘密指所有形式與類型之財務、商業、科學、技術、經濟，或工程方面的資訊，包括式樣、計畫、編輯、程式設備、配方、設計、標準、方式、技術、程序、製程、程式或符號，不論其為有形或無形，或係以何種方式儲存、編輯，或以有體的、電子的、圖像的或照像方式記載，或以書寫方式，且符合下列各種情形者：(A)該等資訊之所有人已採取合理措施以確保其秘密性；(B)該等資訊由於非屬一般大眾所知悉，且公眾經由適當之利用方式仍無法確認，從而衍生出事實上或潛在的獨立的經濟價值。[25]」

---

[24] 章忠信，2011年11月22日，經濟間諜法案簡介，http://www.copyrightnote.org/ArticleContent.aspx?ID=8&aid=2474（最後瀏覽日：2023年2月11日）。需注意的是許多人都稱EEA為「經濟間諜法」，然而正確的名稱應為「經濟間諜法案」，因是規範於美國聯邦法中的編號第18號法典（刑法中），增訂第九十章，名為「營業秘密之保護」。

[25] 條文中文翻譯乃參考章忠信，2001年7月30日，美國一九九六年經濟間諜法案（中譯文），http://www.copyrightnote.org/ArticleContent.aspx?ID=23&aid=502（最後瀏覽日：2023年2月13日）。該條文原文為："The term 'trade secret' means all forms and types of financial, business, scientific, technical, economic, or engineering information, including patterns, plans, compilations, program devices, formulas, designs, prototypes, methods, techniques, processes, procedures, programs, or codes, whether tangible or intangible, and whether or how stored, compiled, or memorialized physically, electronically, graphically, photographically, or in writing if (A) the owner thereof has taken reasonable measures to keep such information secret; and (B) the information derives independent economic value, actual or potential, from not being generally known to, and not being readily ascertainable through proper means by, the public."

值得一提的是，該條文對營業秘密的定義直接明確表示營業秘密不限於有形或無形，亦即將儲存在無形系統中的營業秘密包含在內[26]。

第三項　侵害營業秘密之態樣

經濟間諜所制裁的侵害行為共有兩個部分，分別是制裁外國政府或其代理人之商業間諜行為（EEA 1831）及針對一般國內之商業間諜行為（EEA 1832），主要內容如下。

壹、第1831條——經濟間諜罪

「(a)總則——任何人意圖或明知其侵犯行為將有利於任何外國政府[27]、外國機構或外國代理人，而故意為下列行為者，除(b)項另有規定外，科500萬美元以下罰金，或15年以下有期徒刑，或併科：(1)竊取、或未經授權而占有、取得、攜走、或隱匿、或以詐欺、詐術、或騙術獲得營業秘密者；(2)未經授權而拷貝、複製、筆記、描繪、攝影、下載、上載、刪改、毀損、影印、重製、傳輸、傳送、交付、郵寄、傳播或轉送營業秘密者；(3)明知係被竊取或未經授權而被占有、取得或轉換之營業秘密，而收受、買受、或持有者；(4)意圖為第(1)款至第(3)款之任一犯行者；或(5)與　人或多人共謀為第(1)款至第(3)款之任一犯行，而其中一人為達共犯之目的已著手實施者。

(b) 組織——任何組織為第(a)項之任何犯行者，科處1,000萬美元以下之罰金。」

本條之行為主體為營業秘密所有人外之任何人，侵害之行為包含不正當取得、未經授權使用、無故洩漏、取得來源不正當等。其主觀

---

[26] 鄭穎，營業秘密侵害在刑事法上之研究，國立中興大學法律學研究所碩士論文，頁31，1998年。

[27] 經濟間諜法案第1839條：「所謂『外國機構』係指任何為外國政府所實質擁有、控制、贊助、指揮、管理，或支配的代理機構、辦公室、內閣、部會、團體、協會，或任何法律或營利上的商業組織、法人或公司。」

構成要件必須符合被告知悉此商業資訊若透露給外國政府、外國機構或外國代理人能使其蒙受利益，或被告企圖使上述之個體蒙受利益。由於第1831條乃是針對外國政府介入的經濟間諜，因此若美國聯邦調查局（FBI）在偵辦時無法證明竊取營業秘密之人背後有外國政府支持，或是意圖有利於外國政府，就須改用第1832條竊取營業秘密罪。關於有利於外國政府或其關係組織者，該條並不僅限於「經濟上」之利益，尚包括「名譽上、策略上或戰略上」之利益[28]。此外，第1831條之罰則較第1832條重之原因為經濟間諜行為侵害到的利益不只是企業上經濟損失，而是危及國家總體經濟及競爭力。

貳、第1832條──竊取營業秘密罪[29]

「(a) 任何人意圖將與州際或外國商務之產品相關或在該產品中之營業秘密，轉化為該營業秘密所有人以外之任何人之經濟利益，且意圖或明知其犯行將損傷營業秘密所有人，而故意為下列行為者：

---

[28] 章忠信，前揭註25。

[29] 該條文原文為：§1832 – Theft of trade secrets: "(a) Whoever, with intent to convert a trade secret, that is related to or included in a product that is produced for or placed in interstate or foreign commerce, to the economic benefit of anyone other than the owner thereof, and intending or knowing that the offense will, injure any owner of that trade secret, knowingly— (1) steals, or without authorization appropriates, takes, carries away, or conceals, or by fraud, artifice, or deception obtains such information; (2) without authorization copies, duplicates, sketches, draws, photographs, downloads, uploads, alters, destroys, photocopies, replicates, transmits, delivers, sends, mails, communicates, or conveys such information; (3) receives, buys, or possesses such information, knowing the same to have been stolen or appropriated, obtained, or converted without authorization; "(4) attempts to commit any offense described in paragraphs (1) through (3); or (5) conspires with one or more other persons to commit any offense described in paragraphs (1) through (3), and one or more of such persons do any act to effect the object of the conspiracy, shall, except as provided in subsection (b), be fined under this title or imprisoned not more than 10 years, or both. (b) Any organization that commits any offense described in subsection (a) shall be fined not more than $5,000,000."

(1)竊取、或未經授權而占有、取得、攜走、或隱匿、或以詐欺、詐術、或騙術獲得該等資訊者；(2)未經授權而重製、複製、筆記、描繪、攝影、下載、上載、刪改、毀損、影印、重製、傳輸、傳送、交送、郵寄、傳播或轉送該等資訊者；(3)明知係被竊取或未經授權而被占有、取得或轉換之資訊，而收受、買受、或持有者；(4)意圖為第(1)款至第(3)款之任一犯行者；或(5)多人共謀為第(1)款至第(3)款之任一犯行，而其中一人為達共犯之目的已著手實施者。

(b) 組織——任何組織為第(a)項之任何犯行者，科500萬美元以下之罰金。」

本條所規範之行為主體為營業秘密所有人外之任何人，侵害行為與第1831條相同。惟該條僅限行為人必須意圖將營業秘密轉化為該營業秘密所有人以外之任何人之「經濟利益」，而不包括「名譽上、策略上或戰略上」之利益，美國國會更在立法時特別要求對於國內之營業秘密竊盜案件，必須能證明被告有獲取經濟利益的企圖，並能實際證明行為人確有獲得利益始能構成犯罪[30]，客觀要件則限於該營業秘密須已使用於州際或外國貿易的商品或服務中，或可預期其使用足矣。

綜上所述，當檢察官在舉證竊取營業秘密罪與經濟間諜罪時須符合下列幾項規定：一、被告有偷竊、或未經所有人之同意許可而取得、破壞或轉讓營業秘密；二、被告知悉此營業秘密資訊為營業秘密並具有經濟價值；三、該資訊為營業秘密。

此外，經濟間諜罪（第1831條）在舉證時還須證明被告之行為是為有利於外國政府、外國機構或外國代理人，不問其目的是經濟、戰略或政治利益，且不必證明其有損害營業秘密所有人利益之意圖，亦不必證明是與州際或外國商務之產品相關或在該產品中之營業秘密[31]。

---

30 曾勝珍，前揭註22，頁83。

31 章忠信，前揭註24。

第五節　美國營業秘密防衛法

　　美國營業秘密防衛法（Defend Trade Secrets Act，下稱DTSA）乃為時任總統歐巴馬於2016年5月11日簽署的法案，該法是為解決1979年制定的UTSA所帶來的問題[32]，屬EEA的延伸，由於DTSA法案制定時並未新立章節，而是以EEA作為基礎下增訂第1836條民事救濟程序，故法條內容位於美國聯邦法第18號法典第九十章第1831條至第1839條，並將營業秘密訴訟納入聯邦法範疇下。其對被害人之補償符合衡平原則的救濟，包含估算營業秘密侵權人不當使用營業秘密的授權費用、計算對被害人所失利益、實際損失。此外，依據侵害態樣之嚴重程度判斷是否須額外增加懲罰性賠償金或律師費用的請求。然而，DTSA並未優於州法，被害人有法庭選擇自由，可選擇在聯邦法院或是各州法院提起訴訟[33]。

第一項　定義

　　DTSA對營業秘密的定義為：「各種形式與型態的財務、商業、科學、技術、經濟或工程資訊，包括資料、計畫、編輯、程式裝置、組成、公式、設計、原形、方法、技術、製程、程序、程式或編碼，不論其為有形或無形，亦不論其係如何以物理的、電子的、圖形的、照相的或是文字書寫的方式儲存、編輯或記憶，只要其符合：(A)該等資訊的所有人已採取合理措施，以保護此等資訊的秘密性；以及(B)該等資訊由於並非公知，或非可被公眾輕易探知，因而具有現實上或潛在的獨立經濟價值。」

---

[32] 王偉霖，營業秘密法理論與實務，元照出版，頁38，2020年三版。美國UTSA於制定時備受各州政府重視及具有高度參考性，然該法並非聯邦法而是作為範例供各州參考，不僅在不採納UTSA的州上會有對營業秘密定義上不統一之問題產生，程序上更會面臨州與州之間的衝突。

[33] 曾勝珍，2016年美國營業秘密防衛法修法前後之案例探討（上），全國律師，第23卷第6期，頁9，2019年6月。

從上述對營業秘密之定義，DTSA並非如UTSA的列舉式規範，亦不要求應固著於任何媒介，而是如EEA般廣泛認定，只要符合上述要件，無論有形無形之資訊皆能作為營業秘密。

第二項　不正當取得

DTSA對不正當取得的定義與UTSA相同，包括未經同意取得明知透過不當方法獲取的營業秘密、營業秘密的揭露或使用未得所有人明示或默示同意、在揭露或使用營業秘密的時候，知悉或有理由知悉對該營業秘密負有保密或限制的義務等規範。不當方法則包括竊盜、賄賂、不實陳述、違反保密義務或引誘他人違反保密義務，或經由電子或其他方法之間諜行為，但不包含逆向工程（reverse engineering）、獨立推導或其他合法的收購方式[34]。

第三項　訴訟手段

壹、被害人聲請核發扣押令

當營業秘密遭受侵害時，為防止營業秘密擴散或流傳之必要，UTSA賦予被害人向法院聲請單方扣押令的權利，且無須通知對造，惟須符合下列八項要件[35]：一、受命令之對象有可能不遵守法院依據聯邦民事訴訟程序（FRCP）規則第65條或其他衡平救濟手段不足達成目的者；二、如不核發此扣押令，將立即造成無法彌補之損害；三、拒絕核發扣押令可能導致聲請人所受損害，大於核發扣押令致他人所可能遭受的損害；四、聲請人很可能證明系爭資訊為營業秘密，且受命令對象確實以不當手段，或圖謀以不當手段不法竊用營業秘密；五、受命令對象確實持有營業秘密，或任何扣押標的財產；六、聲請狀中對於應受扣押標的，提出合理具體細節及標示其所在；七、

---

[34] 18 U.S.C. §1839(6)(B).

[35] 18 U.S.C. §1836(b)(2).

若受命令對象，或與該對象行動一致之人，於收到扣押通知後，將會毀損、搬移或隱匿應扣押標的，或以他法致法院無法扣押該標的；且八、聲請人尚未公開其聲請之扣押行動。

惟經法院認定「有具體事實清楚顯示」符合此等要件，且限於「極端特殊情形」下，法院得依單方聲請核發單方扣押令[36]。從上述的要件能推導出DTSA為避免訴訟期間資訊外洩之防範，並提升對於系爭機密資訊之保障及嚴謹度，法院能指定特定人管理訴訟期間之文件與資料；然，為避免濫用此種扣押令，若有其他衡平救濟可行時即無必要發行扣押令。

貳、懲罰性損害賠償

DTSA不僅提供營業秘密持有人針對營業秘密侵害之請求實際損害金額以及侵害者所獲之不當得利。若能證明為惡意侵害行為，將必須承擔懲罰性賠償，金額可達證明損害之兩倍，且侵害者還須承擔律師訴訟費用[37]。為避免營業秘密的洩漏，在特殊情況下法院可頒布查封命令，查扣或封鎖營業秘密之相關證物[38]。

參、吹哨者保護條款

此外，DTSA規範中有「吹哨者保護」條款[39]，其目的在於鼓勵

---

[36] 18 U.S.C. §1836(b)(2)(A)(ii).

[37] 章忠信，2016年5月25日，美國新訂營業秘密保護法案強化民事救濟手段，http://www.copyrightnote.org/ArticleContent.aspx?ID=8&aid=2774（最後瀏覽日：2023年3月7日）。

[38] 曾勝珍，前揭註33，頁11。

[39] §1833(b): "(b) Immunity From Liability for Confidential Disclosure of a Trade Secret to the Government or in a Court Filing.— (1) Immunity.—An individual shall not be held criminally or civilly liable under any Federal or State trade secret law for the disclosure of a trade secret that— (A) is made— (i) in confidence to a Federal, State, or local government official, either directly or indirectly, or to an attorney; and (ii) solely for the purpose of reporting or investigating a suspected violation of law; or (B) is made in a complaint or other document filed in a lawsuit or other pro-

受僱人能於發現其他受僱人不當使用營業秘密之情形時，主動向主管機關秘密舉發違法行為，舉發人若因於訴訟中洩漏營業秘密者，可免除聯邦法或州法之民、刑事責任。其中須特別注意之事項為，雇主在合約中須清楚註明「吹哨者保護」條款，使受僱人知悉這項條款的存在，若缺乏此要件，雇主未來在對不法洩密受僱人主張侵害營業秘密之損害賠償時，不得請求懲罰性損害賠償及律師費用。

---

ceeding, if such filing is made under seal. (2) Use of trade secret information in anti-retaliation lawsuit.— An individual who files a lawsuit for retaliation by an employer for reporting a suspected violation of law may disclose the trade secret to the attorney of the individual and use the trade secret information in the court proceeding, if the individual— (A) files any document containing the trade secret under seal; and (B) does not disclose the trade secret, except pursuant to court order. (3) Notice.— (A) In general.— An employer shall provide notice of the immunity set forth in this subsection in any contract or agreement with an employee that governs the use of a trade secret or other confidential information. (B) Policy document.— An employer shall be considered to be in compliance with the notice requirement in subparagraph (A) if the employer provides a cross-reference to a policy document provided to the employee that sets forth the employer's reporting policy for a suspected violation of law. (C) Non-compliance.— If an employer does not comply with the notice requirement in subparagraph (A), the employer may not be awarded exemplary damages or attorney fees under subparagraph (C) or (D) of section 1836(b)(3) in an action against an employee to whom notice was not provided. (D) Applicability.— This paragraph shall apply to contracts and agreements that are entered into or updated after the date of enactment of this subsection. (4) Employee defined.— For purposes of this subsection, the term "employee" includes any individual performing work as a contractor or consultant for an employer. (5) Rule of construction.— Except as expressly provided for under this subsection, nothing in this subsection shall be construed to authorize, or limit liability for, an act that is otherwise prohibited by law, such as the unlawful access of material by unauthorized means."

第五章　案件評析

　　本文將案例分為三階段，首先爬梳我國早期案例、中期再至近期，藉此比較各階段所發生的營業秘密案件法院判斷邏輯，以及案件中常發生情形為何。

第一節　洩漏公司型錄案

第一項　事實

　　本案被告羅○娟原任職於逸海公司，職位為業務副總經理，職務為負責處理與其他公司之業務，而逸海公司以生產浴簾桿及掛鉤等五金零件為主。被告羅○娟因業務上知悉逸海公司之生產型錄與生產產品型號資料，自行掃描成圖檔後，以電子郵件附件方式寄至案外人楊○紅之電子郵件信箱，無故洩漏逸海公司之商業機密，藉此以降低報價與其他公司合作，致生損害逸海公司財產及利益。

第二項　法院判決

　　一審法院針對羅○娟洩漏工商秘密之行為判處四個月有期徒刑，可易科罰金。法院認為羅○娟所洩漏之產品均係逸海公司之客戶所研發之產品資料，其中包含產品之品名、編號、產品配件等貨品規格明細資料，若為同業所知悉而仿製，則逸海公司及其客戶之產品競爭力將下降，故羅○娟所傳送予楊○紅之逸海公司生產之型錄及產品型號等資料顯係工業上或商業上之秘密資料，具有不公開之性質，應為工商秘密[1]。

　　無故洩漏之部分，逸海公司通常將機密資訊存在公司的公用磁碟

---

[1]　臺灣臺北地方法院100年度易字第1313號刑事判決。

裡面，且有特定人士保管，必須確定由哪家協力廠商生產客戶之產品時，才可能提供產品資料給廠商，且逸海公司與協力廠商之間有簽立保密條款，協力廠商不得自行生產產品販賣。

羅○娟將逸海公司之生產型錄、生產產品型號資料掃描成圖檔傳送予楊○紅，並非基於業務上之需求或關係而提供，因此難認被告之行為有何正當理由。

二審法院則針對洩漏工商秘密之部分改判兩個月有期徒刑，以羅○娟均係基於洩漏逸海公司工商秘密予楊○紅之目的，基於單一洩漏工商秘密之決意而接續為之，時間、空間上具有密切關聯性，應包括於一行為予以評價，為接續犯，只論以一洩漏工商秘密罪[2]。

第三項　本文見解

由於營業秘密早期並無規範刑事責任，僅能以洩漏或是重置行為加以追訴，然而嚇阻之力道有限，且若無法充分涵蓋行為或要件，就無法有效地阻止此種行為，容易形成雷聲大雨點小之情況。而早期諸如此類之案件不占少數，也是我國在後續推動營業秘密刑罰化因素之一。

第二節　聯發科人資案[3]

第一項　事實

本案被告林○玉原先任職於新竹聯發科公司（下稱聯發科），擔任人力資源副理，林○玉將在任職期間所接觸到的人事資料透過電子郵件之方式寄送至林○玉之私人信箱，隨後將其所獲相關人事資料應用於自行開設的獵人頭公司，並陸續在離職後對聯發科的技術人員展

---

[2]　臺灣高等法院101年度上易字第1044號刑事判決。

[3]　智慧財產法院107年度刑智上訴字第43號刑事判決。

開挖角。聯發科發現後提起刑事訴訟，檢察官以林○玉違反營業秘密法第13條之1第1項第3款之持有營業秘密，經營業秘密所有人告知應刪除後不為刪除罪嫌將其起訴。

表4-5-1　聯發科主張之文件檔案一覽表

編號	檔案名稱	內容摘要	林○玉取得檔案時間	林○玉寄送至其個人信箱時間
1	20110921_職前工作彙整.xls	聯發科公司內673位曾經在HTC等百大電子、科技、半導體相關公司任職過的同仁之學經歷、職級、任職部門、年籍資料、職稱進行彙整之製表。	2011年9月21日	2011年12月5日2012年1月5日
2	20110711_全公司.xls	聯發科公司1997年設立開始直到2011年間，3,848位（後來更新為3,892位）曾在聯發科公司任職的人事資料，包含員工姓名、任職部門、年籍資料、學歷、前份工作內容、職等。	2011年7月5日	2011年12月5日2012年1月5日
3	MM & informax.xls	聯發科公司內部47位曾任職迅宏等公司之名單，包含其學經歷、職級、任職部門、年籍資料、職稱，及前雇主與職稱、離職原因等人事資訊。	2011年9月5日	2012年1月5日

表4-5-1　聯發科主張之文件檔案一覽表（續）

編號	檔案名稱	內容摘要	林○玉取得檔案時間	林○玉寄送至其個人信箱時間
4	WW Sales Marketing 20110325_ to Mandy. xlsx	針對聯發科公司業務人員進行盤點所製作。包含當時負責市場行銷所有同仁之名單、學經歷、職級、任職部門、個人年籍資料、前任公司名稱、職稱、年度考績等資料，及其分配工作之區域及比例、產品線、客戶名單。	2011年3月28日	2011年11月24日 2012年1月4日
5	特定經驗員工_0112. xlsx	2012年1月間，聯發科公司為了了解特定工作屬性的人才來源，就348名曾任職百大電子、科技、半導體產業公司之員工經歷資訊，建立此檔案分析。	2012年1月12日	2012年2月22日

資料來源：判決書附件。

第二項　法院判決

　　一審法院認為聯發科所主張的機密資訊中（參照表4-5-1），該檔案之文件內容能至網路上得知之可能性高，是否難以得知一審法院抱持疑問；就經濟價值之判斷，法院認為該等檔案內容雖是經過彙整、編排而具有秘密性，但聯發科所經營事業為電子零組件製造業等，並非人力銀行業者，該資訊單獨存在，難認具有經濟價值，由此該公司員工資訊一旦揭露，經濟價值亦不會因此銳減甚至消失。因

此可反推，縱然他人得知該公司員工個人基本資料，並非必然影響於聯發科公司之營運，且就有關員工求職、任職、離職及轉職之意願或決定等為個人自由意志決定，因此認為該等資料並非聯發科之營業秘密，一審判決認為林○玉無罪[4]。

二審（舊）智慧財產法院則認為上開表列編號1至編號3、編號5的內容雖不符合營業秘密保護要件，但編號4之內容卻屬營業秘密，理由為該文件不僅投入相當時間與人力在蒐集、整理公司業務員名單或個人資料上，此表更分析比對出聯發科內每位業務人員所負責工作之國內外區域及分布比例、產品線、客戶名單等重要資訊，該資訊透露出聯發科如何於國內外市場安排行銷人員及其各種產品行銷之區域配置與客戶比例多寡、每位業務員負責行銷之客戶有誰，此為聯發科所獨有之商業機密，並不是市場公開領域或專業市場上能查知，更非一般公眾所知或告訴人競爭者可以知悉之資訊，一旦被公開或洩漏給競爭對手，聯發科業務員可能隨時有被挖角之風險，不無影響聯發科市場上競爭力之可能，具有相當之經濟價值[5]。

此等涉及公司業務員之個資等詳細資訊是林○玉未必能知悉或有權限可以接觸的，故此檔案具有秘密性，且具有相當之經濟價值無誤。

就合理保密措施，林○玉與聯發科簽訂之聘僱契約書、離職前簽署之聯發科智權資訊保護規範提醒，均載明未經授權不得傳輸、攜出、列印、傳真或用其他方式散布、複製、使用聯發科公司之機密資訊，而機密資訊指一切非公眾所知之資訊，不論有無標示機密；且不得上傳、下載或以任何方式複製、傳輸任何機密資訊到非聯發科公司網路空間或未經聯發科公司准許使用之儲存媒體，也不得以電子郵件寄送聯發科機密資訊到未經聯發科公司准許之郵件帳號。

---

[4]　臺灣臺北地方法院104年度訴字第617號刑事判決。

[5]　前揭註3。

綜上，二審法院認爲林〇玉在接獲聯發科之存證信函通知後，確有未刪除或銷毀上述表列編號4檔案之客觀行爲，且該期間林〇玉有多次向聯發科之員工挖角情形。認定林〇玉有違反營業秘密法第13條之1「持有營業秘密，經營業秘密所有人告知應刪除、銷毀後，不爲刪除、銷毀或隱匿該營業秘密」之行爲。

第三項　本文見解

第一審法院對於本案系爭之檔案（參考表4-5-1）認爲不屬於營業秘密，然而本文認爲第一審法院對事實的認定有所違誤。一審法院認爲聯發科公司所經營事業以電子零組件製造業等爲主，並非人力銀行業者，因此該資訊爲單獨存在。然根據營業秘密法之規定，並未提及營業秘密需與本業相關才能作爲依據[6]，該理由並不充分。一審法院認爲個人姓名、任職公司及部門、手機或分機門號本係個人基本資訊，除了本人直接告知以外，可能藉由其他方式輾轉取得而認爲不具有秘密性及價值性。然而，林〇玉仍是依該份資訊作爲人力仲介開發潛在客戶，是否具有潛在之經濟價值值得思考，且短期內要蒐集如此龐大之資訊實屬不易。

而二審法院認爲，編號1至編號3、編號5非屬營業秘密之原因乃爲內容大多爲業務員個人資料等，與前揭編號4之檔案內容不同；編號4結合公司每位業務人員所負責工作之國內外區域及分布比例、產品線、客戶名單等重要資訊，而編號1至編號3、編號5之僅係個人資料等，並非無法從網路或其他地方得知，該等檔案外洩與實際人才之流失終究不同，縱使公司之員工個人資訊被他人取得，實際上對告訴人之營運並無影響，亦未直接損及告訴人之競爭力。個人資訊部分偏向個人資料保護法，不應過分擴張營業秘密保護之範圍，因此本文甚是認同二審法院之看法。

6　黃三榮、林發立、郭雨嵐、張韶文，營業秘密：企業權益之保護，萬國法律基金會，頁60，2002年3月。

第三節　聯穎光電案

第一項　事實

　　楊○哲原任職於聯穎光電公司（下稱聯穎光電），曾任晶圓製造廠廠長、品保部門一級主管、總經理特助等職務。在離職之際，將聯穎光電建廠、設備、工程、成本及參數等（下稱系爭資料1），生產技術、製程控制及營運等營業秘密資料（下稱系爭資料2）以電子郵件方式寄送至個人私人信箱；後進入聯穎光電大量列印重製公司資料，經查後以營業秘密法第13條之1第1項第1款之擅自重製而取得營業秘密罪將其起訴。

第二項　法院判決

　　一審法院認為聯穎光電就系爭資料1、2皆未採取合理保密措施，認系爭資料非營業秘密，理由為聯穎光電雖有使用郵件攔截系統，對外寄郵件內含特定關鍵字作攔截，卻並未限制員工寄送夾帶文件之郵件至個人外部信箱，故聯穎光電對員工於公司以電子郵件寄送其所認之機密文件至外部信箱，並無任何控管[7]。

　　聯穎光電經由「神網」軟體得知被告於離職前列印何種資料，惟楊○哲離職前所簽立的離職資料，並無針對其於離職前自電腦中所列印之文件內容作清查核對，以確認是否含有機密文件，或所列印之文件是否需銷燬或繳回公司之動作，並認為聯穎光電為資本額約16億規模之公司，且從事高科技砷化鎵晶圓產業，以該公司之規模及產業性質，對於身為總經理特助此種職位較高等級之員工於離職前是否有機密文件需清查及交接之情事並無嚴格控管。

　　對於員工所使用之公司配置個人電腦內所儲存之公司資料無管理機制，只對個人電腦之USB hole作管控，無法透過USB下載檔案，顯

有控管不足[8]。最後，一審法院以檢察官無法證明楊○哲主觀上有為自己或第三人不法之利益，或損害營業秘密所有人之利益之犯意，而判決本案無罪。

　　二審法院則採不同見解，首先針對一審法院認為楊○哲在離職前所簽立的離職資料，並無針對楊○哲於離職前自電腦中所列印之文件內容作清查核對，二審法院認為高階員工與其他員工，同受相關機密文件管控之限制，否則楊濬哲任職時，不需簽立保密文件外，也無必要管控其所有電腦之USB孔。況且聯穎光電透過設定關鍵字方式管理傳送文件之內容，又訂有「機密性資訊／資料管理辦法」，清楚區分資訊等級及其列印、複製等各項管理規定，而楊○哲與聯穎光電當初簽訂聘僱契約書時，有約定其於受僱期間所知悉之機密資訊，僅得於職務目的範圍內使用，因此認為已盡合理保密措施。

　　就楊○哲是否有權限取得系爭資料1之部分，楊○哲雖稱當時取得資料時因眼力不佳需列印資料返回家中閱覽等，然法院認為當時楊○哲已提離職，且若是需方便閱讀可使用電子格式放大之方式，以列印字型微小之檔案輸出成紙本反而無法達到目的。就系爭資料2有管制其重製與傳輸方式，其僅能利用公司設備列印，減少外洩之可能性，已盡合理保密措施。且聯穎公司透過設定關鍵字方式管理傳送文件之內容，楊○哲雖因職務關係知悉而持有系爭資料1，然聯穎光電與楊○哲間就營業秘密之使用與重製等授權範圍，以其業務與職務所需為限，倘使用或重製行為與業務或職務無關，就屬逾越權限。

　　而針對系爭資料1、2之秘密性及價值性，二審法院之見解認為重製系爭資料1、2並非同業可輕易取得之資訊或一般人可任意取得者。系爭資料於相當範圍，反應砷化鎵晶圓產業所屬營業項目之重要內涵。有鑑於砷化鎵晶圓產業之獲利，涉及建廠與製程事項，系爭資料與該等事項有關，系爭資料對聯穎光電而言，為相當重要之資訊，應

8　前揭註7。

具有秘密性。

　　聯穎光電之系爭資料1、2包含砷化鎵晶圓之生產技術、製程控制及營運等營業資料，為經營砷化鎵晶圓事業之重大事項，為增進砷化鎵晶圓量產之技術或相關資訊，持有系爭資料之事業，得節省學習時間或減少錯誤，提升生產效率。衡量同業市場競爭之常情，得因增加砷化鎵晶圓代工之資訊而有競爭上優勢或利益，因此具有相當經濟價值。

　　根據楊○哲重製與寄發系爭資料並列印之行為，二審法院認為本案楊○哲曾任聯穎光電總經理特助職務，因職務上之關係，本已知悉並持有具有營業秘密之系爭資料，楊○哲逾越授權範圍，擅自以重製方法將告訴人之系爭資料1，以電子郵件寄送至個人私人信箱；後又在聯穎光電大量列印重製系爭資料2，被告行為應成立營業秘密法第13條之1第1項第2款規定，知悉並持有營業秘密，逾越授權範圍而重製營業秘密罪，並非成立營業秘密法第13條之1第1項第1款規定，擅自重製而取得營業秘密罪[9]。

第三項　本文見解

　　本案值得討論之處，乃是系爭資料1、2之合理保密措施之認定，藉由本案能得出一、二審法院對於聯穎光電在合理保密措施上之不同見解。一審法院以聯穎光電之規模來判定合理保密措施應達到何種程度，有16億之規模及產業性質應注意更多要件，然當保密措施作得越多，其企業成本就越大，也會在企業經營上帶來些許不便之影響。

　　又本案楊○哲與聯穎光電在簽署聘僱契約書時，約定其於受僱期間所知悉之機密資訊，僅得於職務目的範圍內使用。而依照我國多數之見解，認為在有簽署保密契約之情況下，或施以其他具體保密措施

9　智慧財產法院107年度刑智上訴字第4號刑事判決。

等即屬之[10]，然實務上仍有採取特殊嚴格之保密措施案例[11]，認為保密協議不足為合理保密措施，須令簽署人充分知悉其內容。亦即，讓員工知悉其對公司負有何種義務。而一審法院並未針對楊○哲所簽署聘僱契約作出詳細之解釋。

因此本文認為，一審法院對於聯穎光電之合理保密措施要求較為嚴格，我國學說上對於「合理」之解釋，乃以非利用不正當方法外，難以取得該資訊之程度[12]，又或是保密措施已經達到「使一般人以正當方法無法輕易探知」之程度，聯穎光電以特定關鍵字作攔截並且限制存取USB hole等方式應被視為採取合理保密措施。

我國實務在合理保密措施上之判斷，皆未進一步說明案件中所判斷是否有達合理保密措施之考量或因素，因此較難給予我國產業界可參考之法定準則。

第四節　美光告聯電案

本案因涉及公司與被告人數較多，因此先以簡單之背景概述釐清各公司之業務及工作內容，並區分臺灣與美國起訴之內容。

第一項　事實

瑞晶電子成立於2006年，為DRAM代工廠，由爾必達（Elpida）及力晶電子合資成立之公司，總經理為陳○坤，後因母公司爾必達破產，被美國美光科技公司（Micron Technology, Inc.，下稱美國美光）收購後，改名為臺灣美光記憶體股份有限公司（下稱臺灣美光）[13]。

---

[10] 臺灣高等法院臺中分院94年度上易字第1170號刑事判決。

[11] 臺灣高等法院95年度勞上字第32號民事判決。

[12] 張靜，我國營業秘密法學的建構與開展第一冊 營業秘密的基礎理論，新學林出版有限公司，頁279，2007年4月。

[13] 連于慧，科技應用網，2012年7月3日，瑞晶變身美商，https://www.digitimes.

　　美國美光主要業務為製造與銷售DRAM、NAND flash及NOR flash記憶體產品；臺灣美光為美國美光在臺之分公司，其業務主要以DRAM晶圓代工。

　　聯華電子股份有限公司（下稱聯電公司）為臺灣一家提供積體電路晶圓專業代工服務的公司，早期曾從事DRAM之開發及製造，後來結束DRAM之製造業務。

　　福建省晉華積體電路有限公司（下稱晉華公司）主要業務為記憶體、固態硬碟、影像感測元件等。上述之公司產業別皆為半導體產業。

　　2016年1月，聯電公司與晉華公司為共同開發32奈米DRAM製程，約定雙方依協議內容出資，技術成果雙方一起擁有，最後將32奈米DRAM技術開發成果轉移至晉華公司進行量產。聯電公司為執行前述技術合作案，於2016年1月間，在臺南科學園區內成立「新事業發展中心」。

　　被告戎○天任職於聯電公司，負責缺陷分析管理部，為公司元件相關部門，擔任聯電公司與晉華公司投資計畫案執行人。

　　被告陳○坤原任職臺灣美光董事長，離職後轉任聯電公司資深副總經理，負責主導聯華公司「新事業發展中心」之計畫，陸續向原來在臺灣美光就職過的何○廷、王○銘等人聯繫並招攬至聯電公司。

　　被告王○銘在臺灣美光最後職務為品質工程部副理，在臺灣美光任職時，曾與臺灣美光簽立「聘僱合約」及「保密及智慧財產合約」，內容為當雙方僱傭關係終止時，王○銘應將當時擁有或掌控之機密資訊（包含營業秘密）之文件等所有，或其他可存放機密資訊之物品留給公司，包括複本、紙本及電子方式保存之資訊。其任職於臺灣美光時，能查詢臺灣美光所有成品相關資料，以確認DRAM晶圓產品是否符合客戶需求，但無權限重製或下載C電磁紀錄及D紙本資

com.tw/tech/dt/n/shwnws.asp?cnlid=14&id=0000290840_U9L7QZQQ51AARYL-N5QU3Z（最後瀏覽日：2023年4月24日）。

料。然其卻使用臺灣美光所配發之筆記型電腦，自臺灣美光及美國美光之伺服器中，讀取屬於美國美光DRAM製程等營業秘密、工商秘密之電磁紀錄，備份到隨身碟、己所持有的筆電跟Google Drive網路雲端硬碟。王○銘離職後至聯電公司就職，擔任部門技術經理，並在聯電任職期間，下載上述雲端資料進而使用。

被告何○廷為前臺灣美光的職員，在臺灣美光任職時擔任量產整合部課長，使用臺灣美光之電腦系統自臺灣美光及美國美光伺服器中，讀取屬於美國美光之DRAM製程相關營業秘密之電磁紀錄，並下載重製A電磁紀錄及B紙本資料至己所有之行動硬碟、隨身碟，且持有美國美光營業秘密之紙本資料。何○廷在臺灣美光任職時，曾同上與臺灣美光簽立「聘僱合約」及「保密及智慧財產合約」。於2015年10月15日自臺灣美光離職後，並未依約刪除該等臺灣美光之機密，其後於2016年11月到聯電公司就職，並意圖在大陸地區使用臺灣美光之營業秘密。

戎○天在擔任晉華合作案之執行人時，於2016年7月至8月間，與王○銘、何○廷討論DRAM生產計畫，戎○天在明知王○銘是以擅自重製、持有美國美光、臺灣美光之「DR25nmS設計規則」及其離子植入等參數係等營業秘密資訊，仍要求王○銘參考「DR25nmS設計規則」與聯電公司F32nm DRAM設計規則測試版紙本交互比對不同之處，標上「DR25nmS設計規則」之穩定數值，包含無法以逆向工程回推之離子植入參數（即控制半導體中雜質量關鍵程序），再將資料交予戎○天審閱，以進一步推動聯電公司開發F32nm DRAM技術。

臺灣美光於被告王○銘離職後清查時發現電腦內有重置資料之痕跡，懷疑資料有被不法存取之嫌疑，向臺灣主管機關提出告訴，經檢察官調查後發現有犯罪嫌疑，起訴王○銘、何○廷等人和聯電公司。

第二項　法院判決

壹、臺灣臺中地方法院106年度智訴字第11號刑事判決

被告何○廷依營業秘密法第13條之2第1項、第13條之1第1項第2款之意圖在大陸地區使用，逾越授權範圍而使用罪，處五年六個月有期徒刑併科新臺幣500萬元罰金。

被告王○銘依營業秘密法第13條之2、第13條之1第1項第1款，意圖在大陸地區使用，洩漏營業秘密罪，處四年六個月有期徒刑併科新臺幣400萬元罰金。

被告戎○天依營業秘密法第13條之2第1項、第13條之1第1項第4款之意圖在大陸地區使用，明知他人知悉並持有之營業秘密係以擅自重製方法取得，仍使用罪，處六年六個月有期徒刑併科新臺幣600萬元罰金。

被告聯電公司因其受僱人即被告何○廷、王○銘、戎○天犯營業秘密法第13條之2第1項之罪，各依第13條之4規定，科罰金3,000萬元、5,000萬元、4,000萬元，應執行罰金為1億元。

一審法院首先針對上開附件是否為美國美光、臺灣美光之營業秘密及工商秘密作出回應：

法院認為附件一、二所示之A、C電磁紀錄及B、D紙本資料均為美國美光、臺灣美光之營業秘密，原因為該文件中包含各世代製程之設計規則、製程步驟、製程配方等技術資料，除線路設計、生產流程規劃、封裝設計、化學成分調配等資料外，有各製程步驟之機臺型號、配方選擇及各項除錯調整參考文件紀錄，並且會在文件上特別標注機密、勿與非專案人員討論其資料內容、不能列印、複製、儲存、轉寄這個文件用任何形式，有符合秘密性的要件。而就經濟價值，法院認為此等檔案資料為經營DRAM事業之重大事項，需大量資金、人力及物力投入及參與始能成就，並非少數人知悉製程技術即可運作，衡量市場競爭之常情，應較未持有該等資訊之競爭者，具有競爭優勢或利益，且同業如取得該等資訊，得節省學習時間或減少錯誤，提升

生產效率，具備實際之財產價值，縱使爲已停產或試驗失敗之資訊，仍具有潛在之經濟價值。

就合理保密措施之部分，認爲臺灣美光在簽署僱傭契約上已有詳細描述（臺灣美光與被告何○廷、王○銘都有簽署「聘僱合約」及「保密及智慧財產合約」，離職後應將在職期間使用所有有關臺灣美光、美國美光之機密資訊都刪除），並且制定工作規則及教育訓練、資訊分類分級管制及警語、檔案傳輸管制及警語、配發之電腦有加密保護措施，認有採取合理保密措施。

一審法院認爲，聯電公司於製作設計規則時，人力上之配置僅製程整合組，未編制其他組別，跳過光學進階干擾修正、蝕刻及黃光等過程，並非符合常態之做法，依實際產線能力製作F32 DRAM設計規則，而是以屬於美國、臺灣美光營業秘密之「DR25nmS設計規則」及其離子植入等參數資料爲基礎，再修正聯電公司之F32 DRAM設計規則，實質上就是一種紙上作業的方式，藉以減少聯電公司花費時間、人力、費用於實驗反覆試錯驗證，大幅提高其設計規則數據的「精準度」，故並非被告何○廷及王○銘所稱美光相關參數不適用於聯電公司。

至於被告聯電公司是否有盡力爲防止行爲，根據聯電公司所提供給何○廷之公用筆記型電腦，不僅無USB讀取限制外、更無須連上聯電網路、有高度資安疑慮，且其在知悉檢調單位將前往聯電公司調查時，指示被告王○銘及何○廷刪除美光的資料，企圖隱匿犯罪證據。

被告聯電公司與被告王○銘、何○廷簽訂「聘僱契約書」，約定不得將其以前雇主之機密資料及其他因故禁止其洩漏或使用之資料透露予聯電公司或於工作中使用〔內容爲乙方（王○銘、何○廷）不得將前雇主之機密資料以及其他因故禁止乙方洩漏或使用之資料、資訊透露予甲方（即聯電公司）或於工作中使用之〕，然一審法院認爲「盡力爲防止行爲」，並非僅要求一般性、抽象性之宣示性規範，而必須有「積極、具體、有效之違法防止措施」，方屬足夠，事業主有採取必要之防止措施，係指該防止違法措施「客觀上足認爲係屬必

要」之措施,從而,事業主若僅採取一般性、抽象性之注意、警告措施,並不足夠,而應該要有足以有效防止違法行為發生之具體措施。

貳、智慧財產及商業法院109年度刑智上重訴字第4號刑事判決

二審法院認何○廷犯營業秘密法第13條之1第1項第2款之知悉並持有營業秘密,逾越授權範圍而重製營業秘密罪,處有期徒刑一年,併科新臺幣100萬元罰金;王○銘犯營業秘密法第13條之1第1項第1款之以侵占而取得他人營業秘密罪,處有期徒刑六個月,併科新臺幣100萬元罰金。

二審法院改判無罪之部分:被告戎○天不構成營業秘密法第13條之2,因聯電公司與晉華公司之合作案,乃是聯電公司之商業行為,非戎○天代表聯電公司簽訂與從事此合作案,因此不得認戎○天有在大陸地區使用臺灣美光所有本案營業秘密之意圖。

撤銷營業秘密法第13條之2第1項之罪,二審法院認為檢察官所提交之證據無法證明被告何○廷、王○銘有意圖在大陸地區使用本案營業秘密。

被告聯電公司不成立營業秘密法第13條之4之罪,因檢察官無法證明被告何○廷、王○銘有何違反營業秘密法第13條之2之犯行,在無罪之情況下,則無理由成立第13條之4之罪。

參、United States of America v. United Microelectronics Corporation, et al.

美國司法部於2018年9月27日經大陪審團認定後起訴聯電公司、晉華公司、王○銘、何○廷、陳○坤,罪名包含共謀經濟間諜、共謀竊取營業秘密、為外國政府收受持有非法取得營業秘密、為外國政府非法取得營業秘密、為外國政府竊取或詐取營業秘密,以及竊取或詐取營業秘密。根據起訴書所載,美國美光於美國聯邦地方法院北加州地方法院提出告訴,並控告晉華公司侵害美國美光在美國註冊之專利,將竊取之營業秘密為基礎而研發之技術,以何○廷為發明人提出

專利並取得大陸地區之專利權。

美國聯邦法院認爲王○銘分別在2016年2月至10月至美光伺服器、美光筆記型電腦下載營業秘密檔案2至8並上傳至其Google雲端帳戶，並從帳戶將檔案寄到其聯電電子郵件帳戶[14]，並使用在聯電公司F32奈米DRAM之製成設計工作上，被以第1831條第(a)項第(5)款、第1832條第(a)項第(5)款、第1831條第(a)項第(1)款、第1832條第(a)項第(2)款及第1831條第(a)項第(3)款第(2)目等罪起訴。

何○廷則是在2016年10月左右，竊取營業秘密1、6至8，後存至聯電筆記型電腦上，被以第1831條第(a)項第(5)款、第1832條第(a)項第(5)款、第1831條第(a)項第(2)款、第1832條第(a)項第(1)款及第1831條第(a)項第(3)款第(2)目等罪起訴[15]。

2020年10月，美國司法部宣布聯電公司認罪其違反美國EEA第1832條第(a)項第(3)款，並協商願意支付6,000萬美元罰金和三年緩刑，後續將會協助美國司法部與晉華公司之調查。

第三項　本文見解

本文針對臺灣法院之見解先提出，臺灣美光、美國美光遭竊取之營業秘密認定上較無爭執，值得一提的是，本案有關美光之DRAM設計規則參數資訊，可藉由逆向工程還原，且有部分內容已在網路上呈現公開資訊，該營業秘密是否還能符合營業秘密之「秘密性」要件？如第四篇第二章對於秘密性要件判斷[16]，乃是以業界標準作爲判斷依據，亦即除一般公眾所不知者外，相關專業領域中之人亦不知悉，若爲普遍共知或可輕易得知者，則不具有秘密性。一審法院認爲在進行

---

[14] 本文內容源自美國司法部網站，美國聯電案起訴書，https://www.justice.gov/usao-ndca/press-release/file/1107341/download（最後瀏覽日：2023年4月25日）。

[15] 前揭註14。

[16] 王偉霖，營業秘密法理論與實務，元照出版有限公司，頁61，2020年三版。

逆向工程時[17]，仍須耗費相當人力、物力，才能獲取該資訊，且秘密性應以資料「整體」作爲判斷，即便部分資料已公開，若以「整體」來檢視，在非屬一般涉及該類資訊之人所知悉之情況下，仍應有秘密性[18]。

　　本案值得討論的第二個點，則是一、二審法院對於三位被告（即王○銘、何○廷、戎○天）意圖於大陸地區使用營業秘密認定之落差，一審法院認爲當時何○廷、王○銘及戎○天皆知曉開發聯電公司DRAM設計規則之目的，係爲完成聯電公司與晉華公司間的合作案，完成製程開發後將會移轉給晉華公司，因此認定均具有於大陸地區使用之意圖；二審法院則持相反意見，認爲戎○天並無參與兩家公司的簽約過程，無法證明在境外使用部分知情，王○銘、何○廷也並不知道營業秘密會在境外使用。本文認爲，此處較難判定之原因爲三位被告皆非直接任職於晉華公司，而是在聯電公司與晉華公司合作下使用營業秘密，縱如一審法院所述知曉開發之目的，也無法證明其知悉將在大陸地區應用，而我國大多數符合意圖在外國、大陸地區使用營業秘密等情形，皆是公司前員工竊取營業秘密後轉任至對手公司[19]。

---

[17] 我國法院對逆向工程也曾作出不同判定，參照臺灣新竹地方法院109年度智訴字第10號刑事判決中，認爲系爭營業秘密等圖面確實可利用逆向工程方式，拆解該產品零件並量測實際尺寸來繪製機械製圖的各個零件規格設計圖，且不同人依相同方式量測該零件實際尺寸，亦可以繪製出近似的3D立體圖及相同的零件規格設計圖，其創作表達方式之差異實屬有限，其創作程度及精神作用力均甚低，不足以表現作者任何個人精神特徵，而認不具個性或獨特性，可知逆向工程推導過程耗費精力與時間成本乃爲影響是否具有秘密性因素之一。

[18] 何燦成，經濟部智慧財產局法務室，【營業秘密】營業秘密之秘密性的認定——最高法院110年度台上字第3193號刑事判決之啓示，https://www.tipa.org.tw/tc/monthly_detial477.htm（最後瀏覽日：2023年4月26日）。

[19] 臺灣高雄地方法院107年度智訴字第1號刑事判決。

第五節　小結

　　綜觀上述案例，本文認為我國營業秘密訴訟案件大多皆是內部人員離職，將原公司機密資訊以帶槍投靠之方式攜至下一間公司，或是自行成立新事業後使用，而營業秘密較難成立之原因為證據較難蒐集，因侵害乃是蓄意行為，修法前營業秘密遭受侵害以刑事救濟途徑者常常因罪刑法定主義及刑罰謙抑原則獲得較輕刑責[20]；修法後在較周延之行為態樣規範下，提高刑責望能嚇阻此種行為。然而，我國營業秘密法第13條之2雖訂有一年以上十年以下有期徒刑之刑期，實務上所處刑期皆不高，對有心人士意圖侵害營業秘密仍未能有效防範，本文認為可參考過往的四維案[21]與永豐餘案[22]以更嚴屬之罰則嚇阻，

---

[20] 曾勝珍，智慧財產權法專論：透視營業秘密與競業禁止，五南圖書出版股份有限公司，頁78，2017年。

[21] 四維公司為臺灣一家生產黏性膠帶為主，產品行銷至世界各地之公司，年營業額約1.5億美元，其與美國Avery公司為競爭對手，Avery公司前任員工李某在離職後，以擔任四維公司之顧問名義收取15萬美元之顧問費，提供有關壓克力膠生產和配方等機密資料洩漏給四維公司的董事長楊某，後經美國聯邦調查局發現後，在李某積極配合聯邦調查局下，將楊某與楊某女兒（任四維公司之研發部專案經理）約定於美國見面，李某將當面告知並討論Avery公司的新產品機密資料及未來經營計畫。1997年9月，楊某以中華臺北網球協會理事長身分應邀赴美國紐約參觀網球公開賽途中，在美國Cleveland Hopkins國際機場遭到聯邦調查局探員逮捕。後被依EEA與其他罪名起訴。聯邦法院法官最後判楊某與楊某女兒成立第1832條之「意圖竊取商業機密」與「共謀竊取商業機密」二項罪名，楊某罰款25萬美元，拘留美國六個月；楊某女兒罰款5,000美元及一年有期徒刑，緩刑一年；四維公司則遭罰款500萬美元。民事訴訟方面陪審團則判四維公司應支付Avery公司6,000萬美元。參閱章忠信，2001年11月，四維案之分析，http://www.copyrightnote.org/ArticleContent.aspx?ID=24&aid=511（最後瀏覽日：2023年4月25日）。

[22] 該案件之起因為永豐餘企業集團有意向生技製藥業發展，並由永豐紙業技術研發顧問徐某、周某、交通大學生化教授何某，赴美洽談有關技術授權取得事宜，1994年6月起，徐某與喬裝資訊仲介之聯邦探員John接觸，並多次向John表示對Bristol Myers Squibb公司的新藥「Taxol」極具興趣，John則回應Bristol Myers Squibb應無意願將「Taxol」之營業秘密配方與永豐紙業分享。

觀察我國2022年增訂的「經濟間諜罪」、「國家核心關鍵技術營業秘密之域外使用罪」實有必要，期望能更全面保護我國產業。

徐某則請John向其所認識Bristol Myers Squibb的員工取得「Taxol」的機密配方，並透露有意願用金錢收買該技術，在多次的商談下，與自稱Bristol Myers Squibb的員工簽訂「Taxol」技術移轉事宜。1997年雙方約定在賓州費城四季飯店會面交付機密資訊，徐某與周某承諾支付40萬美元，由何某鑑定該資訊之價值。然而該會面為聯邦探員所設之陷阱，其交易過程全程遭錄影，徐某、何某、周某在交易結束後遭逮捕，被依違反EEA第1832條第(a)項第(4)款「意圖竊取營業秘密罪」以及第(a)項第(5)款「共謀竊取營業秘密罪」等罪名起訴。而被告在案中則抗辯，雙方於會面時Bristol Myers Squibb人員給予之文件，並不構成營業秘密，並要求揭露以示證明，美國政府依18 U.S.C. §1835 and Fed.R.Crim.P. 16(d)(1)規定要求禁止揭露。法院則要求原告必須先揭示該文件是否構成營業秘密，文件上營業秘密之存在是本案「竊取營業秘密罪」之關鍵，也是被告是否可以要求由陪審團認定犯行之重點。1999年3月，徐某認罪而被依「共謀竊取營業秘密罪」判緩刑及罰款10,000美元，何某無罪獲釋。美國檢方向法院提起撤回對周某之告訴，經法院同意後，全案終結。參閱章忠信，2001年12月，永豐案之分析，http://www.copyrightnote.org/Article-Content.aspx?ID=24&aid=513（最後瀏覽日：2023年4月25日）。

第六章　結論

　　我國營業秘密法相較於早期，單獨立法保護、歷經幾次修法後更為完善，惟仍然有幾處改善之空間，本文以第四章美國法之借鏡與第五章之案例中，作出我國可參考之方向與企業因應之建議。

第一節　我國可參考之方向

第一項　加速判斷營業秘密之方式

　　由於營業秘密之判定耗時，司法上可參考在特定案件之初階審查中，先檢視秘密所有人對於秘密之主觀認知為何，即須具備客觀上「資訊非為一般大眾所知悉」之要素，並排除該客觀上對於資訊之取得方法，有任意或一般而不用透過特殊之方法或技巧即得取得或查得之要素；後則以技術分析其相關對應資訊或技術是否相同，以優先過濾「營業秘密」可能性較低者，後對較具爭議之資訊作鑑定以避免延滯不必要之鑑定程序。

第二項　參考吹哨者條款

　　就美光聯電一案，是因臺灣美光於離職之員工電腦內發現重置痕跡，通報檢調單位，後續在搜索聯電公司下，發現開會紀錄、聯電電腦中存有臺灣美光、美國美光之營業秘密資訊，進而知悉聯電晉華之合作案。然實務上時常有離職前員工竊取營業秘密後攜帶至大陸地區使用，並順利量產，犯罪地若不在臺灣，則在調查上將增加困難度，我國可參考DTSA中的吹哨者條款，以企業內部員工糾舉不法行為，減輕舉證之重責。

第三項　合理保密措施認定之參考

　　本文從聯穎光電一案中，認為法院在判斷合理保密措施時仍以個案認定之，我國營業秘密自制定發展至今，仍無統一標準可供營業秘密所有人參考，因此營業秘密所有人究竟該採取何種密度之保密措施方能符合？我國最常見之判斷方式乃是以雙方簽署保密契約為主，惟實務上仍有不限於簽署保密契約以認定是否達到保密措施之個案[1]。本文認為，我國可參考美國法在對於合理保密措施要件之認定上以：一、告知員工營業秘密之存在；二、依照須知基礎（need-to-know basics），限制知悉營業秘密之權限；三、控制進入工廠之權限[2]。合理與否雖仍須經個案判斷，但所有人應具備通知與物理上之保密措施，以作為保密措施之底線[3]。

　　至於保密措施應作到何種程度，亦可參考美國學者之見解[4]：一、資訊價值；二、增加安全措施之成本；三、必要之揭露範圍；四、可預見之使用不當手段竊取秘密所採取之預防措施；五、對必要揭露之人所使用之方式、人數、類型；六、關於一般同業對該資訊所

1　參照臺灣桃園地方法院107年度智訴字第7號刑事判決：營業秘密之保護措施，雖無法要求所有人須達全面封鎖之程度，然應按營業秘密所有人之人力與財力，依其資訊或技術之性質，以社會或業界通常所可能或正當方法或技術，使相關專業領域或一般人以不易接觸，以有效控管營業秘密，而能達到保密之目的，即符合盡合理保護之措施。而營業秘密所有人是否採取合理之保密措施，不以有簽訂保密協議為必要性。縱使要求受僱人簽訂保密協議，惟任何人或業界得以正當方法取得該等資訊或技術，營業秘密所有人顯未採取合理之保密措施。準此，告訴人有無盡合理保護之措施，此為侵害營業秘密之事實，除公訴人或告訴人應舉證以實其說外，本院亦應依告訴人之經營模式與保護措施，判斷告訴人有無就系爭資訊，採取合理保密措施之主觀與客觀事實。

2　廖奕淳，營業秘密之認定與我國實務見解評析，法務部司法官學院，司法新聲，第121期，頁136，2017年1月。

3　廖奕淳，前揭註2。

4　廖奕淳，前揭註2。

採取安全措施之程度標準。以此六大標準作為認定合理保密措施之標準。

第二節　企業可採取之措施

　　營業秘密因不同於其他智慧財產權之特性，企業應了解營業秘密最有效的保護乃是防範，因此本文將以第四篇第二章中所提及我國法院實務上對於合理保密措施所認定的八大態樣，結合我國經濟部智慧財產局中小企業營業秘密保護機制檢核表[5]，對企業在保護營業秘密上所能採取之措施作更詳細的描述。

第一項　明確界定營業秘密範圍

　　使員工清楚知悉接觸資料為公司之營業秘密，並應更加注意該等資訊。公司在前期將營業秘密範圍界定出來，將更有利於在法庭上提示證據。

第二項　人事管理

壹、新進員工

　　進行新進員工之查核，確認新進員工是否違反與前公司簽訂之競業禁止約定，了解其於前公司負責之工作內容；新進員工應切結保證未攜帶前公司營業秘密進入公司使用；告知工作內容及應遵守之營業秘密管理規範。

貳、現職員工

　　訂定保密契約、員工離職後交接等事項盤查、約定職務上創作或研發成果之智慧財產權歸屬、簽訂競業禁止約定外包、依員工工作內

---

[5]　經濟部智慧財產局，2021年12月13日，中小企業營業秘密保護機制檢核表，https://www.tipo.gov.tw/tw/lp-9-1.html（最後瀏覽日：2023年5月26日）。

容，設定員工使用公司資訊設備之權限。定期舉辦關於營業秘密的教育訓練課程或研習活動，以宣導相關的法令、規定及罰則。同時，制定具體的契約條款，明確約定員工有保守營業秘密的義務，以全面提升員工對營業秘密管理的認識。另外，長期且常態性地實施營業秘密管理教育課程，隨時提醒員工注意營業秘密管理相關事項。如此便可以增強員工的意識，加強對營業秘密的保護和管理，從而提高整體的保密能力[6]。

參、合作廠商

與委外廠商、協力廠商及外聘人員簽訂保密約定、依公司營業秘密管理規範，選擇得揭露與提供委外廠商、協力廠商，或外聘人員管理使用之機密檔案；建立對外提供機密檔案之管理清單、定期檢視機制；建立委外廠商、協力廠商或外聘人員保密管理措施之檢視機制；建立委外、協力或外聘契約終止或解約時，營業秘密處之SOP[7]。

第三項　內部檔案管理

壹、紙本檔案管理辦法

公司內部及外部紙本檔案，應標註機密等級。紙本檔案陳核後，單位主管得變更機密等級。

1. **分級保存**：依檔案機密等級，將機密紙本檔案由專責管理人員，或由員工自行保存於隔離空間。
2. **建立造冊管理機制**：專責管理人員應建立機密紙本檔案編號造冊機制，統一管理或供各單位員工遵守實施。
3. **閱覽、使用機密紙本檔案之管理**：員工應依權限申請閱覽、使用機密檔案。專責管理人員應登記並確認員工身分及其權限後，提供機密紙本檔案。機密紙本檔案歸還時，專責管理人員應記錄歸

6　前揭註5，頁3。

7　前揭註5，頁4。

還者身分及時間。

4. **建立機密紙本檔案銷毀**SOP：定期檢視已逾保密期限或符合銷毀條件之機密紙本檔案，並按SOP進行銷毀。[8]

貳、電子檔案管理辦法

　　公司雲端硬碟及內部資訊系統、伺服器及電腦等資訊設備應設置防火牆、安裝防毒軟體。限制公司內部資訊設備之軟體安裝及連接外部裝置（如可攜式USB、外接式硬碟）情形，設置監控機制。設置專責人員負責規劃、執行機密電子檔案管理機制。依機密等級，分級分類儲存（如儲存於公司伺服器、雲端或個人電腦）。視電子檔案機密等級與保密需要，於存取或傳輸電子檔案時，設置密碼控管。對機密電子檔案存取及複製、列印、對外傳輸等使用之情形，建置log紀錄及檢視機制。建立電子郵件管制程序，對郵件內容或附件含有機密檔案關鍵字或競爭公司名稱之偵測預警[9]。

　　透過設置該等措施，更全面保護營業秘密乃是我國企業須面臨之挑戰。此外，臺灣企業大多數是以中小企業為主，因此我國應參酌設置合理保密措施之標準，避免中小企業於保護營業秘密設置上負擔過多成本。

---

[8]　前揭註5，頁1。

[9]　前揭註5，頁2。

參考文獻

壹、中文文獻（按作者姓氏筆畫排序）

一、專書

1. 王琇慧，智慧財產權法規概要，宏典文化出版有限公司，2020年。

2. 王澤鑑，英美法導論，元照出版有限公司，2010年7月初版。

3. 王偉霖，營業秘密法理論與實務，元照出版有限公司，2020年三版。

4. 李兆環、李洲富、曾勝珍、李傑清、余天琦、施穎弘、謝松穎、孫祥甯、劉齊，營業秘密與競業禁止，新學林出版有限公司，2017年8月初版。

5. 李曉明，刑事法律與科學研究一體化，元照出版有限公司，2012年12月。

6. 張玉瑞，商業秘密法學，中國法治出版社，2000年6月。

7. 張靜，我國營業秘密法學的建構與開展：第一冊 營業秘密的基礎理論，新學林出版有限公司，2007年4月。

8. 張靜，營業秘密法及相關智慧財產問題，經濟部智慧財產局，2014年初版。

9. 曾勝珍，案例式營業秘密法，新學林出版有限公司，2016年7月。

10. 曾勝珍，智慧財產權法專論：透視營業秘密與競業禁止，五南圖書出版股份有限公司，2017年。

11. 曾勝珍，智慧財產權法專論：營業秘密實務暨資通安全與著作權法定授權，五南圖書出版股份有限公司，2021年。

12. 曾勝珍，智慧財產權法專論——智財法發展新趨勢，五南圖書出版股份有限公司，2015年7月。

13. 曾勝珍，智慧財產權論叢第貳集，五南圖書出版股份有限公司，2009年。

14. 曾勝珍，論我國經濟間諜法立法之必要性——以美國法制為中心，元照出版有限公司，2007年12月。
15. 馮震宇，了解營業秘密法——營業秘密法的理論與實務，永然文化出版股份有限公司，1998年6月再版。
16. 黃三榮、林發立、郭雨嵐、張韶文，營業秘密：企業權益之保護，萬國法律基金會，2002年3月。
17. 丁中原、古清華、謝銘洋、張凱娜，營業秘密法解讀，元照出版有限公司，1996年11月。
18. 趙晉牧、蔡坤財、周慧芳、謝銘洋、張凱娜、秦建譜，智慧財產權入門，元照出版有限公司，2011年八版。
19. 鄭玉波，民法總則，三民書局股份有限公司，2008年十一版。
20. 盧映潔，刑法分則新論，新學林出版有限公司，2008年8月初版。
21. 賴文智、顏雅倫，營業秘密法二十講，翰蘆圖書出版有限公司，2004年。

二、專書論文
1. 章忠信，營業秘密與公交法之關聯，第19屆競爭政策與公平交易法學術研討會論文集，公平交易委員會，2013年12月，頁235-268。

三、學位論文
1. 江彥儀，侵害營業秘密刑事責任之研究，臺北大學法律學系碩士論文，2005年。
2. 林依雯，論營業秘密法上之刑事責任——以營業秘密法第十三條之一為中心，國立臺灣大學法律學研究所碩士論文，2016年。
3. 湯文章，勞工離職後競業禁止與營業秘密之保護，國立東華大學財經法律研究所碩士論文，2008年。
4. 楊雅竹，營業秘密合理保密措施之研究，國立政治大學智慧財產研究所碩士論文，2013年。
5. 鄭穎，營業秘密侵害在刑事法上之研究，國立中興大學法律學研究所碩士論文，1998年。

6. 饒倬亞，侵害營業秘密之刑事規範研究，國立臺灣大學法律學院法律研究所碩士論文，2015年。

三、期刊

1. 王仁君、張永宏，淺論營業秘密之保護及證據保全，全國律師，第22卷第10期，頁28-40，2018年10月。
2. 王奎，美中商業秘密內涵的思考，政法論壇，第25卷第3期，頁101，2007年。
3. 王皇玉，論侵害營業秘密之犯罪行為，月旦法學雜誌，第317期，頁65-83，2021年10月。
4. 王偉霖，我國營業秘密刑事規範的再思考，法令月刊，第68卷第5期，頁64-90，2017年5月。
5. 王偉霖，簡評我國營業秘密新修正刑事規範——兼論美、日、陸營業秘密刑事規範，台灣法學雜誌，第254期，頁87-95，2014年8月。
6. 李昂杰，智慧財產的刑罰問題（四）營業秘密的刑罰規範，科技法律透析，第15卷第7期，頁4-9，2003年7月。
7. 林志潔，我國營業秘密法刑罰化之評析，台灣法學雜誌，第248期，頁61-67，2014年5月。
8. 林志潔，美國聯邦經濟間諜法之回顧與展望——兼論我國營業秘密法之刑罰化，科技法學評論，第13卷第1期，頁1-67，2016年6月。
9. 張天一，論背信罪之本質及定位，中原財經法學，第26期，頁185-242，2011年6月。
10. 章忠信，當營業秘密遇見國家安全時，當代法律雜誌，第4期，頁80-88，2022年4月。
11. 曾勝珍，2016年美國營業秘密防衛法修法前後之案例探討（上），全國律師，第23卷第6期，頁44-61，2019年6月。
12. 曾勝珍，我國有關營業秘密立法之評析，臺灣財產法暨經濟法研究協會出版，第3期，頁35-75，2005年9月。

13. 楊崇森，美國法上營業秘密之保護，中興法學，第23期，頁247-308，1986年11月。

14. 葉雲卿，我國侵害營業秘密刑事責任之規範體系，法令月刊，第63卷第8期，頁56-79，2012年8月。

15. 廖奕淳，營業秘密之認定與我國實務見解評析，法務部司法官學院，司法新聲，第121期，頁120-141，2017年1月。

16. 劉怡君、林志潔，從美國起訴聯電案比較經濟間諜行為之防制——域外管轄到組織體責任，月旦法學雜誌，第297期，頁49-69，2020年2月。

17. 蔡聖偉，財產犯罪：第二講竊盜罪之客觀構成要件（上），月旦法學教室，第73期，頁52-60，2008年11月。

18. 謝宛蓁，我國營業秘密法制及爭議問題介紹——以刑事責任為中心，智慧財產權月刊，第178期，頁5-34，2013年10月。

四、政府部門報告

1. 立法院公報，第84卷第65期院會紀錄。
2. 立法院第10屆第5會期第13次會議議案關係文書。
3. 立法院第10屆第6會期第5次會議議案關係文書。
4. 立法院第8屆第2會期第8次會議議案關係文書。
5. 立法院第9屆第8會期第15次會議議案關係文書。
6. 立法院第2屆第5會期第1次會議議案關係文書。
7. 行政院第3822次院會會議，智慧財產及商業法院組織法總說明及條文對照表——智慧財產案件審理法。
8. 行政院第3822次院會會議，智慧財產案件審理法條文對照表第二部分。
9. 行政院第3822次院會會議，智慧財產案件審理法條文對照表第三部分。
10. 吳淑青，立法院法制局專題研究報告——國家安全法修正草案評估報告，法制局，2022年3月。
11. 張靜，營業秘密整體法治之研究期末報告書，經濟部智慧財產

局，2005年。

12. 經濟部智慧財產局，102年度營業秘密法修正宣導說明會Q&A彙整表，2013年。

13. 經濟部智慧財產局，營業秘密保護實務教戰手冊，2013年。

14. 經濟部智慧財產局，中小企業營業秘密保護機制檢核表，2021年。

15. 賴文智，營業秘密法制之期末研究報告書，經濟部智慧財產局，2003年。

貳、外文文獻（按字母A-Z排序）

網際網路

1. American Bar Association, *Protecting U.S. Trade Secret Assets in the 21st Century*, https://www.americanbar.org/groups/intellectual_property_law/publications/landslide/2013-14/september-october-2013/protecting_us_trade_secret_assets_the_21st_century.

2. Gerald J. Mossinghoff, J. Derek Mason, Ph.D., & David A. Oblon, *The Economic Espionage Act: A New Federal Regime Of Trade Secret Protection*, https://www.oblon.com/publications/the-economic-espionage-act-a-new-federal-regime-of-trade-secret-protection.

3. Thomson Reuters Practical Law, https://content.next.westlaw.com/practical-law/document/I2104de7aef0811e28578f7ccc38dcbee/Uniform-Trade-Secrets-Act-UTSA?viewType=FullText&transitionType=Default&contextData=(sc.Default)&firstPage=true.

4. Restatement (Third) of Unfair Competition, 1995-2010 by the American Law Institute, https://is.muni.cz/th/169953/pravf_m/Extract_III.pdf.

5. Restatements of the Law Guide, https://www.washburnlaw.edu/library/research/guides/restatements.html.

國家圖書館出版品預行編目資料

科技世代中智慧財產權之研究／曾勝珍
著. -- 初版. -- 臺北市：五南圖書出
版股份有限公司, 2024.05
    面； 公分
ISBN 978-626-393-203-6（平裝）

1.CST: 經濟法規 2.CST: 智慧財產權
3.CST: 資訊安全

553.433   113003752

1UC9

科技世代中智慧財產權之研究

作　　　者 — 曾勝珍（279.3）

發 行 人 — 楊榮川

總 經 理 — 楊士清

總 編 輯 — 楊秀麗

副總編輯 — 劉靜芬

責任編輯 — 呂伊真、吳肇恩、許珍珍

封面設計 — 姚孝慈

出 版 者 — 五南圖書出版股份有限公司

地　　　址：106台北市大安區和平東路二段339號4

電　　　話：(02)2705-5066　　傳　　真：(02)2706-61

網　　　址：https://www.wunan.com.tw

電子郵件：wunan@wunan.com.tw

劃撥帳號：01068953

戶　　　名：五南圖書出版股份有限公司

法律顧問　林勝安律師

出版日期　2024年5月初版一刷

定　　　價　新臺幣480元